2011年度国家社会科学基金项目成果

《资源描述与检索》的中文化

胡小菁　张期民　高红　霍艳蓉　庄蕾波　著

國家圖書館出版社

图书在版编目(CIP)数据

《资源描述与检索》的中文化/胡小菁等著. --北京:国家图书馆出版社,2015.1
ISBN 978-7-5013-5519-8

Ⅰ.①资… Ⅱ.①胡… Ⅲ.①编目规则—研究 Ⅳ.①G254.3

中国版本图书馆 CIP 数据核字(2014)第 293247 号

书　　名　《资源描述与检索》的中文化
著　　者　胡小菁　张期民　高红　霍艳蓉　庄蕾波　著
责任编辑　金丽萍

出　　版　国家图书馆出版社(100034　北京市西城区文津街 7 号)
(原书目文献出版社　北京图书馆出版社)
发　　行　010-66114536　66126153　66151313　66175620
66121706(传真),66126156(门市部)
E-mail　btsfxb@nlc.gov.cn(邮购)
Website　www.nlcpress.com ——→投稿中心
经　　销　新华书店
印　　装　北京科信印刷有限公司
版　　次　2015 年 1 月第 1 版　2015 年 1 月第 1 次印刷

开　　本　787×1092(毫米)　1/16
印　　张　16
字　　数　350 千字

书　　号　ISBN 978-7-5013-5519-8
定　　价　60.00 元

目　录

前　言

本书为国家社会科学基金项目(批准号 11BTQ004)成果。课题申报于 2011 年 1 月,当时《资源描述与检索》(RDA)正式发布刚半年,正处于为期一年的美国国家测试过程中。由于在 RDA 长达五六年的开发过程中质疑声不断,美国 3 个国家图书馆决定进行测试,在结果出来前,RDA 似乎前途未卜。然而,由于我们长期跟踪 RDA 的进展,了解 RDA 作为新的元数据内容标准在编制国的不可替代性,并且 RDA 的国际化方向得到很多国家的认同,因而确认 RDA 极有可能成为事实上的国际标准,提出"为紧跟国际编目潮流、方便书目数据的国际交流,宜尽早对 RDA 的中文化进行研究、分析与测试,对中文文献采用 RDA 编目可能存在的问题进行梳理,提出相应的策略",以此申报"RDA 的中文化"课题。

在 2013 年上半年课题完成之际,RDA 已经在编制国全面实施,其他国家也开始跟进采用。同时,RDA 联机版工具包(RDA Toolkit)有了法文版和德文版,西班牙文版和中文版也在翻译过程中,RDA 的全球化趋势日趋明显。可以说,课题研究准确把握了这一发展趋势。

作为一部国际性标准,RDA 在各国的可能应用方式有两种:或是直接采用(可能需要对某些条款进行修改),或是参照编制或修订本国的编目规则。"RDA 的中文化"课题获得批准后,从 2011 年课题的开题论证会开始,经过 2012 年 3 月参加信息与文献标准化技术委员会主办的"文献著录 ISBD 统一版专家研讨会"、2012 年 7 月参加国家图书馆主办的"RDA 在中国的实施和挑战研讨会",通过与编目专家们的深入交流,我们对 RDA 在中文编目应用的关键问题逐渐明晰,确定本课题不对采用 RDA 的外部条件是否成熟、可能应用的具体方式做出判断,而是以中文编目规则与 RDA 的比较为重心,深入分析并掌握 RDA 与中文编目实践的异同,考察 RDA 本身对中文编目的适用性,以期为中文编目应用 RDA 的最终决策打下理性而坚实的基础。

作为数字时代的资源描述与检索标准,RDA 以联机版发布,并且不断更新,RDA 工具包成为利用 RDA 的主要工具。在课题获得批准后,我们订购了 RDA 工具包,从而得以掌握 RDA 的最新变化。其中 2012 年 4 月的首次内容更新、2012 年 11 月部分章节改写发布所致的 RDA 内容与文本变化,以及 2013 年 5 月法文版、德文版在工具包的发布,都及时体现在我们的研究中。同时,我们也充分利用工具包网站提供的"工具"进行课题研究与应用探索,在"工作流程"部分制作了"印刷乐谱 CNMARC 工作流程"作为示例,在"对照表"部分制作了"CNMARC 书目格式与 RDA 对照表",这些都为 RDA 联机版的应用提供了有益经验。

本书基础研究与应用研究并重。

基础部分,从比较《中国文献编目规则》与 RDA 开始。《中国文献编目规则》著录部分以文献类型为纲编制,而基于 FRBR 的 RDA 完全颠覆了这一传统框架,同一文献类型的描述散见于 RDA 的不同章节,对我们汇聚相关内容进行比对造成了相当大的困难。我们通过多种途径,分别完成了各类文献的规则对应工作。经比较确认,两种规则互有异同,总体上 RDA 的规定更细、更明确,且对不同情况提供大量选项,灵活而适应性更强,作为一部国际化的编目规则,基本可以适应我国的编目实践。然而,如果 RDA 要直接用于中文资源的编目,某些规定仍需要做一定的修订。我们据此总结了 RDA 用于中文编目所必须的修订建议,以及中文的 RDA 应用政策,为中文可能应用 RDA 做准备。

应用部分,以 CNMARC 书目格式与 RDA 对照表为基础。对照表以 MARC21 与 RDA 对照表为中介编制,由于 CNMARC 与 MARC21 的字段与子字段之间存在一对多、多对一以及无法确切对应的情况,对于这些 CNMARC 字段与子字段,需要在大量 RDA 元素中仔细核查、寻找,以准确映射出 CNMARC 书目格式与 RDA 元素之间的关联。在 CNMARC 与 RDA 对照表的基础上,我们结合基础部分的成果,编制了多种辅助资料与参考工具,以期帮助编目人员快速掌握、方便利用 RDA。

具体而言,本书进行了以下几个方面的研究:

1. RDA 研发背景及其国际化研究。我们在全面调研、分析与梳理 RDA 研发背景的同时,不断跟踪 RDA 修订与国际实施方面的进展。研究结果主要体现在本书第一章。

2. 中文文献应用 RDA 策略研究。这是本书最重要的基础研究部分。我们在《中国文献编目规则》(第 2 版)中选择 6 种常见文献类型及所有 3 种标目,与 RDA 进行著录与检索点的对照分析,研究 RDA 与中国编目规则的一致性、对中文文献编目的适应性,结果见本书第三章和第四章;根据比较分析的结果,按 RDA 开发联合指导委员会(JSC)的 RDA 修订建议格式(即原条款、修订方案、理由说明),提出如中文编目要直接采用 RDA 需要向 JSC 提出的 RDA 修订建议,见本书第五章;同时提出中文 RDA 应用政策,参照美国国会图书馆政策声明(LCPS),包括国际化选择、交替、可选、例外、细则、附加核心元素及 CNMARC 样例片断 7 个部分,见本书第六章。如果未来确定以 RDA 为基础修订或编制中文编目规则,这里总结的大多数内容也可以体现在未来的中文编目规则中。

3. 制作 CNMARC 书目格式与 RDA 映射对照表。我们首先制作了 MARC21 书目格式与 CNMARC 对照表,再以 RDA 的 MARC21 书目格式与 RDA 元素对照表为中介,编制 CNMARC 书目格式与 RDA 元素的对照表,并经编目测试修正定稿,见本书附录一。CNMARC 书目格式与 RDA 元素的映射对照表是课题应用部分的基础,用于对多种文献类型 RDA 工作流程的编写,以及编目测试和著录样例对照的制作。

4. 提出 CNMARC 的 RDA 更新。在分析 UNIMARC 书目格式近年更新讨论的基础上,对照 MARC21 的 RDA 更新,提出了针对 RDA 的 UNIMARC/CNMARC 更新建议,为 RDA 用于中文编目做准备。成果体现在本书第八章。

5. 翻译部分 RDA 词汇表。主要目的是用于实际测试、编制中文书目记录。除载体类型、内容类型、媒体类型三个词汇表外,还翻译了 14 种词汇表,用于记录资源的数量、载体细节及资料特殊细节等。本书第七章第一节工作流程说明附有词汇表清单。需要说明的是,术语翻译可能与 2014 年 4 月出版的 RDA 中文版不完全一致。

6. RDA 工作流程设计。为不同类型文献制作相应的 CNMARC 工作流程,方便实际编目需要参考时,快速定位到 RDA 条款。我们制作了 6 种常见文献类型的工作流程,其中嵌入了相应的常用词汇表翻译,见本书第七章。此外,还按计划在 RDA 工具包网站上制作了一个工作流程作为联机版帮助工具的示例,截屏见本书第九章第三节。

7. RDA 中文编目测试。我们采用《中国文献编目规则》(第 2 版)附录 1 著录样例作为中文编目测试题,测试结果同时形成中文 RDA 描述样例,见本书附录二。

8. RDA 中文电子版设想。为方便多角度利用 RDA，为未来 RDA 电子版的中文界面设计内容，包括可以集成到 RDA 中文电子版的工具与资源，见本书第九章。

本书的研究成果，可以在多个方面得到应用：

1. 向 JSC 提出修订建议。本研究表明，针对中文编目特点，只要在 RDA 框架下做出某些修订（即增加交替、可选或例外规则），RDA 可以用于中文编目。如果我们最终决定直接采用 RDA，应当积极参与 RDA 修订工作。本书第五章的 5 项 RDA 修订建议，采用了 JSC 的 RDA 修订建议格式，可直接用于向 JSC 提出或参与 JSC 的讨论。

2. 制订本地应用政策。不论是直接采用 RDA，还是参照 RDA 修订或编制中文编目规则，都需要针对 RDA 为国际化环境所做的灵活设计做出本地的选择。本书第六章提出了中文 RDA 应用政策的框架，并包括描述与检索两方面的不同选择，可作为制订完整中文应用政策的基础。

3. 建议 UNIMARC 的 RDA 更新。随着 RDA 实施的扩大，UNIMARC 必将为 RDA 增加或更新相关字段/子字段，CNMARC 再据此更新。本书第八章 CNMARC 的 RDA 更新可以作为我们的建议向国际图联（IFLA）提出。

4. 中文编目利用 RDA 系列辅助资料。可用于培训及实际编目工作，如本书附录一"CNMARC—RDA 对照表"可由 CNMARC 字段、子字段快速定位到 RDA 元素，第七章"中文 RDA 工作流程"可指导各类型文献的 RDA 编目，附录二"中文 RDA 样例"提供 CNMARC 著录样例，这些均有助于编目人员快速掌握与利用 RDA。

本书的主要不足在于基本未涉及《中国文献编目规则》中没有而 RDA 有的部分。如 RDA 强调"关系"，要求采用规范的关系指示词，中文资源中特别在表示资源与责任关系的术语上会有较多自己的特点（如"编著"等），这些需要在今后做专题研究。

RDA 在中文编目的应用是一项宏大的工程，需要集全国编目专家之力才能完成，本书的"RDA 中文化"研究只是一个先期的探索与尝试。作为课题先期研究成果，已在学术期刊上发表论文若干，本书是课题研究成果的完整呈现。

第一章　RDA 的国际化

《资源描述与检索》(RDA)是取代《英美编目条例(第二版)》(AACR2)的元数据内容标准。从 2004 年发布第一部分初稿征求意见开始,开发历时 5 年,到 2009 年编制完成,2010 年 6 月以联机版即网络工具包(RDA Toolkit)形式正式发布。

RDA 的目的是"提供一套准则与条款,用于制作数据以支持资源发现",帮助实现国际图联(IFLA)《书目记录功能需求》(FRBR)和《规范数据的功能需求》(FRAD)所提出的用户任务(RDA0.0)①。其特点是为描述与组织数字与非数字资源"提供灵活且可扩展的框架"(RDA0.1)。用图书馆界的传统说法,RDA 可以说是一部新的编目条例,但其设定的应用范围更为广泛,"允许描述各类资源,无论是传统的图书馆资源,还是其他文化遗产界的资源,如档案馆、博物馆和数字资源库"[Oliver,2010,p.3]②。

RDA 由美国、英国、加拿大和澳大利亚 4 个英语国家联合编制。从 2004 年正式开始 AACR2 改版,当时的名称是"AACR3:Resource Description and Access"。2005 年决定去掉名称中的"AACR3",直接采用原来的副题名,称为:Resource Description and Access(RDA),以显示其超越英语国家、走出图书馆界的目标。为实现这个目标,编制机构 RDA 开发联合指导委员会(JSC)实施开放的开发方式,编制过程中公开各部分草案征求意见并修改;将数据的记录与数据的展示分开,以期适应不同的元数据标准(格式);在内容的设计上充分考虑国际范围的应用,又有多种本地化选项为国际应用提供可能性;与出版界(ONIX)、元数据界(DCMI)等在取值与元数据框架上进行合作,为用 RDA 制作数据与其他领域数据的互操作奠定基础。

以上种种努力,使 RDA 具备了成为一部国际性(或称全球化)内容标准的潜力,被认为代表了编目未来的发展趋势,因而在编制过程中就得到国际编目界普遍关注。RDA 正式推出后,尤其是 2012 年年初美国国会图书馆(LC)宣布编制国的国家图书馆将于 2013 年第一季度全面实施 RDA 以后[Library of Congress,2012a],各国对 RDA 由关注进入实质性操作阶段,已经有其他欧洲、亚洲、大洋洲的国家宣布跟进采用。2013 年 RDA 法语版和德语版完成并在工具包网站上发布,西班牙语版也将在完成后在工具包网站上发布

第一节　国际化背景与基础

在强调数据共享与互操作的今天,共同的数据描述标准尤其显得重要。采用共同的图书馆数据描述标准即编目标准有助于书目数据的(国际)交换与重复利用。

---

① 本书以圆括号方式引用 RDA、《中国文献编目规则》及 ISBD 统一版(2011)等的条款号。

② 本书以方括号方式引用参考文献,通常形式为"责任者,年份",书末参考文献一览表以责任者为序编排。

IFLA 半个多世纪以来一直在倡导编目的国际标准化,1961 年国际编目原则会议上通过的“巴黎原则”为重要标志。1970 年代开始陆续推出基于巴黎原则的《国际标准书目著录》(ISBD)并不断修订,更是在国际上起到了统一编目规则的作用。只是 ISBD 仅包括著录(描述)规则,缺少检索点规则,并非完整意义上的“编目条例”。

由于信息环境的改变,进入 21 世纪后,IFLA 开始“致力于制订一项能适用于联机图书馆目录和其他领域的新的原则声明”,替代和拓宽巴黎原则的范围[国际编目规则声明,2009],同时也作为促进一部完整的“国际编目条例”开发的基础[IFLA Section on Cataloguing,2002]。通过 2003—2007 年在世界不同地区召开的五次国际编目专家会议(IME-ICC),IFLA 首次吸收了欧美以外国家的编目实践,历经对 2003 年法兰克福首次 IME-ICC 会议产生的《国际编目原则声明》(ICP)草案的多次修订,ICP 于 2009 年正式发布。

编目标准的开发与维护是一项需要极大智力、财力及时间投入的工作,国际性的编目标准更是如此。IFLA 在新世纪推出了 ISBD 统一版。但历经十年,IFLA 只是完成了 ICP,最终未能着手编制其设想中的“国际编目条例”[编目精灵,2010]。而参与 RDA 编制者中,不少人同时是 IFLA 编目相关组织的成员,极有可能推动 RDA 成为事实上的“国际编目条例”。

与当年 AACR 基于巴黎原则编制一样,RDA 也充分利用了 IFLA 的成果,把总结世界不同地区编目实践的 ICP 作为 RDA 贯彻始终的编目原则(RDA0. 4. 1)。ICP 为 RDA 成为一部真正的国际编目条例打下了基础。

第二节　国际合作编制与修订

RDA 由美国、英国、加拿大和澳大利亚四国参与编制。在编制过程中,不仅基于编制国的编目实践,还考虑到了更广泛的国际化应用:①基于 IFLA 的 FRBR、FRAD 及 ICP;②不限于特定的编码标准(AACR2 曾经与 MARC21 联系紧密);③与出版界的《联机信息交换标准》(ONIX)、元数据界的都柏林核心元数据项目(DCMI)紧密合作;④公开征求并接受包括非编制国在内的机构对草案的意见反馈[胡小菁,2010]。这些均出自国际化和走出图书馆界的考虑。

RDA 正式发布后,为推进其国际化进程,RDA 的管理机构(COP)和编制机构 JSC 决定增加非英语国家的开发代表[JSC,2011b]。德国国家图书馆由于积极参与 RDA 的编制与修订反馈,并承诺采用 RDA,成为首个创始编制国以外的 JSC 成员。未来几年中,JSC 还将按此原则增加若干名成员。

Web 2. 0 时代的编目标准也是“永远的 Beta 版”。RDA 发布后不久即处于持续的修订完善过程中,修订仍延续编制时的开放方式,鼓励以机构名义向 JSC 提交修订建议。目前,以欧洲各国国家图书馆代表为主的欧洲 RDA 兴趣小组(EURIG)正在积极参与,在 2012 年向 JSC 提出了 4 项建议[JSC,2012c]、2013 年提出了 5 项讨论稿[JSC,2013a]。在 RDA 编制过程中,JSC 曾多次公开征求对草案的意见并有编制国以外机构反馈,但非编制国机构有针对性地提出修订建议并被纳入讨论,2012 年是首次。2014 年,EURIG 成员更成为 JSC 新成立的多个专题工作组的成员[JSC,2014]。凡此种种,既显示 RDA 未来在欧洲应用的前景,也为其他国家和地区参与 RDA 修订起到了示范作用。

除 EURIG 之外，2012 年以来，ISBD 评审组、国际标准连续出版物编号（ISSN）中心及国际音乐图书馆协会（IAML）等也开始参与 RDA 的修订，更显示出 RDA 在国际范围内应用的潜力。

第三节　内容的国际化与本地化

AACR2 完全基于英美的编目实践，反映英美的习惯，用于以英语为工作语言的图书馆目录。RDA 要实现国际化，一开始就打破了这种限制。

一、国际化设计

RDA 在“导论”中列出了其内容国际化的 4 个方面（RDA0. 11），为国际应用打下了基础：

（1）语言文字：不强制对文字进行罗马化，创建数据机构可选用不同的语言文字。RDA 规定特定元素按信息源显示语言与文字转录，除非无法记录；其他元素一般以创建数据机构所选语言和文字记录；数据创建机构可以制作反映其语言或文字的首选用语表。因之，即使同一国家，对不同语言文字资料也可做不同的规定，如我国传统上西文以英语为编目语言，日语、俄语分别以日语、俄语为编目语言，这在 RDA 框架下完全可以实现。

（2）数字：不强制使用阿拉伯数字。RDA 规定特定元素中记录的数字按信息源转录，但也允许由数据创建机构决定。

（3）日期：不强制使用公历。RDA 规定特定元素中记录的日期按信息源转录，但也允许由数据创建机构决定。

（4）计量单位：适应国际通用的两种计量制度。RDA 规定特定元素中记录的计量单位按信息源转录；载体及容器尺寸以米制记录，也允许数据创建机构自定；放映速度一般以每秒米或每分钟转速、每秒帧等记录，也允许采用每秒英寸。

上述国际化内容体现在 RDA 文本的通篇中。然而，由于 RDA 脱胎于 AACR2，正文中仍不免残存一些偏向编制国的规定，比如对行政管辖区，编制国直接用地区（州、省等）而不冠以国名，不利于其他国家采用这部分规则，有待进一步修改完善。

RDA 自发布起，修改完善过程一直没有停止。2012 年 4 月 RDA 首次完整修订、发布年度更新，其中最引人注目的一处变化，是题名首冠词（RDA6. 2. 17），将原沿用 AACR2、在作品的首选题名中省略首冠词的规定改为交替做法，增加欧洲各国保留首冠词的做法［EURIG，2012b］，并作为正文规定。此变化涉及 RDA 文本多个条目及附录的修订。将英美编目传统由 RDA 正文规定（instruction）改入交替做法（alternative），表明 RDA 顺应多种编目传统的姿态，其国际化之路必将越来越宽广。

二、本地化选项

编目原则是共通的，但编目实践是有差异的。不同国家编目实践的差异，有部分反映的是最终用户的需求与习惯，既无法调和与改变，更不能强求统一。前述题名首冠词的做法即是一例。

为此，RDA 在国际化设计的基础上，提供了丰富的本地化选项，供各类数据制作机构根据自己的需要选择。这些本地化选项，体现对不同编目实践的认可，提高了 RDA 对不同类型机构、不同国家与地区以及不同领域的适应性，也同时构成其国际化应用的一部分。

RDA 的本地化选项包括：

（1）交替（Alternative）：在正文规定外，提供一个替代做法。如“作品题名”，规定采用信息源显示的语言文字，但提供交替做法：以音译形式代替，或者增加音译形式（RDA5.4）。选项适用于多语种资源的处理，“音译形式替代”主要针对信息源的语言文字在计算机上无法录入，“增加音译形式”针对仅用原语言文字不便于最终用户利用的情况。

（2）可选（Option，包括可选附加和可选省略）：针对正文条款，说明可以补充或省略若干信息。如“制作说明”，规定对已出版资源，在没有出版发行者、出版发行日期的情况下予以记录，但提供“可选附加”：如果制作说明不同于出版发行说明，也可予以记录；又规定记录时转录信息源的制作地、制作者的形式，但提供“可选省略”：省略不影响识别制作者的上级团体（RDA2.10.1.4）。

（3）例外（Exception）：对特定类型资源，指定不同于正文规定的做法。如对早期印刷资料（Early printed resources），要求提供更细致的描述：比如属于非实质性内容的广告页、空白页等通常在描述时是忽略的，但对早期印刷资料，则规定了需要提供描述的 3 种情况（RDA3.4.5.3.2）。

（4）由数据创建机构决定或由编目员判断。通常针对语言文字、日期形式等国际化部分，各机构可以做出选择。同时，对于描述的详简程度，可以在 RDA 规定的核心元素（著录单元）基础上，确立适用于本机构的其他元素（RDA5.3）。

上述 4 种本地化选项，数据创建机构可以规定由制作数据的个人（如编目员）自行决定，也可以制订适合本机构的政策与准则（RDA0.8）。由 LC 和合作编目项目（PCC）制订的“政策声明”（LC-PCC PS）是国家级 RDA 应用政策与准则的一个样板，成为其他国家制订应用政策的重要参考。澳大利亚国家图书馆政策声明（NLA PS）就是参照 LC-PCC PS 制订的又一个国家级 RDA 应用政策，于 2014 年年初在 RDA 工具包网站上线［RDA Toolkit Development，2014］。

第四节　国际应用现状

RDA 是国际编目标准最新成果，其全新的框架、全面的国际化设计，已在走出英美、走向世界方面初显成效。了解 RDA 国际应用状况有助于我们确定 RDA 未来在国内的走向。

一、翻译 RDA

对非英语国家，翻译 RDA 是采用的前提。截至 2013 年 4 月，计划或进行中或已完成的翻译版有 7 种语言：法语、芬兰语、德语、葡萄牙语、挪威语、西班牙语和汉语。

根据 EURIG 在 2012 年 3 月对成员的调查，9 个机构表示有积极的 RDA 翻译计划，计划翻译 RDA 为法语、芬兰语、德语、葡萄牙语和挪威语 5 种语言［EURIG，2012c］。另据了解，有机构希望翻译阿拉伯语，但尚未获 ALA 出版社许可。

目前ALA出版社已授权翻译的有4种语言[编目精灵,2013a]。法语版和德语版已经翻译完成,于2013年5月在RDA工具包平台上提供,其中德语版曾先期在德国国家图书馆网站上提供为期1年的免费访问。西班牙语翻译仍在进行中,未来也将通过工具包平台提供;西班牙语的印刷版授权范围除西班牙外,还包括拉美数十个西班牙语国家。RDA中文印刷版则于2014年4月由国家图书馆出版社出版。

二、采用RDA

作为AACR2的替代品,RDA被原来用AACR2的国家采用不会有太多障碍。目前采用RDA的除美、英、加、澳4个编制国外,已知新西兰、马来西亚、菲律宾等国的国家图书馆也分别宣布于2013年开始采用RDA。马来西亚国家图书馆在实施前,与欧洲国家就RDA的准则及实施进行了多次讨论[The Star Online,2013]。

在欧洲,作为从未使用AACR2的非英语国家,德国国家图书馆决定实施RDA是RDA较AACR2的重大突破,虽然由于种种原因实施被推迟至2015年。荷兰国家图书馆已在2013年采用RDA,芬兰和瑞士的国家图书馆均决定2015年采用,拉脱维亚国家图书馆决定2016年采用;法国国家图书馆、瑞典国家图书馆、冰岛国家与大学图书馆也已决定实施,日期待定;更多欧洲国家正以EURIG为平台,积极参与RDA修订,开始为在本国实施RDA做实质性准备[EURIG,2013]。

除全面采用的情况,还有一些国家和地区是部分采用RDA。因为随着RDA实施范围的扩大,越来越多的书目数据将依据RDA标准编目,在套录已成为编目主要方式的当今,采用RDA将成为很多机构的不二选择。如日本国会图书馆[国立国会図書館,2013]和台湾"中央图书馆"[台湾"中央图书馆",2013b]已宣布,与LC同步于2013年4月起对西文图书采用RDA编目。

三、参考RDA

虽然RDA在世界范围内实施的形势不错,但也并非被全盘接受。除了如意大利、俄罗斯等,因为与RDA差不同多时完成了本国编目规则的编制或修订,故而不打算采用RDA外[张芳,2013],克罗地亚国家与大学图书馆也在考虑选择修订或制订本国的编目规则,而不是直接采用RDA[EURIG,2013]。

东亚地区则有不同的背景。东亚普遍存在着本土语言和外国语言采用不同编目规则的现象,如果说由于外语(尤其是西文)资源套录为主的原因采用RDA不会有太大的争议的话,那么对本土语言资源是否也同样采用RDA则会有不同的考虑。

1. 日本的新《日本目录规则》

日本图书馆协会目录委员会负责日本的编目规则制订。从RDA开发早期起,该委员会就跟踪发布RDA各次草案,并与《日本目录规则》(NCR)进行细致的比较。在RDA正式发布后,该委员会最终得出结论,认为"日本现在需要的目录规则,不是只翻译RDA为日语,而是新的《日本编目规则》",决定参考RDA对NCR进行修订,将针对日文古籍与汉籍,收录丰富的日语资料实例[日本図書館協会目録委員会,2010]。

从目前发布的大纲看[日本図書館協会目録委員会,2013],新NCR可以说完全是按RDA的框架体系与概念对原规则进行重新组织，包括五部分即：①总则；②资料相关记录；③规范检索点；④关系；⑤附录。其中②、③两部分以 FRBR 的三组实体来组织各元素，也是沿用 RDA 的做法。不过在内容类型（表現種別）上，采用的是 ISBD0 内容形式（一般表現種別）和内容限定（特定表現種別）的二级后组形式，而非 RDA 的先组形式；媒介类型（機器種別）术语中，也采用了 ISBD0 的“电子”而非 RDA 的“计算机”。因之新 NCR 可以认为是结合 RDA 与 ISBD 的编目规则。

2. 我国台湾地区的“中文使用手册”

台湾地区在 2012 年 3 月成立了由“中央图书馆”牵头、各大图书馆和学界参与的“RDA 小组”，研究台湾的 RDA 应因之道。曾淑贤馆长多次参加并主持小组会议，显示出对 RDA 小组工作的重视。“中央图书馆”网站同时设有“RDA 之工作推动”专栏，发布与汇集台湾内外各种 RDA 信息。

从 RDA 小组历次会议记录看，对于是修订台湾所用的“《中国编目规则》”（“CCR”）还是改用 RDA、未来是否中西文编目统一采用 RDA，小组成员有着不同的看法。在 2013 年年初举办的“国内编目规则未来发展咨询会议”上，虽仍有不同看法，但从会议决议看，中文直接采用 RDA 已经只是时间问题了：“1. 在中文资料尚未正式采行 RDA 之前，‘CCR’仍为过渡期必须应用的规范”；“4……待……已有共识且预备充分后，由各馆各自评估其中文资料采用 RDA 的期程”。

由于大陆已取得 RDA 的中文翻译授权，台湾对中文实施 RDA 所做的准备，就是编制“中文使用手册”[台湾 RDA 小组第一次会议纪录]，也包括将向 JSC 提供针对中文资料特殊需求的补充 RDA 建议[台湾 RDA 小组第二次会议纪录]。台湾对采用 RDA 并参与 RDA 修订的积极态度，值得我们重视。

考虑到两岸用语不一，在 RDA 小组成立后的一年中，小组先期翻译完成并发布 6 种“RDA 重要中文词汇用语”，供未来编订“中文使用手册”及 RDA 编目使用。而“中文使用手册”初稿在 2014 年 4 月已初步完成，手册包含中文范例，但大纲与细节尚未见公布[台湾 RDA 小组第十五次会议纪录]。

第二章　RDA 的中文化问题

目前国际编目界大多认同 RDA 代表未来发展方向，但部分国家对于其细节、对本国的适用性仍然存有一定程度的不认同。尚未采用但对 RDA 有兴趣的国家基本上采取两种态度：一种是希望 RDA 改进，如法国及参与 EURIG 的其他欧洲国家，积极提出修订建议，以便最终采用 RDA；一种是借鉴 RDA，编制或修订自己的编目规则，如日本图书馆协会。当然无论持哪种态度，都需要对 RDA 有深入的了解。

在相似的编目规则现状下，中国台湾地区和日本已经对本地语言文献编目如何应对 RDA 做出了各自的选择，采取的是截然不同的策略。中国内地将如何选择？

2012 年 3 月，全国信息与文献标准化技术委员会（文标会）举办了“文献著录 ISBD 统一版专家研讨会”。对于 RDA，会议取得的共识除了申请 RDA 的研究项目外，还指出：“RDA 成为国际标准的可能性很大。对于 RDA，继续采取观察、学习的态度，利用一段时间进行翻译，从业人员进行认识、理解，在一定范围内达成共识。”［ISBD 统一版工作会议］

2012 年 5 月国家图书馆出版社取得授权，由国家图书馆和 CALIS 联编中心合作启动了 RDA 中文翻译，开始了“RDA 在中国”的实质性进程。不过与其他授权翻译版本的目标是直接使用 RDA 不同的是，“中译本仅以印刷本发行，主要目的是供研究与评估其在中国图书馆的使用”［RDA Toolkit Blog，2012a］。如顾犇在 IFLA 编目快讯上所总结的，对于中文编目是“直接采用，或者用做未来新版中文编目规则的基础？这些都还没有决定，也不会在一两年内决定”［Gu B，2012］。

在达成共识、做出决定前，我们需要对 RDA 有更深入的了解。为此，需要对 RDA 做细致的研究与分析，了解 RDA 是否能适应我国特别是中文资源，可否充分利用 RDA 的国际化与本地化设计，是否需要对 RDA 做某些修订或补充。当然，如果我们决定采用，也需要由文标会、中国图书馆学会信息组织专业委员会、国家图书馆以及大型联合目录（如 CALIS）等标准编制机构组织参与 RDA 的修订活动，为国际书目数据更顺畅地交流做出自己的贡献。

第一节　RDA 在中国实施面临的问题

《资源描述与检索》（RDA）能否在我国得到实施、采用何种方式实施，是个涉及较广范围的复杂议题。2012 年 7 月，在国家图书馆主办的“RDA 在中国的实施和挑战”研讨会上，十多位专家围绕 RDA 在中国实施的主题，从不同角度论述了这个问题，也让我们有机会对此问题获得了一个比较全面的认识。

大致上，RDA 在中国实施面临或者需要解决的问题可以归纳为以下 5 个方面。

一、RDA 与我国编目实践的兼容性

编目实践涉及文化习惯与编目传统、政策导向等因素。政策层面上看，编目规则不同于

分类法，基本上不存在意识形态方面的障碍，采用国际标准有利于书目及规范数据的国际交流，也符合我国一直以来的政策。

RDA 作为一部编目规则（或曰内容标准），基于 IFLA 的《国际编目原则声明》（ICP）和"功能需求"系列模型，在理念与结构上对《英美编目条例》（AACR）以及《国际标准书目著录》（ISBD）可以说是一种颠覆。对于在原则上依据 ISBD 和 AACR2 的我国现行编目规则[《中国文献编目规则》（第 2 版）前言 p.1]，自然会有距离感。我们要像英美的广大编目人员一样，需要更新思维去适应新的模式。

同时，由于在制订与修订我国的编目规则时，在"内容上尽量采纳国际标准"的前提下，政策上还有"体现中国文献编目特色"的考虑[《中国文献编目规则》（第 2 版）前言 p.1]，因而 RDA 与我国编目规则的差异会比与 AACR2 的差异更大，对中国文献编目的兼容性与适应性有待考察，需要加以细致研究。

二、版权与标准

随着中国的发展及与国外文化交往的普遍化，当年在翻译出版 AACR2 上曾经困扰我们的版权问题不会再成为一个重要的障碍，国家图书馆出版社成功引进 RDA 中译印刷版就是一个很好的开端。对于一旦采用 RDA，是否有可能将其作为 GB 国家标准，由于涉及国家标准的版权，则需要另外考量。

我国现行的编目国家标准是基于 ISBD 系列的 GB3792 系列。在 2012 年 3 月全国信息与文献标准化技术委员会（文标会）举办的"文献著录 ISBD 统一版专家研讨会"上，与会者在认同"RDA 成为国际标准的可能性很大"的前提下，考虑到目前直接采用尚显超前，而现行标准已因 ISBD 更新到了统一版而需要修订，因而决定依据统一版申报新的国家标准[ISBD 统一版工作会议]。目前新标准已定名为"信息与文献——资源描述"上报。

实际进行中文文献编目时，并非直接参照国家标准，而是采用基于国际通行编目标准和国家标准的编目规则（主要是《中国文献编目规则》及其他细则）。由于有多种参考依据，因而实际上并不完全遵照国标。

就 ISBD 本身来说，也并非 ISO 系列的国际标准。这或者可以提示我们换一个角度考虑标准问题——是否需要资源描述与检索领域的国家标准？以 AACR2 为例，一直是很多英语国家的编目标准，但在标准制度完备的英美，并没有纳入所在国的国家或行业标准体系（比如美国的 ANSI/NISO）。类似情况在我国图书馆界也不鲜见，如《中国图书馆分类法》和 CNMARC 都非国家标准，但并不影响其在国内图书馆的广泛采用，成为事实上的国家级标准。

三、RDA 在世界范围的推广与实施

RDA 由美国、英国、加拿大和澳大利亚四国编制，以走出英语国家、成为一部全球化的标准作为目标之一，因而在内容设计上考虑了国际范围的应用：①所用语言文字、数字、日期与计量单位可由数据创建机构决定；②大量的交替、可选、例外等方式，提供本地化选择。在正式发布后，又通过持续不断的维护修改，消除其中遗留的偏向英美的规定。

与此同时，RDA 在编制与修订过程中，一直公开征求并接受包括非编制国机构在内的意见反馈，其开发联合指导委员会（JSC）也为承诺采用与积极参与修订的国家敞开了大门，

德国国家图书馆成为首个创始编制国以外的成员[胡小菁,2013]。

随着 RDA 多语种翻译的完成,RDA 的联机版工具包已于 2013 年 5 月开始实施多语言界面,增加了法语和德语界面[RDA Toolkit Development,2013]。未来还会加入更多本地化内容(国家级实施细则),实现 RDA 正文与国家级实施细则间的双向链接[RDA Toolkit Development,2012a]。澳大利亚国家图书馆政策声明(NLA PS)是继 LC-PCC PS 后又一个进入 RDA 工具包平台的国家级实施细则。

上述举措,为 RDA 在世界范围的采用打下了基础,也是它被看作未来国际标准的重要原因。目前最积极的利用群体在欧洲,欧洲 RDA 兴趣小组(EURIG)正积极参与提出修订建议,其中荷兰、芬兰、瑞士、拉脱维亚等国的国家图书馆已分别决定在 2013—2016 年采用 RDA[EURIG,2013]。同时,JSC 还在其他地区进行推广,仅 2012 年就在中国(包括台湾和大陆)、马来西亚、新西兰及拉美 4 国举办了讲习班和研讨会[蒂利特,2012]。新西兰[Todd C,2012)]和马来西亚[The Star Online,2013]等都宣布在 2013 年开始实施 RDA。另外,日本国会图书馆[国立国会図書館,2013]、台湾"中央图书馆"[台湾"中央图书馆",2013b]等也与美国国会图书馆同步,在 2013 年 3 月 31 日前后,开始在西文图书编目实施 RDA。

四、RDA 实施的效果

RDA 是不是能够成为一部真正的国际标准而得到普遍采用,除了在内容、维护机制、发布工具、推广等方面的努力外,还取决于采用 RDA 后,能在多大程度上有助于改善图书馆资源的揭示与发布,即在图书馆自动化系统的馆员工作界面以及读者使用界面其呈现的效果对图书馆及其用户有没有吸引力,也就是实施效果问题。

RDA 采用了基于 ICP 的多条原则,如通用性、经济性和表达性,为改善资源揭示的效率提供了可能性。尤其是"表达性原则"(Principle of Representation),即通俗所称的"Take what you see"(照录所见),在操作层面,为直接采用其他来源的元数据(包括资源内嵌元数据)铺平了道路。RDA 中列出的众多的术语表可以实现录入选择而不必逐字输入,也有助于提高人工编目的效率,并改善一致性从而提高数据质量。

RDA 完全建立在 FRBR 的三组实体及其关系的架构上,可以较方便地实现按第一组实体的作品、内容表达、载体表现和单件 4 个等级展示所描述的资源,并全面展示三组实体间的关系,也为图书馆资源进入新兴的关联数据及语义网环境提供了很好的框架。

以上所有这些优点,或者说 RDA 承诺或暗示的前景,对图书馆界来说,都有赖于所用自动化系统的更新。在 RDA 于 2010 年 6 月正式发布后,美国进行了为期一年的国家测试及数据分析,测试报告的结论是 RDA 实现或部分实现了以下目标:用于所有类型资源和所有类型内容;让用户能够根据他们的信息需求,查找、识别、选择、获取资源;独立于储存和交换数据的媒介、格式和系统。报告在对 RDA 基本认可的同时,另外提出要求在未来一年半到两年间开始取代 MARC 格式的工作[U. S. RDA Test Coordinating Committee,2011b]。目前的图书馆自动化系统基本上围绕 MARC 建立,MARC 前景不佳,取代 MARC 的元数据标准(如开发中的 BIBFRAME)尚未确立,阻碍了系统改善的进程。虽然重要的图书馆集成系统厂商都承诺支持 RDA[qingyi,2011a;2011b],但只有 VTLS 公司实际上在做 FRBR 化工作,也宣布了新系统[VTLS,2012],但只是孤例,至今仍未见图书馆上线使用。

要使 RDA 的优势得以发挥,还需要一段不短的时间,等待元数据标准(书目与规范格式)尘埃落定。在此之前,一些机构对 RDA 持观望态度的现状较难从根本上改变。

五、经济及其他因素

RDA 首先以联机工具形式发布,采用年订购方式,按并发用户计费,初期最低订购价为单用户 $195/年;2014 年起为促进小型机构引入与实施,单用户订购价略降至 $180/年,但多用户订购价反而有所上升。印刷版由于篇幅大,费用也不低,2010 年 11 月活页版为 $150,2013 年修订版在 2014 年时售价为 $165。2013 年 ALA 出版社还推出了电子书版,亚马逊 kindle 版定价 $120。对图书馆来说,订购 RDA 本身是个不小的经济负担,对于中小图书馆尤其如此。

费用问题不单在我国存在,在 RDA 的编制国也存在。因此 JSC 决定开发简本,暂名《RDA 基础版》(Essential RDA),基于 RDA 工具包的“核心元素”和“基本指引”,除印刷版外,还将有电子书或类似的脱机电子产品[JSC,2013b]。简本如能出版,无疑将减轻小型图书馆在经济上的压力,有助于推广 RDA 的应用。如果我国采用 RDA,中文印刷版及未来的简版、电子书版的需求相信会比联机版更高。

经济方面的另一个问题是编目人员的培训。无论外包还是由图书馆自己编目,如果采用新的编目规则,都需要对从业人员重新培训。不少图书馆可能受经济状况制约,无法承担培训费用。目前美国国会图书馆等机构提供了大量免费的 RDA 网络培训资料,未来我们也可以考虑提供网络公开课程,以减少编目培训的经济压力。

从经济方面考虑,也不全是负面影响。随着 2013 年 RDA 在美、英、加、澳等国的实施,大量采用 RDA 编目的数据出现,对于目前普遍以套录为主的编目工作来说,坚持不采用 RDA 反而要付出更高的代价。据统计,2012 年 3 月初,WorldCat 中有 337 字段的书目记录已有近 20 万条[TSLL TechScans,2013]。337 是为 RDA 而增加的媒介类型字段,非必备,由此可见 RDA 数据的增长势头。这种状况虽然对中文编目没什么影响,但对西编必然会是很大的冲击,逼迫着我们跟进采用 RDA。

六、小结

上述 5 个方面的问题中,RDA 在世界范围的推广与实施,以及其在工作与用户界面的实施效果,取决于 RDA 本身的进展。如 RDA 从发布到实施,在编制国费时近 3 年。由于存在文本翻译、人员培训等一系列问题,RDA 在世界范围的推广实施必然是一个不短的过程。

2012 年年中,RDA 中文版得到授权开始翻译,这是 RDA 在中国进展过程中最重要的一步。不过此次中译版的“主要目的是供研究与评估其在中国图书馆的使用”[RDA News,2012]。换言之,这是一个帮助大家了解与研究 RDA 的版本。RDA 正文中有很多取值词表(术语清单),其准确翻译也有待更多的规范化工作。此次中译本对样例只翻译了说明部分,没有翻译例子本身,直接用于中文编目有一定的困难。中文版出版后,应该会首先用于西文编目。毕竟西文已经并将越来越多地套录到 RDA 记录,需要率先考虑实施 RDA 的问题。

对我们来说,目前要做的是对 RDA 在我国应用的适应性进行分析研究,为最终的决策打下基础。未来如果 RDA 成为事实上的国际标准,而我们对 RDA 对中文编目的适应性也有了全面准确的认识,就需要文标会、中国图书馆学会、国家图书馆及大型联合目录(如 CALIS)等专业机构从版权、费用、人员培训等角度综合考量与组织协调,决定是直接采用还是参照编制新的编目规则。

第二节 RDA 中文化及其应用

《资源描述与检索》(RDA)代表了编目领域的最新进展,得到国际范围的关注。无论我国是否打算采用 RDA,都有必要深入分析 RDA 与中文编目实践的异同,考察其对中文编目的适用性,为我们的决策打下理性而坚实的基础。这也是 2012 年 3 月全国信息与文献标准化技术委员会主办的“文献著录 ISBD 统一版专家会”上很多专家都认同的观点。

一、关于 RDA 的中文化

本书所指“RDA 的中文化”是研究采用 RDA 描述与检索中文资源的适应性。本书无意囊括前节述及的 RDA 在中国实施面临的所有问题,只专注于 RDA 本身对于中文资源的适应性,不涉及是否应当采用 RDA、是直接使用还是参照编制或修订本国编目规则等判断。或者说,本书只针对如果解决了相关的社会经济、信息技术等方面的问题,我们要采用 RDA 的话,会有哪些编目规则或编目实践方面的障碍需要解决,以及在中文编目环境中,作为工具如何更好地利用 RDA。

了解 RDA 对中文资源的适应性,或者说与我国编目实践的兼容性是问题的关键。在资源描述与检索领域,有哪些“中国特色”,是否需要坚持、可否纳入 RDA 框架,这是我国应用 RDA 的基本前提。编目原则是共通的,而编目实践是有差异的。RDA 是否能适应我国特别是中文资源?可否充分利用 RDA 的国际化与本地化设计?是否需要对 RDA 做某些修订或补充?这些都需要做细致的研究与分析。

二、RDA 中文化研究内容

本书研究内容主要包括基础和应用两大部分:

第一部分:基础

基础部分研究 RDA 与中国编目实践的适应性。

从描述(著录)与检索两方面对 RDA 与《中国文献编目规则》(第 2 版)进行对比。以对比结果为基础,总结出适应中文的 RDA 修订建议,并建立本地应用政策。这是本课题研究的主要方面,解决 RDA 作为编目规则与中国编目实践的融合匹配度问题,主要考察 RDA 与中文编目规则的兼容性、应用于中国文献编目的适应性、融入中国编目实践的可能性与现实性。基础部分包括以下 4 个部分:

(1)中文著录特点(本书第三章)

(2)中文检索点特点(本书第四章)

(3)适应中文的 RDA 修订建议(本书第五章)

(4)中文 RDA 应用政策(本书第六章)

第二部分:应用

由于《中国文献编目规则》(第 2 版)依据 ISBD 最新版及 AACR2R/2002 编制(《中国文献编目规则》前言),而 RDA 建立在 AACR2 基础上,且充分考虑与 AACR2 数据的融合,同时其在元素上也与 ISBD 兼容(RDA0.2),因而《中国文献编目规则》与 RDA 的差异是可控的。

基础研究表明,在 RDA 的框架下对其提出若干修订、制订本地化政策后,RDA 可以适用中文资源。应用部分针对中文编目如直接应用 RDA 时的操作问题。

首先是中文编目所用的 CNMARC 格式部分。为更好发挥 RDA 的作用,MARC21 做了一系列更新,对于 CNMARC,也需分析要做哪些必要的更新。同时为方便用 CNMARC 编目时查询相应的 RDA 规则,制作 CNMARC 与 RDA 的对照表必不可少。另外,为帮助理解与掌握 RDA,直观展示《中国文献编目规则》和 RDA 的异同,课题组选择部分类型文献,编制中文工作流程,并采用《中国文献编目规则》所附著录样例,分别按照两种规则以 CNMARC 进行编目,形成中文 RDA 样例。由于规范记录的编制在国内并未普遍,本课题只对 CNMARC 书目格式做了相应的研究与对照。

其次针对 RDA 中文版资源。RDA 目前有印刷版和联机版,未来还会推出电子书等其他类型版本,联机版和电子书等电子版可以结合相关资源,将是利用 RDA 的主要途径。设计 RDA 电子版对中文编目参考资源的强化,对中文电子版提出定制建议,可以为中文编目提供更好的辅助。

应用部分包括以下 5 个部分:

(1)RDA 中文工作流程(本书第七章)

(2)CNMARC 的 RDA 更新(本书第八章)

(3)RDA 中文电子版的设想(本书第九章)

(4)CNMARC—RDA 对照表(本书附录一)

(5)中文 RDA 样例(本书附录二)

三、选择《中国文献编目规则》进行对照的理由

本课题中,RDA 与《中国文献编目规则》(第 2 版)(以下简称《规则》)的对照是所有工作的基础。以下详述选择《规则》作为中文编目实践的代表性规则的理由。

自 1983 年起,我国基于《国际标准书目著录》(ISBD)制定了中文文献著录的国家标准《文献著录总则》(GB 3792.1—83),以及适用于普通图书、连续出版物、非书资料、档案、地图、古籍等不同类型文献著录的一系列国家标准,基本上形成了比较完备的中文文献著录标准体系。由于 GB3792 系列标准是在 20 世纪 80 年代颁布的,在信息技术飞速发展的今天,最初的 GB3792 系列中许多规则已不再适用,所以从 20 世纪 90 年代起,开始依据新 ISBD 系列进行修订。到 2005 年,虽陆续有新版 GB3792 系列标准颁布,但由于这些新标准是陆续分散颁布的,基本上没有宣传报道,在社会上影响很小,甚至有些连图书馆编目界人士也不尽知晓。并且 GB3792 系列只是著录规则,不包括标目部分。

1996 年 10 月,我国第一部大型综合性编目规则《中国文献编目规则》正式出版,内容包括了各类型文献的著录原理、著录方法以及标目规范原理与技术等,被全国情报文献工作标准技术委员会和中国图书馆学会确定向全国图书馆和情报机构推荐使用。《中国文献编目规则》的出版,不仅适应国际文献编目标准化的发展趋势,也推动着我国文献编目原理与方法技术进一步与国际标准接轨。2005 年,北京图书馆出版社(现国家图书馆出版社)出版了《中国文献编目规则》(第 2 版)。《规则》总的修订原则是"既遵循 ISBD 的原则,参照 AACR2 的体例,又体现中国文献编目特色,不机械照搬"(《规则》前言 p.1)。《规则》划分为

总则、普通图书、学位论文、科技报告、标准文献、古籍、拓片、测绘制图资料、乐谱、录音资料、影像资料、静画资料、连续性资源、缩微文献、电子资源、手稿，基本涵盖了目前的文献资源类型。

CALIS 联合目录在 2001 年出版了《CALIS 联机合作编目手册》，该手册虽然也涵盖了文献著录的大部分内容，但它出版时间较早，也不是一部严格意义上的编目规则，而是集编目与 MARC 格式于一体的工作手册。CALIS 联合编目中心在编目规则上遵循国际标准及惯例，在著录上依据 ISBD，标目上参照 AACR2，它每年在高校举办培训班，培训教材不定期更新，体现它的最新规定。但目前只有普通图书及连续性资源有培训教材，而且都不是正式出版物。培训教材的体例，不是规则条款，而是教材形式，与 RDA 的体例相去甚远。

标目（规范检索点）是书目数据中一个重要组成部分，由于我国标目工作起步较晚，以前一直没引起足够的重视，也没有相应的国家标准。虽然近十年来，国家图书馆和高校 CALIS 联机合作编目中心等在名称规范控制方面做了很多工作，比如，国家图书馆先后制订了《中文图书规范数据款目著录规则》《中国机读规范格式》，修订了《中国文献编目规则》（包括其中的“标目法”）等，CALIS 制订了《CALIS 联合目录规范控制研讨会文件汇编（征求意见稿）》，但是除《中国机读规范格式》是行业标准外，其余都不是国家或行业标准的规则，国家图书馆的《中文图书规范数据款目著录规则》和 CALIS 制订的《CALIS 联合目录规范控制研讨会文件汇编（征求意见稿）》都只是内部出版。而《中国机读规范格式》只是对标目的 MARC 格式做了规定，对标目检索点的选取、标目确定的原则、标目的形式等均未做出规定。

综合以上分析，《中国文献编目规则》所包括的文献类型齐全，基本涵盖了目前的文献资源类型，并且既有著录法，又有标目法，在目前的中文编目标准中体例结构最为完整。《规则》出版后，即在全国各地多次举行培训班，进行推广介绍，在我国编目界产生了较大的影响，是编目机构编制中文书目数据的重要参考工具。

基于上述理由，本课题选择《中国文献编目规则》（第 2 版）与 RDA 进行比对。为简化问题，基本忽略实践中不完全遵循《规则》的情况。

四、小结

我国编目界目前所用的标准都已有较长历史，大多处于需要修订、更新的状态了。2005 年出版的《规则》算是比较新的，但在修订出版时，依据的仍然是 ISBD 和 AACR2，没有考虑出版于 1998 年、日后成为 RDA 基础的 FRBR，而作为 RDA 另一基础的《国际编目原则声明》（ICP）在当时还处于初期草案阶段，因之《规则》在对编目原则和目录功能的认识上，在编目规则的框架模型上，都与 RDA 有着巨大的差异，即使与 ISBD 统一版也存在着不小的距离。

RDA 和 ISBD 统一版反映着编目的发展方向，《规则》与两者的差异与距离是显然的，也是根本的。本书在认识到这种差异的前提下，仅专注于描述与检索的微观层面的对比，将框架、模型等宏观层面的差异问题留给理论界做学术探讨，由标准制订机构去解决。

RDA 中文化是一个很宏大的工程，需要集全国编目专家之力才能完成，本书只是一种探索与尝试，提供一个可能的研究实例。我们选择部分文献类型进行规则上的对照，不足以总结出所有编目方面的中国实践特点，但我们提出了一种处理方式，意在揭示出资源描述与检索中的中国特色。

第三章　中文著录特点

本章通过对《中国文献编目规则》(第2版)(以下简称《规则》)和《资源描述与检索》(RDA)相应规定的比较,总结中文著录的特点。

第一节　著录比较说明

一、术语说明

《规则》和 RDA 在所用术语上存在一些差别,述及时可能分别引用各自所用术语,也可能交叉采用同一术语不加区别。

(1)著录 vs 描述:作为编目专业术语,Description 译作"著录"不利于图书馆编目界以外的人理解,在 RDA 中一般译做较通用的"描述"。

(2)文献 vs 资源:《规则》中"文献"指"记录有知识的一切载体",也就是著录的对象;相应的,RDA 中书目描述的对象称为"资源",包括作品、内容表达、载体表现和单件。

(3)著录单元 vs 元素:《规则》中"著录单元"指"著录项目的组成部分",在 RDA 中相应地称为"元素"。

(4)主要信息源 vs 首选信息源:《规则》对文献著录的首选来源称为"主要信息源",RDA 则称"首选信息源"。

二、选择对照的文献类型

《规则》第一部分著录法共有 13 章涉及 15 种文献类型。本课题选择其中 6 种较常用的文献类型进行规则条款的对比:

普通图书
测绘制图资料(地图资源)
乐谱(印刷乐谱)
影像资料
连续性资源
电子资源

需要说明的是,未选择最具中国特色的古籍与拓片做对比,是因为 RDA 对古籍涉及不多,本身并不适用于西文古籍的著录,更无暇考虑西文以外的古籍,进行比较没有实际意义。以美国国会图书馆(LC)来说,目前的政策是,对古籍及档案类资源,仍然采用更为专门的著录标准,而不采用 RDA(LC-PCC PS for 0.2)。

三、对照分析总则

(1)**由于文献类型不同,比较的内容、形式与侧重点不尽相同。**如普通图书需要全面比较，而连续性资源在发行方式上与其他类型文献不同。对照主要针对不同类型文献中最具特点的部分，一般为《规则》的：

文献特殊细节项

载体形态项

其他著录项目中相关部分

《规则》按文献类型分章，同一文献类型基本上集中在一章中。

（2）**RDA 正文按实体、属性、关系等组织，需要从不同章节中汇聚同一类型资源的不同描述元素。**

RDA 基于 FRBR，将描述的资源分成作品、内容表达、载体表现和单件 4 个层次：

内容层面的归于作品和内容表达层次，文献特殊细节项属此；

载体、媒介层面的归于载体表现和单件层次，载体形态项属此。

（3）比较的主要目的是找出《规则》与 RDA 的不同之处，故**主要以《规则》为基点对比相应的 RDA 规定**。总体上 RDA 的规定更多、更细致，对于 RDA 做出规定而《规则》没有相应规定的，可以不涉及。

（4）《规则》以遵循《国际标准书目著录》（ISBD）系列为原则，而 ISBD 统一版正式版已在 2011 年出版，因而在分析《规则》与 RDA 不一致之处并提出可能的解决途径时，会采用**对照 ISBD2011 年统一版相应规定**的方法，以了解不一致产生的原因是 RDA 特例，还是国际通行做法（以下 ISBD 条款均指 2011 年统一版）。

（5）**分析对照完成后，至少提供两个附录：**

A. 一般资料标识与内容/媒介/载体或发行模式

《规则》的一般文献类型标识基于原 ISBD 的一般资料标识（GMD），混合了内容、媒介、载体及发行模式等多种成分。ISBD 统一版(2011)已经放弃 GMD，改为 ISBD0“内容形式和媒介类型”，对应于 RDA 的内容、媒介、载体类型。对于连续出版物，《规则》的一般文献类型标识还对应于 RDA 和 ISBD 统一版正式版的发行模式。GMD 在国际编目界已被放弃，修改《规则》的现行做法是必然的。GB 3469—83《文献类型与文献载体代码》的内容也需要更新。

由于 GMD 与内容类型/媒介类型/载体类型采用标准术语，且一般为描述各类资源所必备，为方便参照使用，在各部分附录中进行比较并提供相应的用语对照。

B. RDA 条款及对应《规则》条款

RDA 以 FRBR 实体及其属性、关系为纲，对各类型资源的描述分散在不同部分。为方便了解各类型资源的 RDA 条款，特列出与《规则》相应条款的对照表。对照表以汇集 RDA 条款为目的，不含其所有下级条款，即如果 RDA 下级条款均针对此资源类型，不再逐一列出。

C. 其他附录

本部分资源常用的术语表尽可能以《规则》与 RDA 做对照。

（6）对照中，**凡 RDA、ISBD 和《规则》后的数字标识均为各自的条款号**，如 RDA6. 5. 3. 4 或 ISBD3. 1. 1. 4 或《规则》13. 3. 0。在自然段前面已引 RDA/ISBD/《规则》时，其后如引相同编目规则，可能直接引用条款号而省略编目规则的名称。

四、《规则》的主要信息源和 RDA 的首选信息源

RDA2. 2 中对载体表现和单件各元素的信息源做了总的规定，即“首选信息源”基本对

应于《规则》的“主要信息源”。

《规则》的主要信息源依文献类型分别说明。

RDA 的首选信息源则按资源的描述方法（综合或分析）、发行模式（一次性、多部分或集成性）、资源呈现格式而有所不同。以多页资源为例（RDA2.2.2.2），首选信息源为：①题名页、题名屏等；②如果没有，依次选择含题名的以下部分：封面、标题栏、报头、版权页；③如果以上均不含题名，选择资源本身（附件在综合描述时视为资源本身）中任何含题名的来源，以信息正式呈现的优先；④如果资源不含以上来源，选择构成资源的另一来源（如容器），以信息正式呈现的优先。如果以上均不符合，RDA2.2.4 规定按以下顺序选择：a）附件；b）容器；c）资源的其他出版描述；d）任何其他来源（如参考源）。

附：《规则》总则与 RDA 对照表

《中国文献编目规则》总则	RDA
1.0 总则	
1.0.0 目的与原则	0.4 目的与原则
1.0.1 适用范围	—
1.0.2 著录项目	—
1.0.3 著录用标识符	—
1.0.4 著录详简级次	0.6 核心元素
1.0.5 著录信息源	2.2 信息源
1.0.6 著录用文字	1.4 语言文字
	1.7 转录
1.1 题名与责任说明项	
1.1.0 序则	—
1.1.1 正题名	2.3.2 正题名
1.1.1.7 共同题名与从属题名	2.3.1.7 部分题名
1.1.2 一般文献类型标识	3.2 媒介类型
	6.9 内容类型
1.1.3 并列题名	2.3.3 并列正题名
1.1.4 其他题名信息	2.3.4 其他题名信息
1.1.5 责任说明	2.4.2 正题名相关责任说明
1.1.6 无总题名文献	2.3.2.9 无总题名资源
1.2 版本项	
1.2.0 序则	—
1.2.1 版本说明	2.5.2 版本说明
1.2.2 并列版本说明	2.5.3 并列版本说明
1.2.3 与本版有关的责任说明	2.5.4 与本版有关的责任说明

续表

《中国文献编目规则》总则	RDA
1.2.4 附加版本说明	2.5.6 修订版本说明
1.2.5 附加版本说明的责任说明	2.5.8 修订版本说明的责任说明
1.3 文献特殊细节项	
1.3.0 序则	—
1.3.1 文献特殊细节	
测绘制图资料	7.25.3 水平比例尺
	7.25.4 垂直比例尺
	7.25.5 附加比例尺信息
	7.26 地图内容的投影
	7.4.2 经度和纬度
	7.4.3 坐标
	7.4.4 赤经和赤纬
	7.5 二分点
	7.6 纪元
乐谱	7.20 乐谱格式
连续性资源:卷期年月标识	2.6.2 序列首期或部分的数字字母标识
	2.6.3 序列首期或部分的时序标识
	2.6.4 序列末期或部分的数字字母标识
	2.6.5 序列末期或部分的时序标识
	2.6.6 序列首期或部分的变异数字字母标识
	2.6.7 序列首期或部分的变异时序标识
	2.6.4 序列末期或部分的变异数字字母标识
	2.6.5 序列末期或部分的变异时序标识
电子资源	3.19.2 文件类型
	3.19.4 文件大小
1.4 出版、发行项	
1.4.0 序则	—
1.4.1 出版地或发行地	2.7.2 生产地
	2.8.2 出版地
	2.9.2 发行地
1.4.2 出版者或发行者	2.7.4 生产者
	2.8.4 出版者
	2.9.4 发行者

续表

《中国文献编目规则》总则	RDA
1.4.3 出版日期或发行日期	2.7.6 生产日期
	2.8.6 出版日期
	2.9.6 发行日期
	2.11 版权日期
1.4.4 印制地、印制者、印制日期	2.10.2 制作地
	2.10.4 制作者名称
	2.10.6 制作日期
1.5 载体形态项	
1.5.0 序则	—
1.5.1 数量及特定文献类型标识	3.4 数量
1.5.2 其他形态细节	3.6 基底材料
	3.7 应用材料
	7.15 插图内容
	7.17 色彩内容
	3.15 缩率
	7.18 声音内容
	3.16 声音特征
	3.11 版式
	3.9 生产方式
1.5.3 尺寸	3.5 尺寸
	3.12 图书开本(旧书)
1.5.4 附件	27.1 相关载体表现
1.6 丛编项	
1.6.0 序则	—
1.6.1 丛编正题名	2.12.2 丛编正题名
1.6.2 丛编并列题名	2.12.3 丛编并列正题名
1.6.3 丛编其他题名信息	2.12.4 丛编其他题名信息
1.6.4 丛编责任说明	2.12.6 丛编责任说明
1.6.5 丛编国际标准连续出版物号	2.12.8 丛编 ISSN
1.6.6 丛编编号	2.12.9 丛编编号
1.6.7 分丛编	2.12.10 子丛编正题名
	2.12.11 子丛编并列正题名
	2.12.12 子丛编其他题名

续表

《中国文献编目规则》总则	RDA
	2.12.14 子丛编责任说明
	2.12.16 子丛编 ISSN
	2.12.17 子丛编编号
1.6.8 多种丛编	2.12.1.5 多种丛编资源
1.7 附注项	
1.7.0 序则	—
1.7.1 附注	
1.7.1.1 文献的性质、范围或艺术形式附注	7.2 内容性质
	7.3 内容范围
	7.29.2 内容特征变化附注
1.7.1.2 文献语种、改编或翻译附注	7.12 内容的语言
	25.1 相关作品
	26.1 相关内容表达
	27.1 相关载体表现
1.7.1.3 题名附注	2.20.2 题名附注
	2.3.6 变异题名
1.7.1.4 责任说明附注	2.20.3 责任说明附注
1.7.1.5 版本和书目沿革附注	2.20.4 版本说明附注
1.7.1.6 文献特殊细节附注	2.20.5 连续出版物编号附注
1.7.1.7 出版、发行附注	2.20.6 生产附注
	2.20.7 出版附注
	2.20.8 发行附注
	2.20.9 制作附注
	2.20.10 版权日期附注
1.7.1.8 载体形态附注	3.22.2 载体表现数量附注
	3.22.3 单件数量附注
	3.22.4 载体表现尺寸附注
	3.22.5 单件尺寸附注
	3.22.6 载体特征改变附注
	3.21 特定单件载体特征
1.7.1.9 丛编附注	2.20.11 丛编说明附注
1.7.1.10 装订及获得方式附注	
1.7.1.11 原作及复制品附注	25.1 相关作品

续表

《中国文献编目规则》总则	RDA
	26.1 相关内容表达
	27.1 相关载体表现
1.7.1.12 出版周期附注	2.14 频率
	2.20.12 频率附注
1.7.1.13 内容附注	7.10 内容摘要
1.7.1.14 学位论文附注	7.9 学位论文信息
1.7.1.15 适用对象附注	7.7 适用对象
1.7.1.16 其他附注	2.20.13 识别资源的期、部分或整体的附注

第二节　普通图书规则比较分析

普通图书即编目界所称的专著出版物，在中文 ISBD 统一版（2011）中译为“单行资源”，它主要区别于连续性出版物。根据《中国文献编目规则》（第 2 版）（以下简称《规则》）的定义，主要指以印刷方式单本刊行的出版物，包括专著本、汇编本、多卷本、丛书等，不包括古籍、连续出版物以及各种非书资料。基于此，本节所论涉及的对象也以此为范围，不包括连续性出版物，以及在编目实践中可能作为普通图书处理但具有连续出版物性质的年鉴、年刊、连续出版的文史资料等。

普通图书是文献资源的主要类型，它的著录规则一直是文献资源著录规则的基础。ISBD 最早制定的著录标准即是《国际标准书目著录（专著出版物）》，在此基础上，又陆续制定了总则及其他各分册。因此，将《规则》与《资源描述与检索》（RDA）在普通图书著录规则方面进行比较分析具有很强的现实意义。

普通图书著录在《规则》中集中于第二章。由于普通图书的著录具有普遍意义，在 RDA 中凡有关描述的一般规则都适用于普通图书。本节依据 ISBD 的各著录项（除附注项，以及普通图书不采用的文献特殊细节项）做逐项对比。

一、题名与责任说明项

1. 题名

题名包括正题名、交替题名、并列题名、其他题名信息、共同题名与从属题名、个别作品题名等。《规则》和 RDA 对各种形式的题名如何著录均做出了规定。

（1）相同的规定

关于题名的著录，《规则》与 RDA 的规定大致相同。

《规则》2.1.1.2 和 RDA2.3.1.4 都规定须按照信息源中出现的形式著录。

《规则》2.1.1.5 又规定：属于正题名组成部分的责任者名称、出版者名称、版本说明等，都应如实著录。这与 RDA2.3.1.5 规则相同。但 RDA 比《规则》条款更多，更为具体。

(2)有差异的规定

A. 正题名的选择

《规则》2.1.1.4:"规定信息源有两种或两种以上文种题名,应选择中文题名作为正题名。若这一规定不适用,可根据规定信息源的版式或顺序选择正题名。"

RDA2.3.2.4 规定:"若信息源中有两种以上的语言或文字的正题名,应选择与资源主要部分所用语言和文字相应的题名作为正题名。"

ISBD 统一版 1.1.4.1.2 规定,如果题名用不同的语言或文字,正题名应是资源主要部分内容所用语言或文字的题名。

对于中文资源,《规则》与 RDA 和 ISBD 并无冲突,但对于中国境内其他语言文字(中国少数民族语言)的资源,《规则》如此规定显得不够灵活。

B. 关于无总题名图书

《规则》2.1.6 规定:由两个或两个以上著作组成的无总题名的图书,按规定信息源所题顺序依次著录。题名超过三个只著录前三个,未予著录的其他题名和责任者在附注项说明。

RDA2.3.2.9 规定:无总题名的资源综合著录时,著录显示在信息源上的部分资源的正题名作为整个资源的题名。如果识别个别作品的信息源当作整个资源共同信息源,依它们在资源上显示的次序著录各部分作品的正题名。

ISBD1.1.5.2 规定:如果资源由两个或更多的作品组成,但没有总题名,则按首选信息源上版式所表示的顺序著录各个作品的题名;或者,如果没有版式差别,按首选信息源上题名的序列著录各个作品的题名……如果所含单个作品的数量很大,可以著录前三个题名,随后加省略号。完整的内容可以著录于第 7 项。

题名多于三个,《规则》强调"只著录前三个",ISBD 是"可以著录前三个",而 RDA 不做限制。

C. 并列其他题名信息

《规则》2.1.4.4 规定:题名页有并列题名和并列其他题名信息,可将每一并列其他题名题名信息著录于与其文种相同的题名之后。

RDA2.3.4.4 规定,并列其他题名信息有多个语种的,只记录与正题名相同语种的其他题名信息。若这个规定不适用,著录显示的第一个其他题名信息。

ISBD1.3.4.7.1 规定:如果首选信息源载有一个或多个用多种语言和/或文字的并列题名和其他题名信息,每一个其他题名信息说明如果要著录,应著录在其语言学上相关的题名之后。不著录在第 1 项的其他题名信息说明可以著录在第 7 项。

对并列其他题名信息,《规则》和 ISBD 的规定基本一致,即"可以"在相应的题名后著录,而 RDA 则明确不在题名部分记录。

(3)RDA 有规定,《规则》未明确说明

A. 同一语言、多种题名形式

对于信息源中出现同一语言或文字的两种以上题名形式如何选择正题名,《规则》没有任何说明。

RDA2.3.2.5 规定:应按题名的序列、布局或版式所显示的次序选择正题名。若序列、布局或版式不足以明确选择,则应选择最全面的题名做正题名。

ISBD 统一版 1.1.4.1.1 规定,上述情况应参考首选信息源上题名的版式选择正题名,其

次是顺序。若两者不足以明确选择,则应选择最全面的题名做正题名。

B. 题名过于冗长

对过于冗长的题名,《规则》没有做出规定。

RDA2.3.1.4 规定:对于较长的题名,在不丢失基本信息的前提下,可节略,节略部分用省略号表示。但不要省略名称的前5位。

ISBD1.1.5.1 有类似规定。

2. 责任说明

(1)相同的规定

A. 并列责任说明

《规则》2.1.5.6 规定:规定信息源兼有并列题名和并列责任说明,可将每一文种的责任说明分别著录在与其文种相同的题名之后。

RDA2.4.3.3 规定:著录与正题名关联的并列责任说明……如果有多个与正题名关联的并列责任说明,依并列正题名相应的顺序著录并列责任说明。

ISBD1.4.5.10.1 规定:如果首选信息源载有一个或多个并列题名和/或并列其他题名信息说明,并且有多种语言和/或文字的责任说明,则每一个责任说明(如果要著录)应著录在与其在语言学上相关的题名或其他题名信息后。

B. 责任者身份信息

《规则》2.1.5.5 规定:责任者名称前后所载出身、籍贯、单位、职位、学位、头衔等,均不予著录。但省略后责任说明含义不清时,应原样照录。

RDA2.4.1.4 规定按信息源显示的形式转录责任说明,从例子上看,包括原 AACR2 规定必须省略的头衔等。但"可选省略"规定在不损失基本信息的情况下予以节略。《规则》与此一致。

(2)有细微差异的规定

A. 同一责任方式有多个责任者

《规则》2.1.5.3 规定:著录同一责任方式的责任者数量由编目机构决定,一般不超过三个……超过三个只著录第一个,后用"[等]",其余在附注项说明。

RDA2.4.1.5 正式条款规定:一个责任说明中有多个责任者时,著录这个责任说明,而不管个人、家庭和团体履行相同职能或不同职能。但"可选省略"曾规定:如果一个责任说明的责任者超过三个,著录第一个,其余的可省略,并扼要注明所省略的部分。据相关例子看,须说明省略了几个责任者(例:Roger Colbourne[and six others])。而此"可选省略"在2013年7月更新时做了修订,规定可省略"除第一个外的任何一个",即可以在第一个责任者以外,再取若干个责任者。据相关例子看,仍须说明省略了几个责任者(例:Raymond Queneau, Jacques Jouet[and 4 others])。

ISBD1.4.5.3 规定:如果若干个人或团体的名称出现在一个责任说明中,转录名称的数量由编目机构确定……省略部分用省略号和"et al."(等)或其他文字中的等同词表示,置于方括号内(例:by Sanuel Devend…[et al.])。

对于同一责任方式有多个责任者时的录入数量,目前来说 RDA 与 ISBD 更为接近,ISBD 更为灵活,但未要求说明具体数量。

B. 规定信息源有多个责任说明

对于规定信息源有多个责任说明时,《规则》2.1.5.1 规定:责任说明包括责任者名称和各种责任方式,一般按规定信息源所题形式和顺序著录。《规则》2.1.5.2 规定:责任说明原题顺序不明确,应根据著作类型及其形成过程著录。并列出了 a—e 五种情况:比如:注释、改编的著作,先著录原著者,后著录注释者、改编者;翻译著作先著录原著者,后著录翻译者;图书有主编,又有编著者,先著录主编者,后著录编著者;有主编者,又有编者的图书,编者可省略著录,或著录于附注项;等等。

RDA2.4.1.6 规定:有多个责任说明时,按信息源中的序列、布局或版式显示的次序著录与题名等有关的责任说明。如果确定著录次序的序列、布局或版式不明确或不充分,则以最有意义的次序记录责任说明。

ISBD1.4.5.9 规定:如果著录多个责任说明,这些责任说明在著录中的顺序就是首选信息源上责任说明的版式所表示的顺序;或者,如果没有版式差别,就是首选信息源上信息序列的顺序,而不考虑各种说明所隐含的责任范围或程度。如果责任说明不取自首选信息源,它们应该以逻辑顺序著录(如果这样的顺序适用),外加方括号。

对于多个责任说明的顺序,《规则》说明按规定信息源所题的顺序;RDA 提到序列、布局或版式显示,但没有对这三者的优先顺序做出规定;ISBD 规定版式在先,其次为序列。

(3)《规则》的特殊规定

A. 朝代与国别

《规则》2.1.5.8 规定:规定信息源有古代责任者所处朝代简称,著录于姓名前圆括号内。《规则》2.1.5.9 规定:规定信息源载有外国责任者国别时,将国别简称著录于姓名前圆括号内。

对于朝代与国别的规定,RDA 与 ISBD 都没有提及。不过 RDA2.4.1.4 规定按信息源显示的形式转录责任说明,也就是说,如果信息源有朝代与国别,也是应当转录的。如果不记录,则为“可选省略”方式,即在不损失基本信息的情况下予以节略。

转录即不做任何改变,在中文文献的信息源中,朝代和国别用圆括号标志的虽然比较多,但用方括号、空格或中圆点等的情况也存在,而国别用全称形式的也比较常见。换言之,《规则》用“圆括号”和“国别简称”的规定,与 RDA 有冲突。

B. 僧人法名前所冠“释”字

《规则》2.1.5.8 规定:僧人责任者……法名前原题冠“释”字,著录于圆括号内。

RDA 没有相应规定。但同样适用 RDA2.4.1.4 按信息源显示形式转录的规定,即不添加或更改标点符号。

C. 外国责任者姓名原文

《规则》2.1.5.9 规定:外国责任者……若同时载有汉译姓名和姓名原文,姓名原文著录于汉译姓名后圆括号内。由于《规则》2.1.5.6 规定了“信息源兼有并列题名和并列责任说明”的情况,此处当指在没有并列题名情况下的处理方式。

RDA 的规定可依照前述 RDA2.4.1.4,应为转录信息源形式,即不添加或更改标点符号。作为并列责任说明,RDA2.4.3.3 规定按原题形式著录。

ISBD1.4.5.10.4 规定:如果没有并列题名,但是责任说明以多种语言和/或文字出现在首选信息源上,则应著录用正题名语言和/或文字的责任说明……其他责任说明也可以著录。按其后的例子看,其著录形式应用表示并列的规定标识符(=)而非圆括号。

3. 比较分析

(1)**《规则》与 RDA 的区别,首先在于正题名的选择**。当规定信息源有两种或两种以上文种题名时,《规则》规定选择中文题名作为正题名,而 RDA 规定选择与资源主要部分(对图书而言即是正文)所用语言和文字相应的题名作为正题名。《规则》的规定主要考虑国人的查检习惯(却也未考虑《规则》对少数民族语言文字编目的适应性),而 RDA 则从国际大环境出发,从资源本身因素考虑。ISBD 的规则与 RDA 一致。

(2)**对于无总题名图书,《规则》与 ISBD 规定相同**,都只著录前三个,其余的在附注项说明。而 RDA 则没有数量限定,可一一著录。

(3)**关于并列其他题名信息**,《规则》规定每一个都可以著录在文种相同的题名之后。但 RDA 只要求著录与正题名语种相同的(若没有,则第一个)其他题名信息即可。ISBD 则规定,可以在第 1 项著录,也可以在第 7 项(附注项)说明。

(4)**在责任说明中**,同一责任方式的责任者多于编目机构的规定而需省略时,对于省略的描述各有不同。《规则》用"[等]"表示即可;而 RDA 的正式条款是不限人数的,"可选省略"须注明省略了几个责任者;ISBD 则须用省略号加[et al.](或相应的文字,如"[等]")表示省略部分。

(5)**规定信息源有多个责任说明**,责任说明的著录顺序各有侧重。

《规则》首先要求"一般按规定信息源所题形式和顺序著录",在"责任说明原题顺序不明确"的情况下,再根据著作类型及其形成过程著录。但在国内编目实践中,往往忽略了规定信息源的顺序,片面强调根据著作类型及其形成过程著录,可以说未遵循《规则》的规定。

RDA 要求按信息源中序列、布局或版式所显示的次序著录,而未规定序列、布局或版式的优先次序;如果序列、布局或版式不明确或不充分,则以最有意义的次序记录责任说明。

ISBD 则是依先版式后序列的次序著录。只有当责任说明不取自首选信息源时,才考虑以逻辑顺序著录。ISBD1.4.4.3 还强调:第一责任说明和后续责任说明之间的差别只是顺序的差别,这并不意味着第一责任说明与作品的主要责任相关。也就是说,责任说明的著录顺序是反映信息源的客观顺序,并不说明各个不同责任说明所示的责任范围或责任程度。

(6)中文文献的规定信息源中,责任说明经常出现**古代作品的作者朝代、翻译作品的作者国别、外国作者姓名原文、僧人法名前的"释"字信息**,适用 RDA 按信息源显示形式转录的规定。《规则》用圆括号标识这些信息的规定,与 RDA 规定不一致。

二、版本项

1. 相同的规定

《规则》2.2.1.2 规定:版本说明是属于题名或其他著录项目的组成部分,并且按有关规定著录后,本项不应重复著录。此规定与 RDA2.5.2.6 相同。

但《规则》中的例 6,将本应属于版本说明性质的语词,当作题名的组成部分记录在题名中(例 6:中国图书馆分类法(第四版)/中国图书馆分类法编辑委员会编(版权页题:第 1 版第 1 次印刷)),在编目界颇受争议。这是因为对规定信息源优选次序不同造成的。

2. 有差异的规定

（1）信息源的选择顺序

《规则》2. 0. 5. 2 规定信息源中，版本项的规定信息源为：版权页、题名页。

RDA2. 5. 2. 2 对版本项的信息源规定：与正题名相同的信息源、资源本身的其他信息源、其他信息源（正题名依 RDA2. 2. 2. 2 的规定，优选信息源为题名页）。

ISBD 对于印刷文字和乐谱资源的版本项的规定信息源为：题名、乐谱的第一页、其他正文前书页、封面、书末出版说明、资源的其余部分（ISBD2）。

可以看到，RDA 和 ISBD 以题名页或正题名信息源为版本信息的第一来源，而《规则》则优选版权页。

（2）版本的形式

《规则》2. 2. 1. 1 规定：版本说明通常用序数词与“版”字相结合的术语或以区别其他版本的术语形式出现，数字一律用阿拉伯数字著录，省略“第”字，著录为“X 版”，初版或第一版不予著录。

RDA2. 5. 1. 4 规定：版本说明按信息源中出现的形式著录。转录规则适用于 RDA1. 7（注：RDA1. 7 规定了大写、标点符号、变音符、记号、缩略词空格、缩写等，不涉及数字形式的改写）。

ISBD2. 1. 2 规定：版本说明应以其出现在资源中的术语著录……应使用标准的缩略词。应用阿拉伯数字替代其他数字或拼写出的数字。

RDA 强调的是客观著录，而《规则》与 ISBD 都要求对形式做规范化，《规则》还要求省略初版、省略作为序数词标志的“第”字。

（3）版本的范畴

《规则》2. 2. 1. 2 规定：……对于有关内容特征、体裁特征和适用范围的说明文字，例如“缩写本”“绘画本”“英汉对照本”“通俗本”“校点本”“节选本”“图文版”“少年版”“科学版”等一般不著录于版本项。

RDA2. 5. 2. 1 规定：对是否属于版本说明有疑问，考虑出现的文字，例如“版本”（edition），*issue*，*release*，*level*，*state*，or *update*（或相同的其他语言），或者语句指明：a）内容差异；b）地理范围差异；c）语言差异；d）读者对象差异；e）特殊格式或物理表现形式；f）与内容有关的不同日期；g）乐谱的特殊声区或格式。有这些特征就认为是版本名称说明。

ISBD2. 1. 1 规定：……如下类型的说明被认为是版本说明：地理版本说明（例：欧洲国际版）；特殊兴趣范围版本说明（例：少年版）；特殊格式或物理呈现说明（例：Large print ed. 大字印刷版）；语言版本说明（例：中英文对照版）。

3. 比较分析

（1）**首次出版的初版或第一版是否需要著录？**《规则》按照国人习惯，省略初版或第一版不著。RDA 将版本名称和重新修订命名的版本名称作为核心元素，所谓核心元素，即当资源中出现此类信息时，必须予以著录。从区别相同资源、不同版本考虑，初版或第一版信息是现成的区别性标识。

（2）著录版本时，**版本数字的表述形式**也有所不同。RDA 是按信息源中出现的形式著录，也即客观照录，没有要求改用阿拉伯数字。而《规则》与 ISBD 则要求用阿拉伯数字替代其他数字。这点《规则》与 ISBD 一致。

另外,《规则》规定采用"序数词",又要求省略代表中文序数词的"第"字,可以说是自相矛盾的。而在中文出版物中,版本说明一般都为"第 X 版"。因此看来,将版本说明中的"第"字省略,似乎没多大理由,也可谓中国特有的规定。对此,国内编目界也有不同看法,CALIS 联合目录就认为,著录版本时不能省略"第"字。

(3)**关于版本的范畴**,《规定》与 RDA 及 ISRD 的认识明显不同。《规则》将"缩写本""英汉对照本""少年版"等都排除在版本项以外,而 RDA 和 ISBD 都将它们作为版本项的内容。

三、出版发行项

《规则》与 RDA 在出版、发行项中大的原则基本一致,但在细节上 RDA 要比《规则》规定更细。

1. 相同的规定

(1)发行信息

在出版、发行地和出版、发行者的著录上,《规则》2. 4. 1. 1 及 2. 4. 2. 1 均规定,同时载有出版地和发行地或出版者和发行者时,只著录出版地或出版者,不著录发行地或发行者。

RDA2. 9 则规定,若资源中不能识别出版地、出版者时,则发行地和发行者是核心元素。也就是说,当资源中有出版项时,发行地和发行者不是必备元素。

(2)发行职能说明

《规则》2. 4. 2. 5 又规定:图书未载明出版者,可著录发行者,并在其后注明"发行者"字样,置于方括号内。

RDA2. 8. 4. 4 规定:信息源中所表示的个人、家庭或团体履行的职能(除了仅仅出版之外)的词或短语应予以著录。"可选附加"规定:如果著录在出版名称子单元中的个人、家庭或团体的职能不清楚,则增加一个术语注明其职能,并注明该信息取自资源之外。

(3)印刷信息

《规则》2. 4. 4. 1 规定:图书的出版、发行事项不详,著录印刷地、印刷者、印刷年,并置于圆括号内;印刷年与出版年相同,印刷年不予著录。

RDA2. 10. 1. 4 规定:对于出版形式的资源,当既不能识别出版者名称又不能识别发行者名称,同时/或者,既不能识别出版日期,又不能识别发行日期时,著录制作说明。"可选附加"规定:如果出版说明和/或发行说明与制作说明不同,而编目机构又认为对于著录重要的话,可著录制作说明。

(4)信息有误

《规则》2. 4. 1. 6 和 2. 4. 2. 7 均规定:规定信息源所载出版、发行地有误,依原样照录,同时在附注项说明。

RDA2. 8. 2. 3 规定:如果转录的地名已知是虚构的,或需要澄清说明的,则在附注中注明真实的地名。RDA2. 8. 4. 3 对于出版者也有同样的规定。而同样情况对于发行地和发行者也有同样规定。

(5)纪年形式

《规则》2. 4. 3. 2 规定:用公元纪年表示的出版年一律用阿拉伯数字著录,非公元纪年,依原样照录,在其后注明相应的公元纪年,并置于方括号内。

RDA2.8.6.3 的"可选附加"规定,如果显示在资源中的日期是非格列高利历或儒略历,增加格列高利历或儒略历日期,注明此信息来自资源以外。

ISBD4.3.4 规定,公历日期以阿拉伯数字著录。非公历日期以其出现在资源上的形式著录,并在方括号中附加对应的公历日期(如果可以确定的话)。

2. 有差异的规定

(1)出版、发行地及出版、发行者的著录数量

《规则》2.4.1.2、2.4.2.2 及 2.4.2.3 均规定:最多著录两个,三个及其以上,根据规定信息源版式或顺序著录最显著的一个或第一个,其余在附注项说明。省略出版、发行地及出版、发行者时,后加"[等]"字。

RDA 对著录的数量没有限定。RDA2.8.2.4 则规定:一个出版者多个出版地,按信息源中的序列、布局或版式所显示的次序著录。多个出版者多个出版地,每个出版地与其相关联的出版者著录在一起,按信息源中的序列、布局或版式所显示的次序著录。RDA2.8.4.3 关于多个出版者的规定,以及 RDA2.9.4.3 关于多个发行者的规定,也是如此。

ISBD4.1.3 规定:如果有多个地名与一个出版者、制作者或发行者相联系,则应著录版式最突出的地名或者(如果没有版式差别)首先出现的地名。如果没有版式差别,地名也不按顺序出现,则应著录被认为对目录使用者最重要的地名。ISBD4.1.4 规定:第二或后续的地名可以著录。ISBD4.1.5 规定:如果第二个或后续地名省略,省略部分可以用"etc."(等)或其他文字的等同词表示,置于方括号中。ISBD4.2.3 及 4.2.4 关于出版、制作者的规定和出版地规定相同。

在数量上,《规则》规定著录 1 至 2 个,ISBD 规定著录 1 或多个,两者均有关于省略的说明;RDA 不限数量,也没有关于省略的说明。

(2)并列出版、发行地,出版、发行者

《规则》2.4.1.3 和 2.4.2.4 规定:出版地或发行地有多种文字,著录与正题名文种相同的出版地或发行地。《规则》2.4.1.3 进一步规定:若这一规定不适用,按规定信息源所载版式或顺序著录最显著或第一个出版地或发行地。

RDA2.8.2.5 规定:如信息源上的出版地有多种语言或文字,著录与正题名形式相同的语言或文字。若这一规定不适用,著录第一个语言或文字的地名。RDA2.8.3.3 又规定:依 2.8.1 规定著录并列出版地。如有多个并列出版地,按信息源中的序列、布局或版式所显示的顺序著录。RDA2.9.3.3 并列发行地、RDA2.9.5.3 并列发行者中都有相同规定。

ISBD4.1.11.1 规定:如果出版、制作、和/或发行地的名称以多种语言或文字出现在规定信息源上,应著录正题名语言和文字的名称。如果这个标准不适用,应著录版式突出的名称形式或者(如果没有版式差别)著录首先出现的名称形式。ISBD4.1.11.2 又规定:并列说明可以著录。ISBD4.2.10 并列出版者、制作者和/或发行者名称中,也有相同规定。

对并列出版发行信息,《规则》明确不著录,ISBD 规定"可以"即可选,在 RDA 不属于核心元素,实际上也是可选的。

(3)附加所属上级行政区划名称

《规则》2.4.1.4 规定:不为人们熟知或重名的出版地、发行地,应在其后附加所属上级

行政区划名称(例如省名、国名等)。取自规定信息源的附加名称著录在圆括号内,取自其他信息源的则著录在方括号内。

RDA2.8.2.3 规定:出版地……包括本地名称及出现在信息源的上级行政区划名称。

ISBD4.1.9 规定:如果对于识别有必要,应对于出版、制作和/或发行地附加诸如国家、州等更大的地名。如果取自规定信息源,它应前置逗号;如果取自另一个信息源,应置于方括号内。

对于上级行政区划,RDA 只转录信息源上出现的,且无论是否有识别需要;《规则》和 ISBD 均以识别为首要需求,如果信息源上没有,还需增加。

(4)发行日期

《规则》2.4.3.1 规定,有出版年,不著录发行年。《规则》2.4.3.3 规定:图书未载明出版年,可著录发行年或版权年,并在其后注明“发行”或“版权”字样,置于方括号内。

RDA2.9.6.3 规定,如果发行日期与出版日期不同,如认为重要的,则可著录发行日期。

ISBD4.3.3 规定,如果出版或制作日期不同于发行日期,则每一个日期应著录在适当的名称或职能说明以后。

发行日期都采用年。《规则》规定只要有出版年即不著录发行年,无论日期是否相同;ISBD 在日期不同时要求与出版制作年同时著录,RDA 则是在日期不同时可选(认为重要)。

(5)版权日期

《规则》2.4.3.3 规定:图书未载明出版年,可著录发行年或版权年,并在其后注明“发行”或“版权”字样,置于方括号内。

RDA2.11 规定:如果出版日期和发行日期都不能识别的话,则版权日期是核心元素。

ISBD4.3.6 规定:如果与出版日期不同,而且被认为对目录的使用者重要,应在出版、制作或发行日期以外附加著录版权日期。

版权日期都采用年。《规则》没有明确无出版年而有发行年时,是否要记录版权年。ISBD的规定是在版权日期不同时,也可以同时著录(认为对目录的使用者重要)。RDA 规定出版日期和发行日期两者都没有的情况下,必须记录版权日期(核心元素)。实际上 RDA 没有对记录版权日期做出限制规定,无论有没有出版发行日期,不论与出版发行日期是否相同,均可以记录(作为非核心元素,可选)。

3. 比较分析

(1)**出版、发行地及出版、发行者的数量**,《规则》规定最多著录两个,超过两个则著录一个,其余省略。而 RDA 没有规定可以省略。ISBD 规定著录一个,但第二个及后续的也可以著录。对于省略的形式,《规则》同 ISBD 的规定相同。由此看来,《规则》与 ISBD 的规定更接近。

(2)《规则》只要求著录与正题名相同出版、发行地或出版、发行者,不要求著录并列信息。而 RDA 和 ISBD 都可以著录**并列信息**。

(3)《规则》规定只是在不为人们熟知或重名的情况下,才需**附加所属上级行政区划名称**。RDA 则规定,只要更大的行政区划名称出现在信息源上,就应该著录。ISBD 则认为,只有对识别有必要时,才需要附加更大的行政区划名称。由此看来,《规则》与 ISBD 规定相同,而 RDA 则更强调信息源的客观描述。

(4)在**出版、发行、版权日期**的著录上,《规则》只是当没有出版日期时,才考虑著录发行或版权日期,如有则不再著录,即《规则》只记录最低限度的信息。RDA 的规定是如果发行日期和出版日期不同,即可记录;而版权日期一般可选,无出版发行日期时则必须记录。ISBD的规定是如果出版或制作日期与发行日期不同,则全部著录;而版权日期只在与出版发行制作日期不同且被认为重要时才著录。相比之下,ISBD 对出版发行制作日期要求较完整记录,而 RDA 对版权日期更为重视。

四、载体形态项

在载体形态项,《规则》与 RDA 相比,在描述性著录的细节上有所不同,且 RDA 要比《规则》的规定更细。

1. 数量及特定文献类型标识

(1)定义

载体形态项的第一著录单元,《规则》定义为"数量及特定文献类型标识"。ISBD2007 年统一版的定义为"特定资料标识与数量"(Specific material designation and Extent),但 2011 年统一版改称"资料数量"(Extent),定义为"构成资源的物理单位的名称和数量"。相对应的,RDA3. 4 称为"数量"(Extent)。三个规则的定义表述各有不同,但内涵完全相同。

(2)相同的规定

《规则》2. 5. 1. 4 规定:多卷(册)图书综合著录,页数连续编码者,先著录总册数,再著录总页数,并将后者置于圆括号内;各分卷(册)单独编码时,在总册数后的圆括号内依次著录各册页数,中间可用分号隔开。超过三册,仅著录总册数。

RDA3. 4. 5. 17 规定:如果多册连续编页,在单元类型术语后的括号中,依 3. 4. 5. 2—3. 4. 5. 13 指明页、叶或栏数,忽略除首册外其他各册的文前单独编页序列。3. 4. 5. 18 规定:如果多册单独编页,记录册数,省略页码。"可选附加"规定:依 3. 4. 5. 2—3. 4. 5. 13,在单元类型术语后的括号中,指明每册的页、叶或栏数。

可以看出,两者基本一致,差异只是《规则》规定了各分卷(册)单独编码时超过三册,仅著录总册数;而 RDA 的"可选附加"则没有册数限定。

(3)有差异的规定

A. 特定文献类型标识及单元与子单元的概念

在特定文献类型标识(特定资料标识)的概念表述上,《规则》与 RDA 及 ISBD 都有明显的不同。

《规则》2. 5. 1. 1 规定:数量指图书的页数、卷(册)数等,用阿拉伯数字著录,数量单位选择合适的术语,如页、叶、张、幅、册等。特定文献类型标识如:函套、卷轴、文件夹等。

RDA3. 4. 1. 1 数量范围中指出:数量指组成资源的单元和/或子单元的数值与类型。单元指资源的物理或逻辑组成(如册、录音带、开盘胶片、地图、数字文件),子单元指单元的物理或逻辑部分(如册中的页、缩微平片中的帧、数字文件中的记录)。RDA3. 4. 1. 3 规定:记录资源的数量,给出单元数及适当的载体类型术语,术语列于 3. 3. 1. 3……(3. 3. 1. 3 列出的术语中,适用图书的术语为"册")。RDA3. 4. 5. 2 规定:对单册组成的资源,根据资源呈现方式,酌情以页、叶或栏记录数量……

ISBD5.1.2 规定：组成资源的物理单元的数量用阿拉伯数字与资料标识一起著录……用于特定资料标识的术语不是规定性的，可以用适合所著录资源和著录语言的术语著录。ISBD5.1.3 子单元规定：资源的子单元的数量和类型（即页、叶、张、画幅、件等的数量）……应著录在特定资料标识后，置于括号中。在 ISBD5.1.2 及 5.1.3 列出的可选方式中，又规定了对于单卷的印刷文字资料和某些乐谱资源，特定资料标识省略，代之以子单元的数量和类型。

《规则》没有单元/子单元概念。且限定的特定文献类型标识的外延较狭窄，卷、册等与函套、卷轴、文件夹一样，应该都属于特定文献类型标识。

B. 图版

所谓图版，《规则》没有定义。ISBD 统一版（2011）的定义为：包含插图的叶，有或没有说明文字，它既不是正文前书页的部分，也不是主要书页或书叶序列的部分，也不是文字书叶的配页的组成部分。通俗地说，图版就是与正文分开编页码的插图。

对于图版，《规则》2.5.1 的"数量及特定文献类型标识"中没有提及。在第二著录单元"其他形态细节"的 2.5.2.1 中提到：图包括书中的插图（含正文内计算页数的插图和不计算页数的夹图）……图版（无页码或单独编页码）等。

RDA3.4.5.9 规定：如果资源中图版的叶或页独立于文本等的页或叶序列，在页码等序列的最后，记录图版的叶或页数，无论图版是集中还是分散在资源中，甚至仅有一张图版。

ISBD5.1.4.1.8 规定：如果资源包含没有包括在页或叶的主要序列的编号中的图版页或图版叶或者其他插页，则图版页或图版叶或者其他插页的数量应著录在页码序列末尾，不管它们在一起还是分散在资源各处。如果图版页或图版叶未编号，则数量应著录在方括号中。

C. 未装订的散页图书

《规定》2.5.1.8 规定：未装订的散页图书或分册出版的另装函图书，除著录页数或册数外，应注明函数，并置于圆括号内。（例：198 页（1 函）。）此处著录次序明显与《规则》2.5.1.4 先著录册数（单元）再著录页数（子单元）的规定相反，这是由于《规则》没有明确的单元/子单元概念所致。

RDA3.4.5.15 规定：由一个或多个印张等组成的资源，装于单个文件夹或盒中，酌情记录其数量为"1 文件夹"或"1 盒"。"可选附加"规定：在括号中指明页、叶或栏的具体数值。例：1 portfolio（24 leaves）。

ISBD 虽未见散页图书的规定，但依 5.1.3 的规定，资源的子单元的数量和类型应著录在特定资料标识后，置于括号中。相应的例子：1 portfolio（26 leaves）。

D. 图书未载明页数或页数编码过于复杂

《规则》2.5.1.9 规定：图书未载明页数或页数编码过于复杂时，应统计全书页数著录，并置于方括号内；若难以统计，可著录为"1 册"。

RDA3.4.5.3 规定：如果资源完全由未编号的页、叶或栏组成，按下述方法记录页、叶或栏数：a）如果易于确定，记录确切的页、叶或栏数（例：93 unnumbered pages）；b）如果具体数值不易确定，记录估计的页、叶或栏数，前置"约"（例：approximately 600 pages）；c）记录为"1 册（未编号）"。对于编码复杂的情况，RDA3.4.5.8 规定：如果资源页码等复杂或不规则，按下述方法之一记录页、叶或栏数：a）记录页、叶或栏的总数，酌情后加"多种页码""多种叶码”或“多种编号”;b)记录主要页码序列的页、叶或栏数,再加其余多种编号或未编号序列的总数;c)记录为“1 册(多种页码)”。

ISBD5. 1. 4. 1. 5 规定,如果整个资源的页或叶未编号,那么或者:a)叶或页一起计算,总数以阿拉伯数字按叶或页著录,置于方括号中;b)估计叶或页的数量,著录叶或页的大约总数。ISBD5. 1. 4. 1. 6 规定:如果资源包含多于三个编号相似的页、叶或栏序列,或者由编号相似的页的序列以及一个或多个主要的未编号序列组合而成,则或者:a)几个序列相加,总数后随“in various pagings”(以各种页码编号)(或者另一种语言的等同词);或者 b)如果其中一个序列明确是主要序列,则著录该序列的数量,在方括号中适当著录前后其他序列的总数;或者 c)特定资料标识和资源数量著录为:1 vol. (various pagings)。

以上可以看出,资源未载明页数或页数编码过于复杂时,《规则》仅用方括号或“1 册”来著录,处理方式较简单;RDA 则针对各种不同状况,要求尽可能客观表述资源的实际情况;ISBD 与 RDA 处理方式差异不大。

E. 页码印刷错误

《规则》2. 5. 1. 10 规定:图书页数有印刷错误,依原样照录,将更正后的页数著录在附注项。

RDA3. 4. 5. 5 规定:更正误导编号时,先记录最末页或叶所示编号,后跟“实为”及更正数值。(例:329,that is,392 pages。)

ISBD5. 1. 4. 1. 4 规定:如果一个序列的最后编号的页、叶、栏、张、画幅等的号码不正确,它按资源上出现的形式著录。正确的号码著录在方括号中,并在认为对于目录使用者重要时附加说明性附注;或者可以原样著录页码序列,表示错误的来源。

RDA 对实际页码直接加说明语的方式,比《规则》在附注中更正、ISBD 用方括号标示而不加说明更易于为目录的使用者所理解。

(4)RDA 有规定,《规则》未明确说明

RDA3. 4. 5. 2 规定,对单册组成的资源,根据资源呈现方式,酌情以页、叶或栏记录数量,采用下述一般规则:c)如果册由页组成,一页多栏且依栏编号,记录栏数;d)如果册由叶和页、或者页和编号栏、或者叶和编号栏顺序组成,分别记录每个序列……以资源中的数字或字母序列,记录页、叶或栏数。记录每个序列最后编号的页、叶或栏,后跟相应术语(例:27 pages,300 leaves。)

ISBD5. 1. 4. 1. 3 规定:应著录每一个编号序列的最后编号页、叶、栏、张或画幅的号码……(例:16 leaves,328 p. ;328 p. ,52columns。)

《规则》对于此类情况未说明,这与中文图书中此类情况较少出现有关。

2. 其他形态细节

(1)相同的规定

《规则》2. 5. 2. 3 规定:只有文字和数字的图表、小插图等可不予著录。

RDA7. 15. 1. 3 规定:只包括文字和/或数字的表格不考虑作为插图。对于题名页等的插图及小插图可予忽略。

(2)RDA 有规定,《规则》未明确说明

RDA7. 15. 1. 3“可选附加”规定:如果插图的数量容易确定,记录插图的数量。

ISBD5.2.3.3 规定:可以著录插图或特定类型的插图的数量。

《规则》对此没有规定。

(3)《规则》与 ISBD 不同规定,但 RDA 未明确规定

对于资源全部或大多由图等组成,《规则》2.5.2.2 规定:题名中已标明“图解”“画册”“图册”“摄影集”等字样,不在此处重复著录。

ISBD5.2.3.3 规定:如果资源主要或完全由插图组成,可以在插图说明中说明这一点。(例:all ill.(全是插图);chiefly maps(主要是地图)。)

但 RDA 对此没有明确规定。

3. 尺寸

(1)相同的规定

有关非常规尺寸,《规则》2.5.3.2 规定:图书的宽度不及高度的二分之一或宽度超过高度者,应先著录高度,后著录宽度,中间用乘号连接。

RDA3.5.1.4.14 规定:如果册的宽度小于高度的一半,或者大于高度,记录高度×宽度。

(2)有差异的规定

多卷图书,各册尺寸不同,《规则》2.5.3.3 规定:多卷(册)图书综合著录,各册尺寸不同时,可依次著录,中间用逗号分隔;多于三种著录最小至最大尺寸,中间用连字符。

RDA3.5.1.6 规定:如果载体类型相同,但尺寸不同,记录最小及最大尺寸。该条款的交替规则规定:如果载体均为两种尺寸,记录两种尺寸。如果有两种以上尺寸,记录最大尺寸,后跟“或较小”。

对于两种尺寸,《规则》与 RDA 交替规则相同;对于三种以上尺寸,《规则》与 RDA 正文规定相同;对于三种尺寸,两者规定均不相同。

(3)RDA 有规定,《规则》未明确说明

RDA3.5.1.4.14 规定:记录册的高度。如果高度小于 10 厘米,以毫米记录,使用米制符号 mm。

《规则》与 ISBD 均无此规定。

4. 比较分析

(1)在**“特定文献类型标识”(特定资料标识)的概念表述**上,《规则》中没有单元、子单元概念,图书的页、叶、册等是平行的概念,函套、卷轴、文件夹等作为特定文献类型标识。而 RDA 与 ISBD 中,册、函、文件夹等作为单元概念,页、叶作为册的子单元概念。

(2)正因为概念上的差异,在未装订的散页图书的著录规定上,《规则》规定先著录页数,后著录函数。而 RDA 规定,先著录特定资料标识的单元数(“1 文件夹”或“1 盒”),后著录子单元数。从概念逻辑上看,《规则》的这个规定与它的 2.5.1.4 先著录册数再著录页数的规定相悖,这也说明了《规则》在概念上的不一致,只能理解《规则》将圆括号作为限定说明。而 RDA 的规定更为恰当。

(3)由于**图版**的页数未包括在正文页数中,在 RDA 及 ISBD 中,图版作为“数量及特定资料标识”的著录单元的一部分,著录在页码序列的最后。而《规则》依据中文图书传统的著录习惯,图版数量不予著录,只在“其他形态细节”中反映,不能不说与国际著录规则有冲突。CALIS 联合目录遵循 ISBD 的规定,中文图书一直将图版数量作为数量及特定资料标识

的一个著录单元,更准确地表达整本书的实际页码,从编目实践上来看,也是可行的。

(4)在图书**未载明页数或页数编码过于复杂**时,《规则》与 RDA 的描述表达有所不同。RDA 的描述更为清晰,表达的客观信息更为准确。

当图书**页数有印刷错误**时,更正后的正确页数的著录位置有所不同。RDA 直接在错误的页码后予以更正,给用户更直接明了的感觉。

(5)在载体形态项的规定中,RDA 与 ISBD 的条款要详尽而细致,对于各种可能出现的情况都做出了规定;而《规定》根据中文图书的实际情况,规定较为粗略。

五、丛编项

1. 相同的规定

《规则》2.6.1.1 与 RDA2.12.2 都规定,丛编正题名著录应参照文献正题名的条款著录。

《规则》2.6.3.1 规定:丛编其他题名信息只有在认为对识别该丛编必要时才予以著录。《规则》2.6.4 规定:丛编责任说明一般不予著录,必要时参照本章 2.1.5 条款著录。RDA2.12.4.3 及 2.12.6.3 也有相同的规定。

2. RDA 有规定,《规则》未明确说明

对于分丛编并列题名、分丛编其他题名信息、分丛编并列其他题名信息、分丛编责任说明、分丛编并列责任说明、分丛编 ISSN 的著录等,RDA 都有明确的条款,而《规则》均无明确说明。

3. 比较分析

总体来说,从编项的著录,大都与第一大项"题名与责任说明项"相似,《规则》与 RDA 的条款大都参照"题名与责任说明"。但 RDA 在分丛编的条款规定中比《规则》更为详尽。

六、标准编号与获得方式项

1. 有细微差异的规定

(1)错误的国标标准书号

《规则》2.8.1.4 规定:国际标准书号有误,原样照录。若同时标有正确书号和错误书号,先著录正确书号,后著录错误书号,在其后圆括号内注明"错误"字样。

RDA2.15.1.6 规定:若已知出现在资源上的标识号是错误的,按它显示的著录,并注明此号码是错误的、取消的或无效的。

ISBD8.1.3 规定:如果标准标识号在所著录的资源上印刷错误,则应著录正确的标准标识号(如果已知),并且在括号中附加术语"corrected"(纠正的)或另一种语言的等同词。无效的编号按其出现的形式著录,之后在括号中加限定词"invalid"(无效)(或另一种语言的等同词)。

对错误的 ISBN,RDA 和 ISBD 要求注明,《规则》只在同时有正确 ISBN 的情况下才要求加注以示区别。

(2)多个国际标准书号(ISBN)

《规则》2.8.1.2 规定：图书标有多个标准书号，著录适用于所编图书的书号；同时标有整套与部分著作的标准书号的图书，先著录整套著作书号，后著录部分著作书号。

RDA2.15.1.5 规定：著录多部分组成的记录，有整套资源的标识号，同时有部分资源的标识号时，记录整套资源的标识号；只著录单部分资源时，记录该部分标识号。“可选附加”规定：记录整套和各部分的标识号，在每一标识号后用限定注明。“交替规则”规定：若单独资源部分有超过3个标识号，只著录第一个和最后一个标识号。如标识号是连续的，用短横分隔；若是不连续的，用斜线分隔。

ISBD“8 资源标识号和获得方式”引言中规定：如果资源有多于一个标识号，而且认为著录多个标识号对于目录的使用者重要，则该项可以重复。

对多个 ISBN，《规则》与 RDA 的“可选附加”规定一致。ISBD 规定接近 RDA。

(3)价格

《规则》2.8.2.1 规定：价格用标准货币代码和阿拉伯数字著录于标准编号或限定说明之后(例：CNY30.00)。

RDA4.2.1.3 规定：著录资源获得的方式。如果是购买的，获得方式包括价格(用数字及标准货币符号)，若是非购买的，用一个其他方式的简短说明(例：£ 6.99/$11.99)。

ISBD8.3.1 规定：可以著录获得方式说明；如果资源用于销售，则获得方式说明由价格构成；如果资源不用于销售，则获得方式说明由其他条件的说明构成。建议资源的价格按 ISO 4217 中的国际标准货币代码著录(例：GBP2.05；USD325.00)。

在价格单位上，《规则》与 ISBD 相同，均用标准代码，而 RDA 用货币符号。

2. 比较分析

(1)关于**错误的国际标准书号**，《规则》只是规定，当有正确书号和错误书号同时存在时，才在错误书号后注明“错误”，而只有错误书号时，只是“原样照录”，没有强调要注明“错误”。RDA 则规定，只要已知标识号是错误的，就必须注明。ISBD 的规定更为完善：错误的必须指出，并可著录已知的正确号码。《规则》或许是考虑到编目员确定 ISBN 对错不易，不过目前编目软件普遍附有 ISBN 错误提示功能，这个规定的合理性当再做考虑。

(2)关于**多个标准书号**，《规则》与 RDA 及 ISBD 的规定差异不大。RDA 的“可选附加”与《规则》相同，但它的交替规则条款是《规则》与 ISBD 都没有的。

(3)关于**价格**，《规则》与 ISBD 都规定用数字与标准货币代码著录，而 RDA 规定用数字与标准货币符号著录。目前中文的编目实践，都是以数字与标准货币代码著录，而读者大多并不知道 CNY 这样的标准货币代码。西文图书信息源中标注价格时，用货币符号的较多，而目前中文图书文献上出现的价格多用“元”标示，所以货币符号的规定对于中文文献似不太适用。并且我国早年(比如民国时期)货币体系相当复杂，不都能找到相应的货币代码或货币符号。

七、小结

《规则》与 RDA 条款在某些方面确实存在差异。造成差异的原因，一方面是《规则》第2版修订时，FRBR 模型还未成熟，修订主要依据当时的 ISBD 最新版；另一方面《规则》的条款中有些还沿用中文图书著录习惯。而 RDA 则是在 FRBR 模型的基础上制定的，具有很强的时代特征，它在描述方面的总倾向是照录，少缩写、少省略，既便于由原文直接转换、提供更多信息，也方便最终用户理解。表达性原则是 RDA 条款设计的一个重要原则，即数据应当反映资源本身的表现；表达性原则影响到很多条款的内容，遵循表达性原则，描述资源的过程得以简化，同时也为数据自动抓取和重用其他来源（如出版社或数字对象元数据）提供了可能性，为工作流程化打开了大门［Oliver C，2010，p. 62］。

1.《规则》的修正

通过上述的比较分析，可以看出《规则》与 RDA 存在的差异并不严重，大部分可以通过对《规则》的修正来适应。

（1）**题名与责任者项**：对于不同语种的正题名的选择，应当选用与正文语种相同的题名作为正题名，使《规则》也可以适用于中国少数民族语言文字资源。对于规定信息源有多个责任说明时，要求按信息源中的序列、布局或版式所显示的次序著录即可，不必特意列出著作类型及其形式过程的先后著录次序。只有并列责任说明时，可按并列责任者处理。这些规则在国内一些编目机构的编目实践中证明是可行的。对于中文作品中经常出现的外国责任者国籍或我国古代责任者朝代，若规定信息源上出现，可以按信息源形式客观著录。

（2）**版本项**：第 1 版是否要依国际惯例加以著录，或者仍沿袭一贯做法予以省略，也是可以考虑的。原样著录一则有助于由出版社的电子文本自动编目，二则有助于标识同一作品或内容表达的不同载体表现，优势还是比较明显的。而有关版本的范畴，可以依 RDA 的规定扩展。

（3）**载体形态项**：可以在修改《规则》条款的时候，参考 RDA 及 ISBD 统一版的规定，对某些概念做相应调整，可选择中文图书可能出现的情况加以增补。比如，对于图版的著录，散页的著录，均可参照 RDA 的规定。对于页码未编码或编码复杂的情况，需著录为“1 册”时，可同时注明“未编码”或“多种编码”的客观情况。有函（盒）套的未装订的散页图书，先著录单元“函数”，后著录子单元“页（叶）”数。

（4）**丛编项**：分丛编的条款，可结合中文图书的情况，参照 RDA 做更详尽的规定。

2. RDA 的修订

可考虑向 RDA 开发指导委员会（JSC）提出，对 RDA 做一些修订，以反映中文编目的需求：

（1）**对于并列其他题名信息**：可与 ISBD 一致，增加将并列其他题名信息作为“可选附加”内容。

（2）**对于价格的货币单位**：可依照 RDA 的表达性原则，按资源显示形式客观照录。

总之，对于《规则》与 RDA 规定有差异的条款，可根据中文图书的实际情况，对《规则》加以修订和增补；而对于中文图书特有的情况，也可酌情考虑保留。我们认为，总体上，中文普通图书应用 RDA 应该是可行的。

附 1　一般资料标识与内容类型

（1）《规则》中普通图书的一般文献类型标识

《规则》2. 1. 2. 1 说明图书采用“图书”作为“一般文献类型标识”（即一般资料标识，GMD）。

(2)RDA 图书的内容类型和媒介类型

RDA 放弃一般资料标识(GMD)概念,改用内容类型和媒介类型。对于普通图书,内容类型 RDA6.9.1.3 规定用:文字资料(text)。媒介类型 RDA3.2.1.3 规定用:无中介(unmediated)。

(3)ISBD 统一版图书的内容形式和媒介类型

ISBD 统一版(2011)放弃了 GMD,改用 ISBD0“内容形式和媒介类型”。基本形式为:内容形式(内容限定):媒介类型。

普通图书的内容形式与媒介类型表示为:文字资料:无中介。

(4)小结

对普通图书的“内容类型和媒介类型”,RDA 与 ISBD 是一致的。

附 2　RDA 与《规则》普通图书条款对照

RDA 普通图书条款	中国文献编目规则	说明
0 导论		
0.6 核心元素	2.0.4 著录详简级次	
第 1 部分:记录载体表现和单件的属性		
2 识别载体表现和单件		
2.3.1.4 著录题名信息	2.1.1.1 著录正题名	
2.3.1.7 部分题名、章节题名和增刊题名	2.1.1.7 共同题名、从属题名	
2.3.2 正题名	2.1.1 正题名	
2.3.3 并列正题名	2.1.3 并列题名	
2.3.4 其他题名信息	2.1.4 其他题名信息	
2.3.5 并列其他题名信息	2.1.4.4 并列其他题名信息	
2.3.2.9 缺少总题名	2.1.6 无总题名图书	
2.4 责任说明	2.1.5 责任说明	
2.5.2 版本说明	2.2.1 版本说明	
2.5.3 并列版本说明	2.2.2 并列版本说明	
2.5.4 与版本有关的责任说明	2.2.3 与本版有关的责任说明	
2.5.6 修订版标识	2.2.4 附加版本说明	
2.5.8 修订版相关责任说明	2.2.5 附加版本说明的责任说明	
2.7 生产说明	2.4.4 印刷地、印刷者、印刷年	
2.8.2 出版地	2.4.1 出版地或发行地	
2.8.4 出版者	2.4.2 出版者或发行者	
2.8.6 出版日期	2.4.3 出版年或发行年	
2.9.2 发行地	2.4.1 出版地或发行地	
2.9.4 发行者	2.4.2 出版者或发行者	

续表

RDA 普通图书条款	中国文献编目规则	说明
2.9.6 发行日期	2.4.3 出版年或发行年	
2.10 制造说明	2.4.4 印刷地、印刷者、印刷年	
2.12.2 丛编正题名	2.6.1 丛编正题名	
2.12.3 丛编并列正题名	2.6.2 丛编并列题名	
2.12.4 丛编其他题名信息	2.6.3 丛编其他题名信息	
2.12.5 丛编并列其他题名信息	—	
2.12.6 丛编责任说明	2.6.4 丛编责任说明	
2.12.8 丛编 ISSN	2.6.5 丛编国际标准连续出版物号	
2.12.9 丛编编号	2.6.6 丛编编号	
2.12.10 分丛编题名	2.6.7 分丛编	
2.12.16 分丛编 ISSN	2.6.5 丛编国际标准连续出版物号	
2.15.1 载体表现标识号	2.8.1 标准编号	
2.15.1 载体表现标识号	2.8.3 限定说明	
2.20 载体表现或单件附注	2.7 附注项	
3 描述载体		
3.2.1.3 记录媒介类型	—	
3.3.1.3 记录载体类型	—	
3.4.1 记录数量	2.5.1 数量及特定文献类型标识	
3.5.1.4.14 册(载体尺寸)	2.5.3 尺寸	
4 提供获取与检索信息		
4.2 获得方式	2.8.2 获得方式和(或)价格	
第 2 部分:记录作品和内容表达的属性		
6 识别作品和内容表达		
6.9.1.3 内容类型	2.1.2 一般文献类型标识	文本 vs 图书
7 描述内容		
7.15 插图内容	2.5.2 其他形态细节	
7.29 内容表达附注	2.7 附注项	
第 6 部分:记录与个人、家族、团体的关系		
19 与作品有关的个人、家族、团体		
19.2 创作者	22 个人名称标目	
	23 团体/会议名称标目	
20 与内容表达有关的个人、家族、团体		
20.2 贡献者	22 个人名称标目	

续表

RDA 普通图书条款	中国文献编目规则	说明
	23 团体/会议名称标目	
附录Ⅰ:关系指示词:资源与个人、家族、团体间关系		
附录Ⅰ. 关系指示词	—	

第三节　地图资源规则比较分析

地图在《中国文献编目规则》(第2版)(以下简称《规则》)中称为测绘制图资料,指按照一定的数学原理,用形象化的符号(或影像),经过科学综合,显示地球(或其他星球)表面现象的信息载体,其著录集中于第六章。地图在《资源描述与检索》(RDA)中称为地图资源(Cartographic,包括狭义的 Map),关于地图资源的描述依元素的不同层次分散于整个文本中。

在《国际标准书目著录》(ISBD)统一版(2011)中译本中,测绘制图资料同样称为地图资源,故我们除了引用《规则》及 CNMARC 之外,一般称为“地图资源”。

地图资源作为一种特殊文献类型,其文献特点主要体现在文献特殊细节项和载体形态项,少量涉及其他著录项目中的相关部分。

一、文献特殊细节项

地图不同于其他类型文献的主要特征,在 ISBD 的八大著录项中记录于文献特殊细节项(即制图数学数据项)。制图数学数据项属于 RDA 概念中的内容层面,包括比例尺、坐标和投影等,是对照分析《规则》与 RDA 的重点。

1. 比例尺

《规则》与 RDA 对比例尺的规定均非常细致,在原则上基本一致,细节上略有差异。

(1)相同的规定

A. 比例尺为地图资源的必备描述单元

《规则》的著录详简级次中,比例尺是最低要求的“简要级次”中唯一要求的制图数学数据著录单元(6.0.4.2)。

针对地图内容表达,RDA 也将比例尺作为核心元素(RDA0.6.3,RDA5.3),要求至少包括水平比例尺、垂直比例尺两个附加元素。

RDA 对资源描述的粒度较以往编目规则要细,在比例尺上也体现出来,上述两个元素是比例尺元素的子元素。事实上《规则》的“比例尺”也包括水平比例尺和垂直比例尺,在6.3.1.8 中即对多种类型比例尺做了规定。

B. 题名中的比例尺照录

《规则》正题名中规定“题名中……比例尺……也应照录”(6.1.1.2)。

RDA 规定地图资源的正题名中如有比例尺表述，将其作为正题名的一部分（RDA2.3.2.8.2）。

C. 有必要在“比例尺”中重复其他信息中已有信息

作为必备项，《规则》规定比例尺“任何情况下都不能省略，即使没有比例尺或正题名中已有比例尺，均应在此著录”（6.3.1.1）。

同样的，作为核心元素，RDA 对比例尺的规定也是“即使正题名部分或其他信息中已经记录，仍需记录比例尺”（RDA7.25.1.3）。

（2）有差异的规定

A. 比例尺格式

《规则》的基本要求是照录：“按规定信息源实录（除线段比例尺外），即无论比例尺是以分数式表示，还是用文字叙述，均应原样照录”（6.3.1.2）。做换算的仅限“线段式比例尺，应换算成分数式比例尺著录；分数式比例尺含有汉字，应换算成纯数码分数式比例尺”（6.3.1.3）。

而 RDA 则规定，比例尺未表示为比例的，要改为比例（RDA7.25.1.3）。

B. 多个比例尺

RDA 的规定是给出范围，或者记录“比例尺不等”；另有交替用法，针对需要准确记录的情况，逐个记录比例尺（RDA7.25.1.4）。

《规则》基本与 RDA 条款相同；而在只有两个比例尺时，与 RDA 交替用法相同（6.3.1.5）。《规则》可视为 RDA 条款及交替用法的结合。

从美国国会图书馆和合作编目项目对 RDA 条款的取用规定（LC-PCC PS）看，交替用法也可在设定条件下使用，并非只可在正式条款与交替用法中二择一，因而《规则》在这部分可视为与 RDA 兼容。

C. 中国古代地图的特殊用语

《规则》中有涉及中国古代地图的著录用语，包括“画方计里不等”（6.3.1.5）、“画方不计里”（6.3.1.6）和“X 里方”（6.3.1.2）。

（3）RDA 有规定，《规则》未明确说明

A. 估算比例尺

RDA 规定估算比例尺前置“约”（RDA7.25.1.3）。

《规则》提及无法估算的情况（6.3.1.6），但未说明可以估算时的处理方法。

B. 数字地图的比例尺

RDA 规定只在资源本身明确说明比例尺的情况下记录比例尺，否则记录“比例尺不详”（RDA7.25.1.3）。

《规则》电子资源中没有非电子资源（如地图）的特殊细节。

C. 天体图、想象地图的比例尺

RDA 规定仅当显示在资源中时记录，如无不做估计，记录“比例尺不详”（RDA7.25.1.5 非线性比例尺）。从举例看，是照录非线性比例尺。

《规则》没有说明对天文图、天球图不做估计（6.3.1.9），但实际操作结果应当是一样的，即“无法估算或考证时，则著录为‘比例尺不详’”（6.3.1.6）。

（4）小结与分析

《规则》与RDA的主要差异在于记录线性比例尺时是否做换算。统一的比例尺格式有助于在相似地图中做“选择”,也有助于数据的进一步利用(如限定范围方便“查找”)。照录方式方便计算机自动生成描述,也有助于“识别”查到的地图是否与手中地图一致,不过后者可通过在附注中记录地图上原有形式解决。两者可谓各有所长,而统一格式在实现用户任务上略胜一筹。参考《国际标准书目著录(统一版)》“比例尺著录为分数比例尺”,明确说明做换算(ISBD3.1.1.1)。

2. 坐标

坐标是制图数学数据项的第二个重要著录单元。

(1)信息源

RDA对坐标的信息源较广,如果资源本身没有提供,信息由任何来源获取(RDA7.4.1.2)。

《规则》要求较低,“如果没有,可空缺”(6.3.3.1)。从附录1著录样例看,很少有坐标信息。

(2)照录与规定格式

与比例尺类似,《规则》规定“照录”(6.3.3.1)。RDA则规定采用度(°)、分(′)、秒(″);另有交替做法,采用百分度(如95.15°)(RDA7.4.2.2)。

《规则》的例子均采用度、分、秒形式。鉴于坐标本身为现代概念,一般均采用经纬度,故而不像比例尺那样会产生较大不一致。RDA交替做法的存在,也增强了《规则》与它的适应性。

3. 投影

投影是制图数学数据项的第三个著录单元。

RDA说明信息源为资源本身(RDA7.26.1.2)。《规则》还附加说明“规定信息源没有投影说明,如果确有必要,可推测或考证著录”(6.3.2.1),对记录投影的要求比RDA高。

4. 其他

RDA地图内容的其他细节(RDA7.27),基本上对应《规则》制图数学数据附注(6.7.1.4),说明除比例尺、投影、坐标中已记录的其他或详细数学数据。

5. 比较分析

总体上,除RDA要求换算线性比例尺外,在坐标、投影及其他地图内容的细节方面,《规则》与RDA相应条款没有冲突。

二、载体形态项

载体形态项中,数量与尺寸由于涉及数值与数量单位等,在细节上更容易产生差异。

1. 数量

(1)特定文献类型标识

数量(Extent)包括物理单位名称及数值。

RDA有地图的物理单位术语表,并且规定在该表没有合适词汇的情况下,还可以使用

3.4.4.2 静止图像及 3.4.6.2 三维形式的术语表(RDA3.4.2.2)。

《规则》6.5.1 为“数量及特定文献类型标识”,说明物理单位名称应为特定文献类型标识(SMD)。但规定“数量用阿拉伯数字著录,数量单位视测绘制图资料的类型而定”(6.5.1.1),没有要求对所有类型地图采用 SMD,也没有相应的术语表。从例子看,单张地图用“幅”“张”(6.5.1.2);地图集等同于普通图书(6.5.1.3 -9),用册数/页码等。这里的幅、张、页、册等,属于通用数量单位(即中文的量词),没有明确指出文献类型,如地图、地图册。对于其他地图资源,《规则》规定“测绘制图资料的类型标识用简单的数量单位无法明确时,应将资料类型较完整的名称著录于数量之后”(6.5.1.10),例子如“1 架天球仪”“1 件模型”,即在此情况下采用 SMD。

(2)单张地图的张数与幅数

对以单张形式存在的地图,如地图幅数与物理张数不一致,RDA 规定记录幅数并指定张数(RDA3.4.2.3),如:

6 maps on 1 sheet

而《规则》规定“若一幅分切数张,应在幅数后加著分切张数”,例 4:5 幅分切 18 张;“若一张纸上有若干独立的图幅,则以张数著录”,例 5:1 张(6.5.1.2)。即强调张数,不强调幅数,与同时强调二者的 RDA 规定不同。

参考 ISBD 统一版,与 RDA 一致(ISBD5.1.2):

3 maps on 1 sheet

1 map on 2 sheets

(3)小结与分析

A. 物理单位名称

《规则》与 RDA 在物理单位名称的选择上差别较大。参考 ISBD 对数量的规定:“列举构成资源的物理单位的名称和数量,并适当附加其他数量计量”(ISBD5.1.1)。物理单位名称即 SMD,ISBD 有省略物理单位名称和数量的“可选方式”,但针对的是“单卷的印刷文字资料和某些乐谱”(ISBD5.1.2)。《规则》可视为将这个可选方式由乐谱扩大到了单张地图和地图集。

从可识别上看,至少对单张地图省略 SMD 的做法不很合适,以“5 幅”为例,是“5 幅地图”还是“5 幅画”,还需要通过其他著录单元才能做出判断。

B. 单张地图的幅数与张数

《规则》强调张数,对幅数要求较低。对地图来说,地图本身(幅数)应该比其物理形式(张数)对用户更为重要。不过这只是两者在描述粒度或详简程度的差异,不存在冲突。

2. 尺寸

地图资源中,地图册或球仪类三维物品的尺寸规定与一般资源相同,比较特别的是单张/单幅地图的尺寸规定。

(1)内廓尺寸

与一般文献(资源)的尺寸按物理大小度量尺寸不同,《规则》规定“单幅地图的尺寸以图框内廓的‘纵×横’计量”(6.5.3.2),与 RDA3.5.2.2 一致。

(2)印张尺寸

《规则》对于地图印张用语为"印于…… × ……cm 纸上"。鉴于目前印制地图并不一定使用纸张,或改用"印张"为宜。

《规则》只在两种情况下要求记录印张尺寸:

①**单张上有多幅地图**:"能分清主次的,应著录主要图幅的图框内廓尺寸和纸张的尺寸;若难以分清主次,则只著录纸张尺寸"(《规则》6. 5. 3. 5);

②**难以确定图幅范围**:"无图廓或难以确定图幅范围的单幅地图,其尺寸大小以纸张的尺寸计算"(《规则》6. 5. 3. 6)。

RDA 绝大部分单张地图尺寸条款,都要求同时记录印张尺寸:

①**难以确定单幅地图高度与宽度**(RDA3. 5. 2. 2);

②**不同尺寸印张上的地图**(RDA3. 5. 2. 3);

③**切分拼接地图**(RDA3. 5. 2. 4);

④**地图尺寸小于印张 1/2 或页面有实质性附加信息**(RDA3. 5. 2. 5);

⑤**折页地图**(RDA3. 5. 2. 6);

⑥**双面地图**(RDA3. 5. 2. 7)。

不需要印张尺寸的只有普通单幅地图(RDA3. 5. 2. 2)及"形状不规则、无图廓、超出边缘"的单幅地图(这种情况《规则》则要求用纸张尺寸)。

3. 图廓不等

《规则》规定多幅地图内廓尺寸不同,只著录"图廓不等"(6. 3. 3. 3)。

RDA 所有条款都要求记录具体尺寸(或最大纸张尺寸)。

4. 比较分析

对单张/单幅地图,《规则》与 RDA 均要求记录内廓尺寸。对相应的物理尺寸,RDA 一般要求同时记录,《规则》的要求相对较低。同样,这只是《规则》与 RDA 在描述粒度或详简程度的差异,不存在冲突。

三、其他著录项

1. 题名

对于无题名资源的自拟题名,RDA 明确要包括覆盖区域的名称或标识,以及在可能的情况下包括描述的主题(RDA2. 3. 2. 11. 2)。

《规则》仅说明自拟或补充题名,没有对所拟题名应包含信息做出说明(6. 1. 1. 9)。

RDA 的规定更为明确,可操作性较强,对编目员具有较好指导作用。

2. 创作者

RDA 规定团体作为创作者,源自非仅出版发行团体的地图作品(RDA19. 2. 1. 1. 1)。《规则》的规定相同(23. 1. 2. 1f)。

3. 其他附注

除前述制图数学数据附注外,RDA3. 11. 2 地图图像的版式,可对应《规则》6. 7. 1. 6 载体形态附注。

四、小结

通过上述对照发现,《规则》与 RDA 存在差异,但并不严重,中文地图资源应用 RDA 是可行的。

《规则》以遵循 ISBD 系列为原则,而 ISBD 统一版(2011)已经出版,因而在分析《规则》与 RDA 不一致之处时,可以参照 ISBD 统一版,了解不一致产生的原因是 RDA 特例,还是国际通行做法,并以此提出可能的解决方法。

(1)比例尺:照录还是换算

如前所述,二者各有利弊。由于 ISBD 统一版与 RDA 一致,因而改变照录规定更合理。

(2)比例尺:中国古代地图用语,"里方""画方不计里"和"画方计里不等"

这部分是地图资源中唯一的中国特色问题。RDA 对古代印刷与手绘地图的尺寸有交替做法。如认为对中国古代地图的比例尺描述确需保留传统用语,向 JSC 提出作为 RDA 相应条款的交替做法,应当是可以接受的。

(3)数量

《规则》要求单张地图和地图集省略 SMD。虽然也可以提出作为可选方法,但如前对单张地图的分析,由于省略后含意不明确,也不符合 ISBD 的规定范围,改变《规则》现有做法更为合理。

附 1　一般资料标识与内容类型

1.《规则》中地图的一般文献类型标识

《规则》6. 1. 2 说明测绘制图资源采用"地图"和"电子资源"两种一般文献类型标识(即一般资料标识,GMD),如为地图电子资源,著录为"电子资源"。

2. RDA 地图的内容类型

RDA 放弃一般资源标识(GMD)概念,改用内容类型。对于地图资源,细分为如下 6 种(RDA6. 9. 1. 3,表 6. 1):

地图数据集(cartographic dataset)
地图图像(cartographic image)
地图移动图像(cartographic moving image)
地图触摸图像(cartographic tactile image)
地图触摸三维物品(cartographic tactile three-dimensional form)
地图三维物品(cartographic three-dimensional form)

3. ISBD 统一版地图的内容形式和内容限定

ISBD 统一版(2011)放弃了 GMD,改用 ISBD0"内容形式和媒介类型"。基本形式为"内容形式(内容限定):媒介类型"。

地图属于内容的类型限定,不能独立存在,对应 RDA 的 6 种内容类型的表示方式如下:

数据集(地图型)
图像(地图型;静止)

图像(地图型;运动)
图像(地图型;触觉)
实物(地图型;触觉)
实物(地图型)

4. 小结

ISBD 统一版对内容类型的后组方式,较 RDA 的定组方式更为灵活,因而可以包容更多类型(甚至现在还想象不到的未来形式),如"三维地形图:图像"(地图型;三维)。

由于 GMD 不可重复,《规则》对于电子资源形式的地图,选择的是放弃"地图"标识,采用"电子资源"标识,不能不说是舍内容而取形式。

附 2　RDA 与《规则》地图资源条款对照

下述对照表以汇集相应 RDA 条款为目的,不含所有下级条款(即如果下级条款均针对此文献类型,即不再逐一列出)。

RDA 地图资源条款	中国文献编目规则	说明
0 导论		
0.6.3 记录作品与内容表达的属性(比例尺)	6.0.4.2 著录详简级次	《规则》比例尺必备
第 1 部分:记录载体表现和单件的属性		
2 识别载体表现和单件		
2.3.2.8.2(题名)比例尺	6.1.1.2 正题名(比例尺)	
2.3.2.11.2 地图资源的自拟题名	6.1.1.9 无正题名	
2.3.4.5 地图资源补充题名信息	6.1.1.9 正题名不完整	
3 描述载体		
3.2.1.3 记录媒介类型	—	
3.3.1.3 记录载体类型	—	
3.4.2 地图资源数量	6.5.1 数量及特定文献类型标识	
3.4.4.2 静止图像数量(可用于地图资源的术语表)	—	
3.4.6.2 三维物品数量(可用于地图资源的术语表)	—	
3.5.2 地图等尺寸	6.5.3 尺寸	
3.11.2 地图图像版式	6.5.2 其他形态细节	
3.19.8 地图内容的数字表达	13 电子资源	
第 2 部分:记录作品和内容表达的属性		
5 一般准则		
5.3 核心元素(比例尺)	6.0.4.2 著录详简级次	《规则》比例尺必备

续表

RDA 地图资源条款	中国文献编目规则	说明
6 识别作品和内容表达		
6.9.1.3 内容类型	6.1.2 一般文献类型标识	
7 描述内容		
7.4 地图内容的坐标	6.3.3 坐标说明	
7.5 二分点	6.3.3.3 二分点和历元	
7.6 历元	6.3.3.3 二分点和历元	
7.25 比例尺	6.3.1 比例尺	
7.26 地图内容的投影	6.3.2 投影说明	
7.27 地图内容的其他细节	6.7.1.4 制图数学数据附注	
第 6 部分:记录个人、家族、团体的关系		
19 与作品有关的个人、家族、团体	23 团体/会议名称标目	
19.2.1.1.1 团体作为创作者	23.1.2.1f 出自一个团体的测绘资料	
附录 I :关系指示词:资源与个人、家族、团体间关系		
附录 I .2.1 创作者关系指示词(制图者)	—	
附录 I .3.1 贡献者关系指示词(测量员)	—	

第四节　印刷乐谱规则比较分析

乐谱在《中国文献编目规则》(第 2 版)(以下简称《规则》)中指“记录有供歌唱或器乐演奏用的谱子的出版物,包括简谱、五线谱等”。乐谱在《资源描述与检索》(RDA)中指“以音乐标记形式表达、通过视觉感知的内容,包括除通过触觉感知的所有音乐标记形式”,即未包括供视觉障碍者用的“触摸乐谱”。

《规则》与 RDA 的定义文字虽然不同,但对乐谱的认知是一致的。《规则》乐谱的著录集中在第七章,实际只涉及印刷型乐谱,故本节也不涉及盲文乐谱。RDA 关于乐谱的描述依元素的不同层次分散于整个文本中。

印刷乐谱作为一种特殊文献类型,其文献特点主要体现在文献特殊细节项和载体形态项,少量涉及其他著录项目中的相关部分。

一、文献特殊细节项

乐谱不同于其他类型文献的重要特征,在 ISBD 的八大著录项中记录于文献特殊细节项(即乐谱特殊细节项),对应于 RDA 的乐谱格式(RDA7.20)。

1. 信息源

《规则》的规定信息源为题名页、其他正文前序页、乐谱的第一页、封面、版权页(7.0.5.2),RDA的信息源为资源本身(RDA7.20.1.2),较《规则》略宽。

对比ISBD统一版:资源本身,规定优先顺序为:题名页、乐谱的第一页、其他正文前序页、封面、书末出版说明(版权页)、资源的其余部分。取自资源本身以外,如要记录加方括号(ISBD3.2)。

2. 必备性

乐谱格式在RDA中非核心元素。而乐谱特殊细节在《规则》7.0.4著录详简级次中属于主要项目,即简要级次也需著录。但在《规则》7.3中,并没有说明必须著录。上述ISBD规定也说明资源本身没有的话,可以不著录。

3. 乐谱格式术语表

《规则》规定如实著录乐谱格式(《规则》7.3.1)。RDA则提供了一个乐谱格式术语表供选词(RDA7.20.1.3,见本部分附2),但在术语表中术语不够用时,也可以记录更具体的细节(RDA7.20.1.4)。

RDA的乐谱格式术语表,同时也作为数量单位使用。

4. 并列乐谱特殊细节

《规则》规定,“规定信息源有另一种语言和/或文字的乐谱特殊细节,可著录在乐谱特殊细节之后”(7.3.2),而RDA未提及并列乐谱特殊细节。

5. 比较分析

乐谱格式是乐谱的重要特征,有助于最终用户选择资源,因而信息源宜宽。ISBD既规定了最宽的信息源,也规定了优先顺序,比较合理。

RDA的术语表是对乐谱格式用语的一种规范,有助于编目员了解与选取乐谱格式。RDA的术语并非强制使用,与《规则》照录的规定不冲突。

二、载体形态项

1. 数量

(1)特定文献类型标识

《规则》规定特定文献类型标识采用《国际标准书目著录(乐谱)》的附录C(见本节附2);如没有合适的可用,则可按普通图书的方式著录(7.5.1.1)。

RDA3.4.3.1规定,印刷或手稿乐谱的数量按RDA3.4.3.2,即:①采用RDA7.20.1.3(乐谱格式)所列术语,如果资源由多个单元类型组成,依RDA7.20.1.3顺序记录每个适当类型的具体数值。②采用单元/子单元方式记录,依RDA3.4.5(文本数量),在指明乐谱格式的术语后面的括号中,指明册和/或页、叶或栏数(方式与普通图书相同),后者可视为子单元。如:

1总谱(38叶)

1谱(2卷)

《规则》没有明确说明采用单元/子单元方式,但在采用特定文献类型标识的例子中,均为单元/子单元方式，如：

1 分谱(32 页)

1 总谱(2 卷)

RDA 的“例外”规定(RDA3. 4. 3. 2)：

①资源由一套分谱组成，省略分谱相应的子单元信息，如：

1 总谱(viii，278 页)，24 分谱

②资源由一总谱和若干分谱组成，则记录为“1 总谱和 X 分谱”，并在后面加上子单元，如：

1 总谱和 3 分谱(19 页)

(2)数量无法确定

《规则》7. 5. 1. 2 规定数量无法确定可著录为：__册

RDA3. 4. 3 规定，仅当资源完整或总数量已知时，数量为乐谱资源的核心元素。换言之，当数量无法确定时，不记录。

2. 尺寸

《规则》7. 5. 3 规定乐谱的尺寸按总则(《规则》1. 5. 3)，与普通图书相同。

印刷或手写乐谱的载体类型，按 RDA 规定属于“册”，尺寸也与普通图书相同。只是对由多个不同尺寸载体构成的情况，不是记录最小尺寸和最大尺寸，而是有个例外做法(RDA3. 5. 1. 6 多个载体构成资源)：按 RDA7. 20. 1. 3 所列单元顺序，记录每个含不同单元类型载体的尺寸。

3. 比较分析

《规则》对载体形态为“册”的资源，倾向于按普通图书方式著录数量(如地图)。乐谱也是如此，不过规定了优先采用特定文献类型标识，只在找不到合适标识的情况下采用普通图书方式著录。而 RDA 没有提供按普通图书描述的选项。

除此而外，在数量与尺寸方面，《规则》与 RDA 基本相同，只是 RDA 规定得更细致。

三、其他著录项

1. 题名

(1)题名中的其他元素

《规则》7. 1. 1. 8 规定，“有关作品的编号、调性、表演形式等，当题名为通用术语时，应作为题名的一部分著录；如正题名为专用术语，则作为其他题名信息著录”。

RDA2. 3. 2. 8. 1(作曲类型、演奏媒体、调等)的规定与此一致，只是附加有说明：如果不确定(属于哪种情况)，按正题名一部分处理。

(2)自拟题名

规定信息源无正题名，《规则》7. 1. 1. 9 规定，“可根据其他信息源著录，或由编目员自拟，均著录于方括号内，并在附注项说明”。

RDA2. 3. 1. 10 的规定与此相同，但对自拟题名构成做了明确说明，RDA2. 3. 2. 11. 1(音乐的自拟题名)规定，“自拟题名酌情包括演奏媒体、数字标识(如系列号、作品编号)、调和/

或其他区别性特征”。

(3)小结与分析

总体来说,题名部分《规则》与 RDA 基本一致,只是 RDA 规定更为明确、细致。

2. 标识

《规则》7. 8. 1. 3 规定,在没有 ISBN 等国际标准编号的情况下,可以用出版号或印版号代替。RDA2. 15. 2(音乐出版号)和 RDA2. 15. 3(音乐印版号)没有这个前提条件。唯一标识是代表与关联资源的重要元素,不应该对记录加以限制。

《规则》对有多个出版号或印版号的情况下,规定“连续编号,应著录起讫号。编号不连续者,分别著录每个号码。不连续号码超过三个,可著录第一与最后一个,其间用斜线分隔”。RDA 则没有做出规定,但也举了超过三个用斜线分隔的例子。RDA 强调完整记录资源本身的信息,所举例子说明 RDA 也接受省略的做法。

3. 演奏时间

《规则》7. 7. 1. 12 说明,乐谱所载演奏时间入附注。

在 RDA 中,演奏时间为持续时间的一种,而持续时间(Duration)为一个独立元素,不属于附注。RDA7. 22. 1. 4(演奏时间)规定在资源上有说明时记录。

《规则》描述粒度较粗,没有专门的著录单元记录演奏时间,但按资源本身说明记录这一点与 RDA 一致。

四、小结

对照《规则》与 RDA,可以了解到,总体上 RDA 的条款更多,规定也更具体。两者在印刷乐谱著录(描述)有差异但差异不大,也未涉及中国文献本身或中文编目实践方面的特色,修订《规则》与 RDA 兼容,或直接采用 RDA,对乐谱而言不存在障碍。对 RDA 与《规则》的差异及可能的解决方法,可以考虑以下几点:

(1)**信息源**:与《规则》和 RDA 的规定相比,ISBD 规定较宽的信息源、给出优先顺序的规则,更具可操作性。应尽可能减少自拟等易导致不一致的情况。

(2)**乐谱特殊细节**是乐谱的重要特征,《规则》未规定乐谱格式术语,对编目缺乏必要的指导,RDA 的乐谱格式术语表值得借鉴。

(3)**数量单位**按《规则》本身的定义,应采用专门术语(或称特定文献类型标识),《规则》中也可按普通图书著录的情况应尽可能避免。《规则》所附 IAML ISBD(PM)项目小组说明,“类似于如下术语的其他术语也可以用于特定的音乐环境”,即还是宜采用较专门的术语。

(4)**资源标识**是确认资源、揭示资源间关联的重要标志,无论资源是否有 ISBN 这样的通用标识,如果有音乐出版号、印版号等,应当尽可能予以记录。

附 1　一般资料标识与内容类型

1.《规则》中乐谱的一般文献类型标识

《规则》7. 1. 2. 1 说明,印刷乐谱的一般文献类型标识(GMD)按照 GB 3469—83《文献类型与文献载体代码》的规定著录,即用“乐谱”。

2. RDA 乐谱的内容类型

RDA 放弃一般资源标识(GMD)概念，改用内容类型。乐谱分为如下两种(RDA6.9.1.3，表 6.1)：

乐谱(notated music，包括除触摸乐谱外的所有形式乐谱)

触摸乐谱(tactile notated music)

3. ISBD 统一版乐谱的内容形式和内容限定

ISBD 统一版(2011)放弃了 GMD，改用 ISBD0“内容形式和媒介类型”。基本形式为“内容形式(内容限定)：媒介类型”。

乐谱的内容形式为音乐，内容限定为记谱型。对应 RDA 的两种内容类型分别表示如下：

音乐(记谱型)

音乐(记谱型；触觉)

4. 小结

ISBD 统一版对内容类型的后组方式较 RDA 的定组方式更为灵活。

需要说明的是，RDA 的“乐谱”不限定为印刷形式，也包括电子乐谱。而 ISBD 的“音乐”则不限定于书写的乐谱，也可以是演出或录制的音乐——对应于 RDA 的“演出音乐”(performed music)。

附 2　特定文献类型标识与乐谱格式

《中国文献编目规则》附 《国际标准书目著录(乐谱)》附录 C	RDA 7.20.1.3
特定文献类型	乐谱格式
总谱 Score	总谱
合唱总谱 Chorus score	合唱总谱
缩编谱 Close score	
缩写谱 Condensed score	缩写谱
分谱 Part(s)	分谱
钢琴(小提琴等)指挥声部 Piano(violin，etc.)conduct part	钢琴指挥声部　小提琴指挥声部
研习总谱 Study score	研习总谱
声乐缩编谱 Vocal score	声乐总谱 vocal score
	choir book
	table book
	钢琴总谱 piano score

说明：RDA 的乐谱格式术语，可用于乐谱特殊细节，也可用作数量单位。

附 3　RDA 与《规则》乐谱条款对照

以汇集相应 RDA 条款为目的,不含所有下级条款(即如果下级条款均针对此文献类型,即不再逐一列出)。

RDA 乐谱条款	中国文献编目规则	说明
第 1 部分:记录载体表现和单件的属性		
2 识别载体表现和单件		
2. 3. 2. 8. 1(作为正题名一部分的其他元素)作曲类型、演出媒介、调等	7. 1. 1. 8 正题名	
2. 3. 2. 11. 1 音乐的自拟题名	7. 1. 1. 9 无正题名	
2. 5. 2. 1 版本标识范围 g 乐谱的特定音域或格式	7. 2. 1. 5 声乐音域	voice range,版本说明
2. 15. 2 音乐出版号	7. 8. 1. 3 出版号	
2. 15. 3 音乐印版号	7. 8. 1. 3 印版号	
3 描述载体		
3. 2. 1. 3 记录媒介类型	—	
3. 3. 1. 3 记录载体类型	—	
3. 4. 3 乐谱数量	7. 5. 1 数量	
3. 5. 1. 6 多个载体构成资源(例外)	7. 5. 3 尺寸	
3. 11. 3. 3 触摸乐谱版式	7. 5. 2 其他形态细节	
第 2 部分:记录作品和内容表达的属性		
6 识别作品和内容表达		
6. 9. 1. 3 内容类型	7. 1. 2 一般文献类型标识	
6. 14 音乐作品题名	24. 3. 2. 3c 音乐作品的统一题名	
6. 15 演奏媒体		
6. 16 音乐作品数字标识		
6. 17 调		
6. 18 音乐作品其他区别特征		
6. 28 音乐作品和内容表达检索点	24. 3. 2. 3c(e)作曲者为统一题名	
7 描述内容		
7. 13 触摸标记形式	—	盲文乐谱
7. 20 乐谱格式	7. 3 乐谱特殊细节	
7. 22. 1. 4 演奏时间	7. 7. 1. 12 乐谱所载演奏时间	

续表

RDA 乐谱条款	中国文献编目规则	说明
第 6 部分:记录个人、家族、团体的关系		
附录		
附录 A 大写:A. 3. 2 与作品题名相关的其他术语(例外)	—	
附录 B 缩写:B. 7 拉丁字母缩写(例外)	—	

第五节　影像资料规则比较分析

影像资料在《中国文献编目规则》(第 2 版)(以下简称《规则》)中“指记录有运动影像的视频资料,一般都带有声音信息”。《规则》将影像资料分为录像制品和电影制品,包括各种录像带、视盘及电影片,必须用录像机、电影放映机等专用设备播放,其著录集中在第九章。影像资料在《资源描述与检索》(RDA)中对应的内容类型为动态图像,媒介类型为视频和投影图像,涉及 Motion pictures(电影)等术语,其描述依元素的不同层次分散于整个文本中。

影像资料作为一种特殊文献类型,其文献特点主要体现在载体形态项,少量涉及其他著录项目中的相关部分。

一、载体形态项

1. 数量

(1)数量及特定文献类型标识

A. 特定文献类型标识

《规则》中数量包括物理单位名称及其数值,物理单位名称一般为特定文献类型标识(SMD),SMD 构成数量说明的一部分(《规则》9. 5. 1)。影像资料有两种一般文献类型标识(GMD)“录像制品”和“电影制品”,分别对应各自的 SMD。

RDA 记录组成资源的单元/子单元的数值与类型,采用载体类型术语(RDA3. 4. 1. 3)。影像资料的载体类型术语采用 RDA3. 3. 1. 3 给出的投影图像载体和视频载体术语表。在载体类型术语表所列术语不适用,或者是未包含在该表中的新格式,或者编目机构选择不采用的情况下,也可采用通用语及适当的商标名(RDA3. 4. 1. 5)。

本节附 1 为影像资料的《规则》SMD 与 RDA 载体类型术语的对照表,两者所用术语基本一致。而 RDA 规定可使用的术语范围更大、更灵活。

B. 数量

《规则》规定“数量一律用阿拉伯数字著录于特定文献类型标识之前”,RDA 的方式相同。《规则》还规定,除成套资料外,一般不采用“盒”“盘”“章”等简单数量单位词(《规则》9. 5. 1. 2),这是针对汉语量词较多、难以选择、易出现不一致而做出的特殊规定。

RDA 另规定在单元的确切数量不易确定的情况下,记录预估数,前置“约”

(RDA3.4.1.4);另有“可选省略”方式,不记录具体数值,只记录单元类型。《规则》没有相应规定。

《规则》另对数量有误的情况加以规定,“数量有误,应如实著录,并将正确数量在附注项说明”(9.5.1.2 数量)。RDA对影像资料没有特别规定,数量不确切的情况如参照“册”(图书)的情况,是直接在错误数量后加“实为”及正确数量(RDA3.4.5.5),而非附注。

(2)商标名称或其他技术标志

《规则》指出“特定文献类型标识不足以识别影像资料者,应著录其商标名称或其他技术标志”(9.5.1.3)。从第九章附表2“录像制品常见的技术标志”看,基本对应RDA的视频格式(录像带)、视频编码格式(视盘)和广播标准(制式),尽管所用术语不尽一致(见本节附3“技术规格术语表”)。从实例看,商标名称和其他技术标志以限定形式放在数量后面的括号中。

RDA指明如果载体为新开发的格式,术语尚未列出,或者术语不适用的时候,可以使用通用术语(包括适当的商标名)指明单元类型(RDA3.4.1.5)。换言之,商标名不是作为限定,而是用以取代载体类型术语,这是与《规则》不同之处。

RDA3.18关于视频特征的条款,主要用视频格式和广播标准两个技术规格来记录视频特征,RDA3.18.2.3列出了记录资源视频格式的术语表,RDA3.19.3.3记录编码格式中列出了视频编码格式术语表,两者都规定在不适用或不够专指的情况下,也可使用其他术语。有关其他技术标志的规定,《规则》与RDA是一致的。

(3)时间

A. 计量单位

《规则》9.5.1.4说明单位用“min”,但又说明本章末附有国际计量单位(含时(h)和秒(s))。从例子看,均用“min”。

RDA规定单位按附录B.5.3持续时间(RDA7.22.1.3),实际采用的是B.7拉丁字母缩写,从例子看,分别用时(hr.)、分(min.)、秒(sec.)。

B. 播放时间

《规则》9.5.1.4规定著录实际播放时间,一般为播放时间的总数。

RDA规定,如果资源有播放、运行时间,则需要记录。方法是记录资源上指明的总播放、运行时间;如果资源上未指明但容易确定,则记录确定的时间;否则记录估算时间,前置“约”;如无法估算,则省略不予记录(RDA7.22.1.3)。

在记录总播放时间上两者是一致的,不同的是《规则》著录的是实际播放时间,而RDA记录的是资源上指明的播放时间,并且在不知道实际播放时间时,可以不记录。

RDA也提供了“可选附加”方式:在实际播放时间和资源本身表示的时间明显不同的情况下,同时著录资源本身表示的时间,后置“实为”(that is)加实际播放时间。

C. 多个组成单元

RDA规定,如果资源由多个物理单元组成,著录各个物理单元的播放时间(RDA7.22.1.5)。

对于单一物理单元、内部为多个子单元的资源,除记录总播放时间外,也提供交替方式:如果这些子单元指明或估算的播放时间相同,著录一个子单元的播放时间,后置“/个”(each)(RDA7.22.1.3)。

《规则》9. 5. 1. 4 规定播放时间一般为总数，若需要亦可分别著录，但没有具体说明哪种情况下可分别著录。推测针对的是多个组成单元的情况，应该是合理的，也与 RDA 的规定相通。

(4)比较分析

《规则》与 RDA 关于“数量及特定文献类型标识”的条款是一致的。尽管《规则》没有对数量不确切的情况加以说明，但是因为 RDA 关于数量不确切的条款是针对所有资源制定的，而对于影像资料来说，编目实践中数量很容易确定，因此对于影像资料，RDA 中关于确切数量不易确定的条款并不完全适用。

RDA 中商标名称是作为单位名称的，与《规则》中作为限定不同。《规则》中没有明确规定使用哪些技术标志，但从实例可以确定，和 RDA 采用的视频特征基本一致。

关于时间(持续时长)的条款差异比较明显。首先体现在著录的内容，《规则》明确是“实际播放时间”，RDA 则是资源本身表示的持续时长，并且在不知道实际播放时间时，可以不记录；RDA 同时为实际播放时间和资源本身表示的时间“明显”不一致时提供可选方式予以记录。其次体现在采用的单位，《规则》只采用“分”(min)，RDA 采用时(hr.)、分(min.)、秒(sec.)。

2. 其他形态细节

(1)材料

RDA 描述了基底材料的范围“基底材料指资源底层的物理材料”(RDA3. 6)，《规则》规定的著录内容是“对设备选用和保管有重要意义的影像资料的物质材料”(9. 5. 2. 1)，两者著录的范畴是一致的。

RDA3. 6. 2 专门针对缩微胶片、缩微平片、照相胶片和电影胶片的基底材料的条款，3. 6. 2. 3 提供了基底材料的术语表。《规则》没有提供术语表。

(2)色彩

RDA7. 17. 3 运动图像的颜色，《规则》9. 5. 2. 2 色彩，这是两者最一致的条款，都用“黑白(black and white)”“彩色间黑白(color with black and white sequences)”“棕色(sepia)”等术语描述色彩。

(3)速度

RDA 规定在对识别或选择重要时，以帧每秒记录电影胶片的放映速度(RDA3. 17. 3)。《规则》规定电影制品标准速度(有声片 24 格/秒，无声片 16 格/秒)不予著录(9. 5. 2. 3)，RDA 没有此规定。

《规则》规定的速度还包括录像带传送的长度、视盘旋转的速度，但没有具体说明著录方法，也没有相应的例子。RDA 没有提及这两种速度。

(4)声音

RDA 对于电影和视频，用“有声”和“无声”来描述声音信息(RDA7. 18 声音内容)；《规则》9. 5. 2. 4“有声影像资料一般著录‘有声’”“无声电影片著录‘无声’”。两者一致。

RDA 虽然规定与资源的声音编码有关的技术规格用于主要由录音构成的资源，但“可选附加”指出“如果对识别或选择重要，对非主要由声音构成的资源，也记录上列声音特征”(RDA3. 16. 1. 3)。《规则》中也指出“对放音有特殊要求的影像资料，需详细著录时，可省略

'有声'字样"(9.5.2.4),虽然条款没有列出需详细著录的内容,但《规则》9.5.0.2 结构形式 b,其他形态细节列出"……磁迹,声道,降噪或补偿说明",以及 9.5.2.4 实例 4 所著录的"立体声",与 RDA3.16.1.3 列出的记录声音特征的技术规格一致。

(5)比较分析

其他形态细节著录单元,RDA 与《规则》相应条款的一致度比较高。唯一的差别是对于标准速度电影制品的放映速度,《规则》明确不予著录,而 RDA 则从实现用户任务角度,把决定权交给了数据制作者。

3. 尺寸

《规则》9.5.3 影像资料的尺寸按载体形态和装载方式的不同分别著录,按照一般资料类型分别为录像制品和电影制品做出规定。

RDA3.5.1.4 按照载体类型分为盒式(cartridges)、卡式(cassettes)、圆盘(disc)、开盘卷(Reels)和卷(Rolls)记录与影像资料有关的尺寸。

(1)录像制品的尺寸

《规则》9.5.3.1"以圆形载体为特征的开盘录像带和视盘著录其载体的直径尺寸",视盘著录方式与 RDA3.5.1.4.4 记录盘的直径是一致的。但是 RDA 开盘卷的尺寸著录,对于胶片和开盘录像带以厘米记录卷的直径,后跟以毫米记录的胶片规格(即宽度),用米制符号 mm,用逗号分隔卷的直径与胶片规格,对 8mm 胶片,指明规格为单 8、标准、超 8 或毛瑞尔(Maurer),如对识别或选择重要,为胶片或磁带的长度做附注(RDA3.5.1.4.9)。与《规则》中仅著录直径相比,RDA 还需著录胶片宽度,更为详细具体。

《规则》9.5.3.1"循环录像带、盒式录像带著录其磁带的宽度",对应 RDA 盒带和卡带,对于胶片、视频盒和录像带,以毫米记录胶片或磁带的规格(即宽度),使用米制符号 mm,对 8mm 胶片,指明规格为单 8、标准、超 8 或毛瑞尔(Maurer),如对识别或选择重要,为胶片或磁带的长度做附注(RDA3.5.1.4.2/RDA3.5.1.4.3)。《规则》没有规定使用的单位,"标准磁带不著录尺寸",没有指出哪些尺寸属于标准的范围。

(2)电影制品的尺寸

《规则》9.5.3.2"电影制品的尺寸著录电影胶片的宽度,计量单位为'mm'(毫米)",对应 RDA3.5.1.4.2、RDA3.5.1.4.3 和 RDA3.5.1.4.9,除这三项与录像制品尺寸一样的条款外,还对应 RDA"卷",对胶片和缩微卷,以毫米记录胶片规格(即宽度),用米制符号 mm。对 8mm 胶片,指明规格为单 8、标准、超 8 或毛瑞尔(Maurer)。如对识别或选择重要,为胶片或磁带的长度做附注(RDA3.5.1.4.10)。相比较而言,RDA 的条款更加详尽。

(3)比较分析

《规则》和 RDA 关于尺寸的条款除了详略程度不一样外,在具体规定上也存在差异。一是对于开盘录像带,RDA 除了著录直径外,还需要著录胶片宽度。其次,对于 8mm 影片,RDA 有更为具体深入的描述要求。第三,对于开盘影片,RDA 需要著录卷的直径,后再跟胶片的宽度,而《规则》对于电影制品来说,无论其载体是什么,都是著录电影胶片的宽度。

二、其他著录项

1. 题名

对于无题名资源的自拟题名，RDA2.3.2.11.3 明确广告片的自拟题名中要包含产品、服务、广告的名称或者标识，以及词汇“广告(advertisement)”。对于未经编辑的动态图像资源、素材片或者新闻片，应包括顺序出现在画面中的主要元素，如事件的地点、日期，拍摄日期，特征，主题。

《规则》9.1.1.9 虽然指出了无正题名或者整体名不完整的广告片、新闻片、素材片等，需要自拟题名，但是没有对题名应包含的信息做出说明。相比较而言，RDA 的规定更明确，编目员更容易把握。

2. 附注

RDA 为记录影像资料提供了丰富的元素，在《规则》中没有对应的著录项，只能入附注。另外还有部分元素的细节信息，可以对应《规则》9.7.1.7 载体形态项附注。

(1)运动图像长宽比

用全屏(full screen)、宽屏(wide screen)、混合(mixed)三个术语描述(RDA7.19)。

(2)代

电影胶片的代，使用原版(original master)、翻版(duplicate)、标准拷贝(reference print)、观摩拷贝(viewing copy)等术语(RDA3.10.5)。

录像带的代，使用第一代(first generation)，第二代、原版拷贝(second generation，master copy)，第二代、首映拷贝(second generation，show copy)等术语(RDA3.10.6)。

(3)极性

电影胶片的极性，记录冲印形式，如负片、正片、反转片等(RDA3.14)。

(4)放映格式

RDA 有关电影胶片的放映特征条款中，放映格式作为与电影胶片放映有关的技术规格之一，3.17.2.3 列出了放映格式的术语表，术语与《规则》9.7.1.7 部分实例一致(见本节附 3 之 3)。

(5)物理长度

RDA 规定为电影胶片或录像带长度做附注，给出从首帧到末帧的胶片长度，以及从节目信息开始到最后的录像带长度。精确到十分之一米，使用米制符号“m”(RDA3.22.4.3 记录载体表现尺寸附注)。《规则》没有对尺寸附注做详细的说明。

(6)播放设备附注

RDA 规定对载体类型而言，记录超出其正常或显见范围的设备或系统要求，如对播放、查看或运行资源所需的插件或外设。另有交替做法：记录资源上呈现的系统或设备要求(RDA3.20)。

《规则》中的描述“对影像资料的播放所需的特殊设备所作的特别说明”(9.7.1.12)，与 RDA“……超出正常或显见范围”是一致的。

三、RDA 与《规则》的不一致及可能的解决途径

《规则》以遵循《国际标准书目著录》系列为原则，而《国际标准书目著录》(ISBD)统一

版(2011)已经出版,因而以下分析《规则》与 RDA 不一致之处,并提出可能的解决途径时,一般采用对照 ISBD 统一版的方法,以了解不一致产生的原因是 RDA 特例,还是国际通行做法。本部分分析《规则》和 RDA 不一致的著录单元或子单元,并提出解决方案。

1. 时间

著录实际播放时间还是资源本身表示的时间,以及采用的单位。实际播放时间需要播放资源后才能获取,资源本身表示的时间更易于获取,但是实际播放时间更为精确。

ISBD 统一版 5.1.5.2 与 RDA 一致,按资源、其容器或者附件上的形式著录,采用的单位也是多样的。无论从著录的一致性,提高编目的工作效率,还是有助于自动编目,选择著录资源本身表示的时间更加合适,也体现了 RDA 的表达性原则。

2. 速度

电影制品的标准速度是否不予著录。RDA 有"对识别和选择重要"的先决条件,而 ISBD 统一版要求应用合适的术语著录资源的播放速度,无论是否为标准速度。因之标准速度也可予以著录。

3. 尺寸

对于尺寸,RDA 按照载体类型制定条款,而《规则》按照一般资料类型制定条款,ISBD 统一版和 RDA 一致,因此按照载体类型制定条款更为合理。具体规则之间的差异体现在:

(1)开盘录像带和胶片卷

除了著录直径外,是否还需记录胶片规格。ISBD 统一版和《规则》一致,圆形资源中唱片、视盘、开盘磁带或电影胶片卷直接著录直径。因此对于开盘录像带和胶片卷,著录直径即可。

(2)8mm 胶片

对于 8mm 胶片是否需要详细区分,ISBD 统一版虽然没有明确条款说明需要详细区分,但实例中有区分。因此,8mm 胶片可考虑详细区分单 8、标准、超 8 或毛瑞尔(Maurer)。

(3)标准磁带

ISBD 和《规则》一致,如果标准类型资源的尺寸在著录的其他部分中蕴涵,则省略尺寸著录。因此,标准磁带的尺寸可以不著录,但是《规则》应该和 ISBD 统一版一样,将标准的尺寸罗列出来。

四、小结

与《规则》相比,RDA 在总体上对资源的规定更为细致,也提供了较多的描述元素(著录项目),能够更全面深入地提供影像资料的信息。但 RDA 又不乏灵活性,大部分元素并非必备,编目机构可以选择使用,还有可选附加、可选省略、交替做法等选项,增加了其对不同编目实践的适应性。

在上述对比中可以看到 RDA 在条款设计中的一个重要原则即"表达性原则":数据应当反映资源本身的表现(RDA0.4.3.4),即"照录所见"(take what you see)。紧密遵循表达性原则,描述资源的过程得以简化,也为数据从其他来源(如出版社或数字对象元数据)中自动抓取和重用提供了可能性,为工作流程化打开了大门。作为一部新的内容标准,RDA 的理念及其应用符合21世纪的潮流。

以上比较分析表明，对于影像资料编目，《规则》和RDA存在差异但差异不大，也不存在中国文献特有现象或中国用户特别的使用习惯。与ISBD统一版(2011)对照表明，目前国际编目的发展方向基本一致，修订《规则》与RDA兼容，或直接采用RDA，对影视资料而言不存在障碍。

附1　一般/特定文献类型与媒介/载体类型

《规则》(第九章附表1)		RDA(3.3.1.3)		ISBD(0.2)
一般文献类型标识	特定文献类型标识	媒介类型	载体类型	媒介类型
录像制品	循环录像带	视频	卡式录像带	视频
	盒式录像带		盒式录像带	
	开盘录像带		开盘录像带	
	视盘		视盘	
电影制品	盒式电影片	投影图像	盒式影片	投影
	循环电影片		卡式影片	
	开盘电影片		开盘影片	
	环式电影片		胶卷	
	穹幕电影片			

附2　一般资料标识与内容类型

1.《规则》中影像资料的一般文献类型标识

《规则》9.1.2.1说明影像资料采用“录像制品”或“电影制品”作为“一般文献类型标识”(即一般资料标识，GMD)。与大多数资源不同，影视资料的一般文献类型标识对应的不是RDA和ISBD的内容类型/形式，而是媒介类型(见附1)。

2. RDA影像资料的内容类型

RDA放弃一般资料标识(GMD)概念，改用内容类型和媒介类型。对于影视资料，媒介类型见附1；内容类型RDA6.9.1.3规定用：

二维动态图像(two-dimensional moving image)
三维动态图像(three-dimensional moving image)
地图动态图像(cartographic moving image)

3. ISBD统一版影视资料的内容形式

ISBD统一版(2011)放弃了GMD，改用ISBD0“内容形式和媒介类型”。基本形式为“内容形式(内容限定)：媒介类型”。

影视资料媒介类型见附1；内容形式和内容限定：

图像(运动;2维)
图像(运动;3维)

图像(地图型;运动)

4. 小结

RDA 与 ISBD 基本一致,只是 RDA 是先组定组式,可读性好;ISBD 是后组式,灵活。

以 RDA 和 ISBD 统一版的概念,《规则》对影像资料的一般文献类型标识实际上针对的是媒介而非内容。

附 3 技术规格术语表

1. 录像制品常见的技术标志(《规则》第九章附表 2)

录像带(带宽)	视盘(直径)	制式
U-matic(3/4 英寸) VHS(1/2 英寸) S-VHS(1/2 英寸) W-VHS(1/2 英寸) Betacam(1/2 英寸) Betacam-SP(1/2 英寸)	LD(20cm) VHD(20cm)	PAL NTSC SECAM

2. RDA 的视频格式、视频编码格式和广播标准术语表

视频格式 (RDA3. 18. 2. 3)	视频编码格式 (RDA3. 19. 3. 3)	广播标准 (RDA3. 18. 2. 3)
Beta Betacam Betacam SP CED D-2 EIAJ 日本电子工业协会 8 mm Hi-8 mm Laser optical 激光 M-II Quadruplex Super-VHS Type C U-matic VHS	Blu-Ray DVD-R DVD video HD-DVD MPEG-4 Quicktime RealVideo SVCD VCD Windows media Windows	HDTV NTSC PAL SECAM

3. RDA 的放映格式(RDA3. 17. 2. 3)

Cinerama 宽银幕立体电影

Cinemiracle 宽银幕电影

Circarama 环幕电影

IMAX
Multiprojector 多放映机电影
Multiscreen 多屏幕电影
Panavision 宽银幕电影
standard silent aperture 标准默片
standard sound aperture 标准有声片
stereoscopic 立体电影
techniscope 特艺宽银幕电影
3D 3D 电影

附 4　RDA 与《规则》影像资料条款对照

以汇集相应 RDA 条款为目的，不含所有下级条款（即如果下级条款均针对此文献类型，即不再逐一列出）

RDA 动态图像和视频条款	中国文献编目规则—影像资料	说明
第 1 部分：记录载体表现和单件的属性		
2 识别载体表现和单件		
2.2.2.3 动态图像首选信息源	9.0.5 著录信息源	
2.3.2.11.3 动态图像资源的自拟题名	9.1.1.9 无正题名	
2.3.4.6 动态图像资源补充题名信息	9.1.1.9 正题名不完整	
2.20.2.3 动态图像题名信息源附注	9.7.1.3 题名附注	
3 描述载体		
3.2.1.3 记录媒介类型	9.1.2 一般文献类型标识	视频 vs 录像制品 投影 vs 电影制品
3.3.1.3 记录载体类型	—	
3.5.1 尺寸	9.5.3 尺寸	
3.6.2 电影胶片的基底材料	9.5.2.1 材料	
3.10.5 电影胶片的代	9.7.1.7 载体形态项附注	复制转录次数
3.10.6 录影带的代	9.7.1.7 载体形态项附注	复制转录次数
3.14.1 电影胶片的极性	9.7.1.7 载体形态项附注	例 6 反转片
3.16 视频的声音特征	9.5.2.4 声音	RDA 可选附加
	9.7.1.7 载体形态项附注	其他形态细节
3.17.2 电影胶片的放映格式	9.7.1.7 载体形态项附注	例 9 多银幕放映 例 14 宽屏幕
3.17.3 电影胶片的放映速度	9.5.2.3 速度	
3.18.2 视频格式	9.5.1.3 其他技术标志	录像带格式
3.18.3 广播标准	9.5.1.3 其他技术标志	制式

续表

RDA 动态图像和视频条款	中国文献编目规则—影像资料	说明
3.19.3.3 编码格式	9.5.1.3 其他技术标志	视频编码格式/视盘格式
3.20 设备或系统要求	9.7.1.12 播放设备附注	
3.22.4.3 尺寸的细节	9.7.1.7 载体形态项附注	尺寸附注
第 2 部分:记录作品和内容表达的属性		
6 识别作品和内容表达		
6.13 内容表达标识号	9.8.1 标准编号	ISRC
6.9.1.3 内容类型	—	
6.27.1.3 合作作品规范检索点(电影、视频、视频游戏等)	24 题名标目	例外:采用作品题名
7 描述内容		
7.17.3 动态图像的色彩	9.5.2.2 色彩	
7.18 声音内容	9.5.2.4 声音	
7.19 动态图像长宽比	9.7.1.7 载体形态项附注	
7.22 时长	9.5.1.4 时间	播放时间
7.23 演出者、解说员、发言者	9.1.5.4 多种责任说明	常用的责任方式
	9.7.1.4 责任说明附注	其他来源责任说明
7.24 演职员表	9.1.5.4 多种责任说明	常用的责任方式
	9.7.1.4 责任说明附注	其他来源责任说明
第 6 部分:记录个人、家族、团体的关系		
19 与作品有关的个人、家族、团体	23 团体/会议名称标目	
19.2.1.1.1d 团体作为创作者(表演团体集体活动)	23.1.2.1e 记载演出团体集体活动	以主办者、参与者等为检索点
附录 I:关系指示词:资源与个人、家族、团体间关系		
附录 I.2.1 创作者关系指示词		电影制片人(filmmaker)
附录 I.2.2 与作品有关的其他关系指示词		导演、制作人、制作公司
附录 I.3.1 内容表达—贡献者关系指示词		动画制作者、艺术指导动态图像作品编者、出演者、录制工程师、录制者
附录 I.4.2 载体表现—出版者关系指示词		播放者
附录 I.4.3 载体表现—发行者关系指示词		电影发行

第六节　连续性资源规则比较分析

连续性资源在《中国文献编目规则》(第 2 版)(以下简称《规则》)中包括连续出版物和一体化资源,分别与《资源描述与检索》(RDA)的连续出版物和集成资源(一体化资源)对应,但 RDA 没有与连续性资源对应的名称。

《规则》关于连续性资源的著录在第十一章,RDA 相应的描述依元素的不同层次分散于整个文本中。本节除对主要 ISBD 著录项中有差异的逐项对比外,还特别对连续性资源的后续资源有变化时、是否要创建新记录进行对比。

一、题名部分

1. 题名

RDA2. 3 为各类型资源通用的题名,没有专门针对连续性资源题名的规定。《规则》11. 1. 1. 8 正题名的选择,其中提及了多种情况,多数可在 RDA2. 3 中找到相对应的情况。有少数情况 RDA 未提及,例如,《规则》11. 1. 1. 8e 提到出版物含有两种或两种以上合订出版的连续出版物,其中每一种连续出版物各有题名页和标识系统,则视为两种或两种以上出版物,应分别著录,并在附注项中说明。西文连续出版物很少出现这种情况,而中文连续出版物偶有这种情况出现。

2. 题名错误

对于信息源所载题名有误,《规则》11. 1. 1. 13c 规定应原样照录,同时在附注项说明。

针对题名错误的情况,RDA2. 3. 1. 4 对连续出版物或集成资源采用的是"例外"规定,即如果信息源上的题名有明显制作错误,描述时应采用正确的拼写形式,并在附注字段中说明规定信息源出现的题名,如果认为该错误题名具有重要检索意义可著录为变异题名。

ISBD1. 1. 5. 1 规定对连续性资源,"在转录正题名时应纠正明显的排版错误,连续性资源著录基础的首选信息源上出现的题名应著录于第 7 项"。

对连续性资源的题名错误,RDA 和 ISBD 之所以采取与专著不同的规定,是考虑到不因描述所依据的那一期上的错误而影响整套资源。而《规则》未与专著区分处理,宜加以改变。

3. 正题名的变化

连续性资源在其生命周期中,可能出现题名变化的情况。

《规则》11. 1. 1. 14 对正题名变化的规定是:a. 出版物正题名的任何变化,应视为正题名已经改变,必须编制新款目;b. 题名在出版过程中未经说明而稍有改变,但 ISSN 却未做相应改变,并在一、二期或者二、三期后又改为原名,这种变化可不视为改名,无须编制新款目,但要做附注项说明。但在《规则》11. 7. 1. 3. f(a)中又说明:"连续出版物的正题名发生重要变化时,须做一新记录",这里要求的是"重要变化",与 11. 1. 1. 14a 所称的"任何变化"不一致。并且在《规则》中,也没有明确说明什么属于"重要变化"。

RDA2. 3. 2. 13. 1 和 RDA2. 3. 2. 13. 2 分别对正题名的主要变化和次要变化做出了详细

的规定,除首冠词外的前五个单词变化、其他单词变化导致题名含义改变、正题名中团体名称变化导致需新建名称规范,这三种情况属于主要变化。RDA2.3.2.12 规定如果连续出版物的正题名发生主要变化,那么创建新记录并和原有记录建立连接。如果连续出版物的正题名发生次要变化,但这种变化会影响到连续出版物的识别或获取,则将变化后的题名著录为后续题名(later title proper,RDA2.3.8),并在附注项中说明正题名从哪一期或哪个出版日期开始改为后续题名。

对于正题名变化而不需要创建新记录,《规则》和 RDA 都规定做附注。《规则》24.1.2.6 指出,对"出现在附注中的题名附注信息……若具有检索意义应选取为题名检索点",也与 RDA 的规定基本一致。

对正题名变化而需要创建新记录,详见本节"六、创建新记录的原则"的对比。

4. 并列题名、其他题名信息的变化

《规则》11.1.3.3 规定并列题名(含简单题名和集合题名)在出版过程中有所改变,应将改变的题名著录于附注项,并注明改变的卷期号。《规则》11.1.4.10 规定其他题名信息在出版过程中有所改变,应在附注项中说明。

RDA2.3.3.5 规定如果并列正题名、其他题名信息、并列其他题名信息发生新增或变化对于识别和获取有重要影响,则将变化后的并列题名作为变异题名。如果并列正题名、其他题名信息、并列其他题名信息被删除,则在附注项中说明。

从 RDA 和《规则》对于并列题名、其他题名信息的变化的处理来看,RDA 将变化后的题名作为变异题名,可提供检索点,而《规则》仅在附注中说明,不提供检索点。

二、责任说明

1. 责任说明的著录

《规则》11.1.5.1 定义连续性资源的责任者系指对出版物的知识创作或艺术创作,或对出版物得以问世负有责任的团体或个人,一般均为团体编辑者。只有在对一种出版物(非某一册或几册)的创作、编辑内容全部负责的情况下才著录个人。

RDA2.4.1.4 规定转录信息源的责任说明,但连续出版物"例外":只有当编者名称是识别连续出版物的重要手段时,才在责任说明中记录编者,比如此人编辑了出版物的全部或者大部分,又比如此人的名称比连续出版物的题名更为著名。也即一般不著录个人。此规定与《规则》基本一致。

RDA2.4.1.9 规定即使责任说明中未指明具体的个人、家族或团体时,也要记录,如"by a group of students with a Korean resource person"。《规则》没有类似规定,11.1.5.3a"无明显的责任说明可不予著录"所指并非上述情况。

2. 责任说明的改变

这里只针对不需要创建新记录的情况。因责任说明改变而需要创建新记录的,见本节"六、创建新记录的原则"。

《规则》11.1.5.3j 规定,如果正题名为一个独特题名(有自身特征而区别于其他题名),其责任者无论发生何种变化,都应在附注项说明责任者的变化情况。

对连续出版物，RDA2. 4. 1. 10. 2 规定，如果责任说明有新增、删减或变化但不需要创建新记录，则在附注项中说明；如果责任说明中个人、家族、团体名称的表现形式发生变化，对连续出版物的识别或获取有重要影响，则在附注项中说明。

对集成资源，RDA2. 4. 1. 10. 3 规定，如果后续整体的责任说明有新增或变化，则记录当前整体的责任说明。如果认为集成资源先前整体的责任说明对获取重要，则在附注项说明。如果责任说明在集成资源后续整体中被删除，则在当前整体的记录中删除该责任说明，若认为重要可在附注项说明。

《规则》要求在附注中记录责任者的所有变化，而 RDA 只要求在认为重要的情况下记录。但对集成资源，RDA 则以后续整体的责任说明为著录依据，这点《规则》中没有规定。

三、版本项

1. 整体和部分的版本说明

RDA2. 5. 1. 5 规定如果资源由多期或多部分组成，并且分别有关于整体资源和部分资源的版本说明，那么只著录整体资源的版本说明。如果部分资源的版本说明对于识别有重要意义可在附注中说明（见 RDA2. 20. 4. 3）。《规则》未提及这种情况。

2. 并列版本说明

《规则》11. 2. 2 规定版本说明有两种或多种语种，并列版本说明应著录与并列题名语种相同的版本说明。并列版本说明著录在版本说明之后，其前用“ = ”标识。

RDA2. 5. 2. 4 规定如果版本标识有一种以上的语种表示，则著录与正题名语种相同的版本标识。如果这一规定不适用，著录出现在最前面的版本标识。换言之，RDA 不采用并列版本说明。

3. 版本说明的改变

《规则》11. 2. 6 中提到如果连续出版物以后各卷期的版本说明有实质性改变，应该重新著录。例如，医学版改为医药版。

RDA1. 6. 2. 5 规定如果版本说明的变化对于期刊的内容范围有重要影响，创建新记录。

在版本说明改变的处理方面，RDA 和《规则》一致。

4. 有规律的版本修订说明

《规则》11. 2. 1. 3b 规定“表示有规律的修订说明，应著录于附注项。例：修订版，每半年修订一次”。

RDA2. 5. 2. 5 规定对于连续出版物和集成资源来说，有规律的修订说明应著录为出版频率，如：

　　Revised edition issued every 6 months

　　Frequently updated

出版频率在 RDA 中是一个独立元素，而《规则》的出版频率说明属于附注（11. 7. 0. 7）。可以认为在有规律的版本修订说明上，两者的规定没有冲突。

四、编号日期标识

RDA2.6 连续出版物编号与《规则》最重要的不同之处是放弃缩写形式。除此之外，RDA 与《规则》在编号日期标识著录及变化方面的规定基本一致，有些细节不同，具体如下：

对于后继标识系统，《规则》11.3.1.9 规定有“新辑”等说明文字，著录于后续标识系统前；对于无说明文字的，《规则》没有要求添加。RDA2.6.2.3 规定如果后续新的标识系统没有诸如“new series”之类的词语，著录时应添加“new series”“2nd series”等词语，并置于方括号内以说明该信息来源于规定信息源之外。

以下几点在《规则》中未提及：

RDA2.6.2.4 中规定如果首期的编号或字母为两种以上语种或文字，则著录为和正题名相同的语种或文字。如果该规则不适应，则著录最前面出现的编号或字母。

RDA2.6.3.3 规定如果连续出版物首卷/期没有出现日期，但是后续出版的卷/期标明了日期，那么应将（推算出的）日期著录在首卷期之后，并置于方括号内。

RDA2.6.3.4 规定日期出现两种以上语种，则著录为和正题名相同的语种或文字。如果该规则不适应，则著录最前面出现的日期。

五、载体形态项

1. 数量

《规则》11.5.1.1 规定出版完毕的连续出版物应著录文献总数。仍在出版的连续出版物，只著录特定文献类型标识。《规则》11.5.1.2 著录为“v.”，对于正在更新的散页可著录为“_v.”，供日后填入。

RDA3.4.1.10 规定对尚不完整（或已发布单元总数未知）的资源，不记录数量。仍在出版的连续出版物（或者出版的总卷/期数未知）则著录 volumes，volumes（loose-leaf，散页）。RDA3.4.5.16 规定已结束的连续出版物，以书目册数记录连续出版物数量（参见 RDA2.6），而非物理册数。如果对识别或选择重要，做附注说明描述单件的物理册数，采用 RDA3.21 特定单件载体特征说明。

有关载体形态项中数量的著录，RDA 放弃缩写形式，而《规则》采用的是西文缩写形式，而未采用汉字“卷”，与专著的数量采用汉字“页”“册”等的规定有所不同。此外，《规则》规定著录“文献总数”，但未明确说明是书目卷数还是物理册数，不过从举例和工作实践一般可认为是书目卷数，与 RDA 是一致的。

2. 尺寸

（1）尺寸变化

《规则》11.5.3.3 规定，出版物在出版过程中尺寸改变，或各册尺寸不同，可在附注项说明。

RDA3.5.1.6 规定如果资源只有一种载体形式，但尺寸在出版过程中有所改变，那么应著录最小和最大尺寸，例如 24—28cm。如对识别或选择重要，对变化细节做附注（见 RDA3.22.4.4.1）。

（2）高度小于 10 厘米的卷册

RDA3.5.1.4.14 规定，载体类型为卷册（volume）的资源，如果高度小于 10 厘米，则著录为毫米，使用米制符号 mm。

《规则》中没有这方面的规定。

六、创建新记录的原则

1.《规则》创建新记录的规定

《规则》没有专门部分说明需要创建新记录的情况，相关规定散见于不同著录项的规定中：

（1）**正题名的规定**。“从属题名变为独立题名，应编制新款目”（《规则》11.1.1.13i）。

（2）**正题名变化的规定**。“出版物正题名的任何变化，应视为正题名已经改变，必须编制新款目”（《规则》11.1.1.14a）。但在附注规定中又说明“连续出版物的正题名发生重要变化时，须做一条新记录”（《规则》11.7.1.3f（a））。

（3）**责任说明规定**：“正题名为通用题名（无自身特征，例如学报、通报），当其责任者发生变化时（无论改变名称还是改变单位），应作为改名处理，重新著录”（《规则》11.1.5.3k）。

（4）**版本说明改变规定**：“连续出版物以后各卷期的版本信息基发生实质性改变，应重新著录”（《规则》11.2.6a）。

2. RDA 创建新记录的规定及与《规则》的比较

RDA1.6.2 和 1.6.3 分别对连续出版物和集成资源规定了创建新描述（记录）的几种情况：

（1）**发行模式改变**（RDA1.6.2.1 和 RDA1.6.3.1）。由连续出版物/集成资源改为多卷书或者集成资源/连续出版物，创建新描述。

《规则》无相应规定。

（2）**媒介类型改变**（RDA1.6.2.2 和 RDA1.6.3.2）。创建新描述。媒介类型参见 RDA3.2。RDA 的 2013 更新修改了针对连续出版物的 RDA1.6.2.2，规定对于计算机载体，如果载体类型由其他计算机载体改为联机资源或反之，虽然媒介类型未变，也创建新描述。

《规则》无相应规定。

（3）**正题名发生主要变化**（RDA1.6.2.3）。如果连续出版物正题名发生主要变化，则创建新描述，见 RDA2.3.2.12.2。

对于正题名变化，《规则》与 RDA 不尽一致，详见本节“一、”下的“3.”部分。

（4）**责任说明改变**（RDA1.6.2.4）。如果连续出版物的责任说明改变影响作品的识别，则创建新记录。

对于责任说明改变影响到作品的识别，指的是改变了“代表作品的规范检索点”，由作品首选题名和对作品负责的个人、家族或团体的规范检索点组成。RDA6.1.3.2.1 指明了两种情况：a）责任变化影响到用于构建（代表作品的）规范检索点的、表示个人、家族或团体的规范检索点；b）责任变化影响到用于限定（代表作品的）规范检索点的个人、家族或团体的名称。

《规则》11.1.5.3k 规定，“正题名为通用题名（无自身特征，例如学报、通报），当其责任者发生变化时（无论改变名称还是改变单位），应作为改名处理，重新著录”。此规定与

RDA6. 1. 3. 2. 1b 基本一致。

但对应于 RDA6. 1. 3. 2. 1a 的情况,《规则》11. 1. 5. 3j 的规定不同,“如果正题名为一个独特题名(有自身特征而区别于其他题名),其责任者无论发生何种变化,都应在附注项说明责任者的变化情况”,即只要题名未变,不因责任者本身或其名称形式的变化而创建新记录。

(5)**版本说明改变**(RDA1. 6. 2. 5 和 RDA1. 6. 3. 4)。如果版本说明改变对其内容或范围有重要影响,创建新记录。

《规则》11. 2. 6a 连续出版物与 RDA 一致。但《规则》11. 2. 6b 一体化资源(集成资源)未提到发生实质性改变而需重新著录的情况。

(6)**重组的集成资源**(RDA1. 6. 3. 3)。如果集成资源是以一套新的卷册发行的更新活页,创建新记录。

《规则》无相应规定。

七、小结

1. 著录(描述)方面

通过对题名、责任说明、版本说明、编号标识系统、载体形态项等方面条款的对比可以看出,RDA 与《规则》基本原则总体上相同,具体细节方面存在一些差异。就连续出版物的描述部分来说,应用 RDA 是可行的。

2. 创建新记录

《规则》和 RDA 对连续性资源的主要差异在创建新记录方面。除了《规则》未对发行模式改变、媒介类型改变、集成资源重组做出规定外,两者还在题名与责任说明上有重要差别:①题名的主要或重要变化的认定;②责任说明变化是否需要创建新记录。**这对于中文连续性资源直接采用 RDA 存在一定的障碍**。

首先是正题名变化。《规则》11. 1. 1. 14a 的“任何变化……必须编制新款目”,与 11. 7. 1. 3. fa 的“发生重要变化时,须做一新记录”不一致。而“任何变化”的规定也不尽合理。对“重要变化”与非重要变化做出明确规定是必要的。

由于中西文的差异,RDA 的主要变化中对前 5 个单词的判断,以及 RDA 的次要变化中对冠词、单复数、缩写等语法的规定,并不适合中文。ISBD 理解世界上语言的差异,在 A. 2. 6. 1 中对主要变化加上了前提“对于将正文切分为单词的语言和文字”,其实只是将中文等排除在了此规定之外,并未完全解决对中文题名哪些变化算“主要变化”的问题。因题名变化而需编制新记录的问题,也涉及是否要重新给 ISSN 号,因此 ISSN 国际中心对此十分关注,于 2012 年 8 月向 JSC 与 ISBD 评审组提交了“中日韩文连续出版物题名主要变化”的讨论稿(Major title changes for serials in Chinese,Japanese and Korean),参与“前 5 个词”规则的讨论,用实例说明在中日韩文(CJK)中,题名变化是否主要变化与变化部分所处位置无关,设想以内容词(实意词)还是功能词(辅助词)的增、删、改或重排作为判断主要变化还是次要变化的依据[Pellé,2012]。ISSN 国际中心将进行相关的测试结果,我国的 ISSN 中心与编目界应当积极参与,以期对需要创建新记录的题名变化形成适合中文的国际化规则。

其次对于责任说明变化是否需要创建新记录。RDA 与《规则》的差异主要在于《规则》没有“代表作品的规范检索点”概念,即中文传统上只以题名代表作品,无须附加责任者,也就不会因责任说明变化而影响到对作品的识别。

在理念上这一差异极大,但在实践上对连续性资源编目的影响有限。因为 RDA(及之前的 AACR2)对于责任者作为代表作品的规范检索点组成部分有严格的规定,只限“创作者”。对个人或家族作为连续出版物的创作者,RDA19.2.1.1.3 规定,仅当其对全部而非个别或若干期负责时,才作为创作者。而对团体作为创作者,RDA19.2.1.1.1 规定了七个条件,需要反映团体政策、集体思想与活动成果等。这与中文传统上以主办机构为主要责任者的做法不同,如国内各种报刊杂志,包括高等学校学报,既不反映本机构政策,也非机构本身思想或活动的成果,就不符合 RDA 以团体作为创作者的条件。对于这种连续性资源,机构更改、名称变化不影响其识别,只要题名未变,就不需要编制新记录。

3. 一般文献类型标识

在上述比较中未提及的是,《规则》采用一般文献类型标识(或 GMD),而 RDA 已放弃 GMD 概念,改用“内容形式和媒介类型”。ISBD 统一版(2011)也采用类似方式。《规则》如修订,应顺应此一发展方向,并对发行模式、媒介类型改变情况下创建新记录做出相关规定。

附 1　一般资料标识与发行模式

《规则》没有像其他各章那样,在一般文献类型标识部分(《规则》11.1.2)列举适用于连续性资源的术语。11.1.2.2 规定“只著录主要出版物所属载体”,所举载体有微型唱片、光盘、磁盘;11.1.2.3 规定“出版物由多种载体组成,其中任何一种均非主要载体,应著录‘多种载体’”。因此可以认为,《规则》中连续性资源的一般文献类型标识对应的是载体或媒介类型。

然而在《规则》附录 1 著录样例“九、连续性资源”中,一般文献类型标识分别采用“期刊”“报纸”和“网络资源”。其中只有“网络资源”属于载体类型。

对于 RDA 以及 ISBD,连续出版物(如期刊、报纸)和集成资源属于“发行模式”元素的术语,与内容、媒介和载体类型没有直接关系。

附 2　RDA 与《规则》连续性资源条款对照

RDA 连续性资源条款	中国文献编目规则	说明
0 导论		
0.6.2 核心元素——载体表现与单件的属性	11.0.4 著录详简级次	连续出版物编号为核心元素
第 1 部分:记录载体表现和单件的属性		
2 识别载体表现和单件		
2.3.2.12 正题名变化	11.1.1.14 正题名的变化	
2.3.3.5 并列题名变化	11.1.3.3 并列题名改变	
2.3.4.7 其他题名变化	11.1.4.10 其他题名信息的变化	
2.3.5.4 其他并列题名变化	11.1.4.10 其他题名信息的变化	
2.3.7 先前正题名	—	

续表

RDA 连续性资源条款	中国文献编目规则	说明
2.3.8 后续正题名	—	
2.3.9 关键(识别)题名	11.8.2 识别题名	
2.4.1.10 责任说明变化	11.1.5.3 责任说明的著录	j,k 责任者变化
2.5.1.6 版本说明变化	11.2.6 版本说明的改变	
2.6 连续出版物编号	11.3.1 卷、期、年、月或其他标识	
2.8.1.5 出版说明变化	11.4.1.14 出版地改变	
2.8.6.5 连续性资源出版日期	11.4.4 出版日期改变	
2.9.1.5 发行说明变化	11.4.1.14 发行地改变	
2.9.6.5 连续性资源发行日期	11.4.4 发行日期改变	
2.10.1.5 制作说明变化	—	印制地改变
2.10.6.5 连续性资源制作日期	—	印制日期改变
2.12.1.6 丛编说明变化	—	丛编说明改变
2.12.9.8.2 丛编内部编号	11.6.6 从编或分丛编内部编号	
2.13.1.3 发行模式(表 2.1)	—	
2.14 出版频率	11.7.0.7 出版频率说明	
2.15.1 载体表现标识	11.8.1 标准编号	ISSN
2.20.5 连续出版物编号附注	11.7.1.5 卷、期、年、月或其他标识项附注	
2.20.12 频率附注	11.7.0.7 出版频率说明	
2.20.13 作为资源识别基础的期、部分、整体的附注	11.7.1.11 著录依据附注	
3 描述载体		
3.1.6.1 多部分专著和连续出版物载体特征改变	11.5.2.3	如果后续期或部分的媒介类型改变,创建一个新记录
3.1.6.2 集成资源载体特征改变	—	如果后续整体的媒介类型改变,创建一个新记录
3.4.5.16 多册的数量	11.5.1.1 文献总数	
3.5.1.8.1 多部分专著和连续出版物尺寸改变	11.5.3.3 尺寸改变	
3.5.1.8.2 集成资源尺寸改变	11.5.3.3 尺寸改变	
3.22.2.8 不同于物理册数的书目册数	—	载体表现附注

续表

RDA 连续性资源条款	中国文献编目规则	说明
3.22.4.4.1 多部分专著和连续出版物载体表现尺寸改变	11.7.1.7 关于载体形态项附注	
3.22.4.4.2 集成资源载体表现尺寸改变	11.7.1.7 关于载体形态项附注	
3.22.6.3.1 多部分专著和连续出版物载体特征改变	11.7.1.7 关于载体形态项附注	
3.22.6.3.2 集成资源载体特征改变	11.7.1.7 关于载体形态项附注	
4 提供采访或获取信息		
4.2 获得方式	11.8.3 获得方式和(或)价格	
4.3 联系信息	—	
第 2 部分:记录作品和内容表达的属性		
6 识别作品和内容表达		
6.1.3.2 影响识别作品的变化(连续出版物)	—	
6.1.3.3 影响识别作品的变化(集成资源)	—	
7 描述内容		
7.16 补充内容	11.10 补编资料	
7.29 内容表达附注	11.7.1 附注	11.7.1.3g 语种附注
第 6 部分:记录个人、家族、团体的关系		
18 记录与资源有关的个人、家族、团体的一般准则		
18.4.2.2 责任说明改变(连续出版物)	—	如果连续性资源后续卷期的责任者改变但不创建新记录,则可为变化后的个人或团体创建附加检索点
18.4.2.3 责任说明改变(集成资源)	—	
附录		
附录 A:字母大写		
附录 A6:连续出版物编号	—	连续出版物首期的表示数字或字母编号标识的单词或单词缩写首字母要大写
附录 J:关系指示词:作品、内容表达、载体表现和单件间关系		

续表

RDA 连续性资源条款	中国文献编目规则	说明
J. 2. 6 时序作品关系	11. 7. 0. 4 规范化附注导词与格式	先前、后续作品系列
J. 3. 2 衍生内容表达关系	11. 7. 0. 4 规范化附注导词与格式	翻译:译自、译为
J. 3. 6 时序内容表达关系	11. 7. 0. 4 规范化附注导词与格式	先前、后续内容表达系列

第七节 电子资源规则比较分析

电子资源在《中国文献编目规则》(第 2 版)(以下简称《规则》)中是指“用计算机处理的编码资料(数据和/或程序),包括需要利用连接计算机的外部设备(如 CD-ROM 播放器)和联机服务(如通报板、讨论组/表、万维网网址)的资料”。根据电子资源存取的特点可划分为本地访问和远程访问两种形式,其著录集中于第十三章。从《规则》的载体形态(及附录中的著录实例)看,主要是将光盘,如 CD、VCD、DVD 等可直接用影音设备播放的音视频资源视为电子资源。

电子资源在《资源描述与检索》(RDA)中被称为数字资源(digital resource),指为计算机化设备操作而编码的资源(数据和/或程序)。资源可能要求使用直接连接到计算机化设备的外部设备(如 CD-ROM 驱动器)、应用程序(如媒体播放器、图像查看器)及/或连接到计算机网络(如互联网)。在 RDA 中关于电子资源的描述依元素的不同层次分散于整个文本之中。

《规则》与 RDA 所定义的电子资源/数字资源基本相同。但《规则》在正文及后附样例中涉及的实际范围小很多,且主要集中在音视频资源;而 RDA 则全面涉及各类电子资源,它将 CD、VCD、DVD 等作为影音资源处理,而非作为电子资源。

电子资源作为一种特殊文献类型,其文献特点主要体现在文献特殊细节项和载体形态项,少量涉及附注等其他著录项目的相关部分。

一、文献特殊细节项

《规则》中电子资源的文献特殊细节项也称“资源类型与数量项”,这是电子资源的基本特征,包括资源类型的标识和资源数量的信息(《规则》13. 3. 0)。其中资源类型是电子资源的主要著录项目,即简要级次著录也需要的必备项,基本级次著录则要求同时著录资源数量(《规则》13. 0. 4. 2)。

与《规则》的资源类型和数量大致对应的是 RDA 数字文件特征中的文件类型(RDA3. 19. 2)和文件大小(RDA3. 19. 4)。

1. 信息源

《规则》中指出,电子资源的资源类型标识来自于规定信息源;当规定信息源不存在资源类型标识时,应依据著作内容著录,不用方括号(13. 3. 1)。

RDA3. 19. 2. 2 文件类型信息源中规定以资源本身(或附件或容器)为基础来记录文件类型,若需要,由任何其他来源获取附加信息。二者措辞不同,但实际含义相同,即根据资源的内容确定资源类型,不论其是否出现在资源上。

2. 资源类型和文件类型

《规则》13. 3. 1 中规定资源类型可用(电子)数据、(电子)程序、(电子)数据和(电子)程序等来标识,也可从《规则》附录表中(见本节附 2 之 1)选择特定的数据类型来标识,或可自拟一恰当类型标识,并用“电子”一词限定。

RDA3. 19. 2. 3 记录文件类型中规定,文件类型可以从 RDA 所提供的术语表中选择(见本节附表 2 之 2),如那些术语都不合适,则可用尽可能简洁的术语来说明文件类型。如对识别或选择重要的话,记录文件类型细节(RDA3. 19. 2. 4)。

《规则》和 RDA 都可从列表中选择资源类型或文件类型术语,或自拟其术语。《规则》的术语按“电子数据”“电子程序”及“电子数据和程序”三部分列出,主要按表现内容和内容形式细分。电子数据的表现内容如测量数据、书目数据等;内容形式如文本数据、音频数据等,与 RDA 相比,未包括“视频数据”。

RDA 的文件类型表简单,仅 6 种,除“数据”和“程序”外,还有从《规则》角度看属于“数据”的细分类型“文本”“音频”“图像”和“视频”。从举例看(流媒体视频文件),RDA 的“文献类型细节”也不涉及资源表现的内容,而是资源呈现的技术细节,这与《规则》的细分方法不同。

3. 资源数量和文件大小

《规则》的资源数量著录在资源类型标识后,并置于圆括号内(13. 3. 2)。以数据和程序为内容的文件数,用阿拉伯数字著录(13. 3. 2. 1);数据资源可著录记录数和/或字节数,程序资源可著录语句数和/或字节数(13. 3. 2. 2)。

RDA3. 19. 4 中文件大小是指数字文件的字节数,用字节、千字节(KB)、兆字节(MB)或千兆字节(GB)给出文件大小。

4. 比较分析

《规则》13. 3. 1(见附表 2. 1)中所规定的资源类型已经在 RDA 的内容类型中体现(RDA6. 9. 1. 3),所以在 RDA 中用数字文件特征(包括文件类型和文件大小)来取代《规则》中的资源类型和资源数量。

二、载体形态项

1. 数量及特定文献类型标识

(1)特定文献类型标识

《规则》13. 5. 1. 2 规定用编目机构选定的语言文字著录特定文献类型标识(见本节附 3)。

RDA 规定除了使用 RDA3. 3. 1. 3 所列的载体类型外(见本节附 3),还可使用通用术语来指明单元类型(RDA3. 4. 1. 5 指明单元类型的其他术语)。

《规则》的特定文献类型标识与 RDA3. 3. 1. 3 载体类型不完全对应,《规则》没有“联机资源”(online resource)。总体而言,RDA 对载体类型及其数量的规定比《规则》更宽泛。

(2)数量

《规则》13.5.1.1 规定电子资源的物理载体数量一律用阿拉伯数字著录,并置于特定文献类型标识之前。

RDA3.4.1.3 规定记录资源的数量,给出单元数及适当的载体类型术语,术语列表在 RDA3.3.1.3(见本节附 3)。

RDA 对数量有更具体的说明:如单元的确切数不易确定,前置“约”(RDA3.4.1.4);如不能简洁指明单元,记录物理单元数并标为“不同件数”;如单元数不易确定或估计,省略具体数值(RA3.4.1.5 指明单元类型的其他术语)。

(3)数量限定与子单元

《规则》13.5.1 规定在著录电子资源的构成物理单位和数量时,必要时可附加适当的限定说明,限定内容常见的是特殊光盘格式标识,如 CD-ROM 等(13.5.1.3)。

RDA 采用单元/子单元方式说明资源的数量,明确指明了在单元类型术语后的括号中,记录子单元数(RDA3.4.1.7)。对于计算机光盘、盒带而言,对诸如音频文件、视频文件和数据文件,指定文件数,用 RDA3.19.2.3 所列的一个或多个术语指明文件类型(RDA3.4.1.7.1 计算机光盘、盒带等)。另有“可选附加”做法:由一个或多个程序文件和/或数据文件组成的资源,酌情增加语句和/或记录数。

(4)可重复性

《规则》13.5.0 规定当电子资源包含不同的载体类型(如盒式磁带和光盘、软盘)或不同尺寸大小或不同的输出介质或显示格式时,应重复著录每种不同的物理载体形态特征。

RDA 对由多个载体类型组成的资源做综合描述时,根据资源性质与描述目的,酌情采用如下方法:只记录每个载体的载体类型及数量(RDA3.1.4.1);记录每个载体的载体类型、数量及其他特征(RDA3.1.4.2);用通用术语记录主要的载体类型与数量(RDA3.1.4.3),即也可重复著录各载体类型。

2. 其他形态细节

(1)声音与颜色

《规则》13.5.2.2 规定对声音资源或可产生声音的资源著录为“有声”,这有别于音视频文献的著录。《规则》13.5.2.3 规定电子资源显示两种或多种颜色时,著录“彩色”。

RDA7.18.1.3(记录声音内容)中规定如果在资源中有声音存在,则在其他形态细节中著录为“sound”,同样不同于资源主要是录音资料的著录。

RDA7.17.1.3(记录色彩内容)规定如果资源内容不是黑白或灰色的阴影,则用合适的术语来记录这些色彩,如“彩色”“部分彩色”或“主要彩色”。

ISBD 统一版 5.2.4.3 中规定,如果资源以多种颜色显示或者已经会产生多种颜色,应著录缩略语“col.”(彩色)或另一种语言的等同词。可见在颜色著录方面,RDA 的用词比《规则》和 ISBD 更明确。

(2)编码格式

在《规则》13.5.2 中只对电子资源的声音和颜色等细节进行描述,但在 RDA 中对电子资源其他形态细节的描述更详细,包括数字文件的编码格式、分辨率、编码比特率(原称“传输速度”)等(RDA3. 19. 1. 3)。按附录 D. 2. 1 MARC21 书目格式与 RDA 映射表,其中的编码格式属于其他形态细节中描述的内容。

3. 尺寸

(1)计量单位

《规则》13. 5. 3 中规定电子资源载体的尺寸说明,以 cm(厘米)为单位,不足 1cm 的尾数,按 1cm 计算。

RDA3. 5. 1. 3(记录尺寸)规定除非另外说明,以 cm(厘米)记录尺寸,向上取整,使用米制符号 cm。

在这一点上《规则》与 RDA 相同。

(2)其他计量单位

《规则》13. 5. 3. 1 只规定以 cm 为单位来计量电子资源载体的尺寸,而 RDA3. 5. 1. 3 除有相同规定外,另外提供了交替做法,即以机构偏好的计量制式记录尺寸,计量单位缩写依据附录 B(RDA 附录 B. 5. 2 缩略语:存储空间的数据)。RDA 的通用性较好,比如能够适应某些以英寸为计量单位的资源,比如以前的 3. 5 寸磁盘、目前通用的光盘。

(3)不同类型载体的特殊规定

《规则》13. 5. 3. 2 规定对软盘、光盘或磁带的尺寸应予著录,磁带卷的尺寸有必要可著录其长和宽;对于非标准宽度的磁带应著录其宽度。

RDA 详细规定了不同类型资源的记录尺寸方式,基本是沿用该类型资源的通用方式。如:计算机盘记录直径(RDA3. 5. 1. 4. 4),开盘计算机磁带以 cm 记录卷的直径,后跟以毫米记录的磁带宽度(RDA3. 5. 1. 4. 9)。

ISBD5. 3. 1. 1 规定物理载体本身的尺寸应著录,不考虑容器的外部尺寸(关于处理一套资源的容器问题见 ISBD5. 3. 1. 3)。对于磁盘/光盘或磁带卷,应著录其直径。可以著录磁带卷的磁带长度和宽度。

这三个编目规则在著录尺寸方面大致是相同的。

(4)容器尺寸

如果资源在容器中,《规则》13. 5. 3. 3 中规定著录容器尺寸,在其后著录“容器”字样,置于圆括号内。

RDA3. 5. 1. 5 容器的尺寸则规定先命名容器、再记录其尺寸(高度 * 宽度 * 深度),除非另外说明,否则按 RDA3. 5. 1. 3 记录尺寸的规定给出计量。

可见两者在“容器”的说明位置上是不同的。

(5)多种尺寸

《规则》13. 5. 4 中规定电子资源由多个尺寸不同的同种物理载体组成,可著录最小尺寸和最大尺寸,中间用连字符分开。

RDA3. 5. 1. 6 多个载体组成的资源中规定,如果载体类型相同,但尺寸不同,记录最大及最小尺寸,中间用连字符。RDA 还提供了一种交替做法,即如果有两种以上尺寸,记录最大尺寸,后跟“或较小”(RDA3. 5. 1. 6)。

(6)不同类型载体

《规则》13. 5. 3. 4 只对由多个尺寸不同的同种物理载体组成的电子资源进行了规定,而没有对多个尺寸不同的不同物理载体组成的电子资源的著录加以说明。

RDA 对于记录多个载体类型组成的资源的载体尺寸时，采用 RDA3. 1. 4. 2，即记录每一个载体类型、数量和其他特征，如需要详细描述每一载体，除载体类型（RDA3. 3）和数量（RDA3. 4）外，分别记录每一载体或载体类型的其他特征（RDA3. 5—3. 19）。

4. 附件

《规则》13. 5. 4. 1 规定附件是与主体分离并与其结合使用的附加材料，著录于尺寸之后，也可著录在附注项。

RDA 没有对附件的描述作出规定，根据美国国会图书馆的规定（LCPS3. 1. 4），RDA 对于由多种载体类型组成的资源，将一种载体类型作为主要组成部分，其他的作为附件，著录方法与主要载体类型的方法同（RDA3. 1. 4），即取用 RDA3. 3. 1. 3 中的载体类型术语，并记录其数量与其他特征。当附件不入载体形态项时，如认为重要，可为附件的数量（RDA3. 22. 2）和附件内容（RDA7. 16）做附注（LCPS3. 1. 4）。

三、附注项

RDA 有若干附注条款，如 2. 20（载体表现或单件的附注）、3. 22（载体表现或单件附注）、5. 9（编目员附注）、7. 29（内容表达附注）、8. 13（编目员附注）、18. 6（与资源相关的个人、家族、团体附注）、24. 8（编目员附注）、29. 7（编目员附注）。除此之外，其他条款并没有说是做附注。但由于目前 MARC 的字段、子字段没有 RDA 元素、子元素那么细，导致某些元素、子元素只能入 MARC 的附注。以下通过 RDA 的附注条款或 RDA 附录 D. 2. 1（MARC21 书目到 RDA 映射表）中 MARC 附注项内容与《规则》中附注内容的比较来阐述两者的异同。

1. 正题名来源附注

《规则》13. 7. 1. 1 规定本项目对电子资源著录为必备内容，即任何情况下正题名的出处都应著录。

RDA2. 20. 2. 3 题名来源规定，如果正题名不是来自于题名页、题名活页、题名卡（对多页资源），或者题名帧、题名屏（对移动图像），则为正题名来源做一附注；如果对识别或检索重要的话，也可为并列题名、可变题名、早期的正题名及后期的正题名做一附注（RDA2. 20. 2. 3）。RDA 没有明确将电子资源题名附注著录规定为必备内容，但由于大多数电子资源的正题名来源并不符合上述情况，故一般都需要做题名来源附注。

ISBD 统一版中规定对电子资源，正题名的信息源在任何情况下都要著录（ISBD7. 1. 1. 1）。

《规则》和 ISBD 统一版对于电子资源正题名的来源附注是非常强调的。由于电子资源的情况比较复杂，可以考虑采用《规则》和 ISBD 对于电子资源正题名来源附注的规定。或者说在 RDA 中给数字资源设置一个“例外”，即要求均做题名来源附注。

2. 资源性质、范围、形式或目的的附注

《规则》13. 7. 1. 3 规定对电子资源的性质、范围、艺术形式或目的加以附注。

RDA 也有类似规定，即记录下主要资源的专门特征即资源内容的性质（RDA7. 2）。

3. 版本与书目沿革附注

《规则》13. 7. 1. 4 规定本附注著录版本项的出处，还包括远程存取电子资源频繁的内容修改的说明、资源和其他资源的关系和其他版本（包括重版）的细节说明以及数据内容涵盖的日期、数据收集的日期、补充文件和附件的日期等。

RDA2. 20. 4 版本项附注也规定，为著录版本项的出处做一附注，为与版本有关的其他信息、版本的改变等做附注。

4. 资源类型与数量项及其他资源特征的附注

《规则》13. 7. 1. 5 要求对资源类型和数量的附加信息和其他资源特征在附注项中加以说明。

RDA3. 19. 2 记录文件类型中指出，如果易确定且对识别或选择重要，使用 RDA 列表中的一个或多个术语或用尽可能简洁的术语来记录文件类型及文件类型细节。

5. 系统要求的附注

（1）系统要求

《规则》13. 7. 1. 7 对所有本地存取的电子资源，必须在附注中说明使用时的系统要求，并在其前冠以"系统要求："。包括"技术说明：操作系统名称：软件要求"；外部设备；硬件附件。

RDA3. 20. 1. 3 记录设备或系统需求中规定，对载体类型或文件类型而言，记录超出其正常或显见范围的设备或系统需求（如设备或硬件的型号、操作系统、内存量，或者对播放、查看或运行资源所需的插件或外设）。另有交替做法：记录资源上呈现的设备或系统需求。

ISBD7. 0. 4 与《规则》13. 7. 1. 7 大致相同，即在适当情况下对所有直接存取的电子资源应记录关于资源使用时的系统要求附注作为第一附注。这些要求可以包括一个或多个技术规格，通常按一定顺序，前置"System requirements："（系统要求：）。

《规则》、ISBD 和 RDA 都要求记录系统要求，前两者还要求冠以"系统要求："导语。由于"系统要求"是 RDA 的一个元素，因而在记录其内容时无需使用"system requirement"这样的说明语。

（2）数字文件特征细节

在 JSC 发布的 RDA 全记录例子中，数字文件特征中的编码格式（细节）、分辨率、区域限制（地区代码）和编码比特率（原称"传输速度"）归入系统要求附注，这是因为当时还未启用 MARC21 格式为这些元素新增的专指字段 347 数字文件特征。

6. 访问方式附注

《规则》13. 7. 1. 8 规定对所有远程访问的电子资源，必须在附注中说明其访问方法，前冠"访问方式："。ISBD7. 0. 5 也有与《规则》13. 7. 1. 8 同样的规定，即对于所有远程访问的电子资源，应著录与访问模式相关的附注，访问模式应作为第一个附注，除非系统要求附注已经存在（ISBD7. 0. 4），它前置"Mode of access："（访问模式）。

而 URL 在 RDA 中是载体表现的一个属性（元素）（RDA4. 6），不需要另外附加说明语，因此在 RDA 中没有远程访问电子资源的附注（RDA Appendix D. 2. 1）。

7. 载体形态附注

《规则》13. 7. 1. 9 著录载体形态的补充说明、特殊物理特征的说明，以及远程存取资源的声音或颜色方面的补充说明。如物理载体变化，获得附加介质、不同机器或系统版本，资料的记录特点，资料容器，某种资料不同类别部分之间，补充附件，远程存取资源发行的资料。

RDA3.22 载体表现或单件附注，指提供与载体表现或单件属性有关的附加信息的注释，及提供未作为数量元素部分正常记录的、载体表现数量信息和特定单件数量信息的附注。此外还包括载体表现和单件的数量细节附注、载体表现和单件的尺寸附注及尺寸变化附注、载体特征变化附注等。如在载体形态项中未注明，则在附注项中为插图的内容或内容细节做附注，使用列表中术语（RDA7.15 插图，RDA Appendix D.2.1）；为未在载体形态项中著录的颜色或颜色细节做一般性附注，使用合适的术语（RDA7.17 色彩，RDA Appendix D.2.1）。

8. 联机资源浏览日期

《规则》13.7.1.11 远程资源著录信息源附注，规定注明著录所依据的版本或发表日期。

RDA 规定为标识资源的浏览日期做附注（RDA2.20.13.5）。

ISBD7.9 中也规定形成远程访问电子资源著录基础的期或更新应著录在附注中，同时还要著录浏览资源的日期。

9. 其他附注

RDA 引入了数据资源的“代”的概念，即指数字资源原始载体与其复制载体之间的关系。记录数字资源的代，在 MARC21 中采用 340 字段新增的 j 子字段，而代的细节则在附注中记录。《规则》未涉及这个方面。

四、其他：联机会议

对于会议资源，著录会议召开的届次、日期和地点。如果会议是在线召开的，RDA 规定将“联机”（Online）作为会议召开的地点（RDA11.3.2.3 与团体有关的地点）。《规则》中无此规定。

五、小结

通过分类对照发现，《规则》与 RDA 在电子资源的著录上存在一定的差异。

（1）《规则》对**本地存取**的电子资源的描述较多，在附录样例中还包括多个也可以通过计算机播放的影像资料（CD、VCD 和 DVD），而对**远程访问**的网站、数据库的著录规定较少。RDA 则比较详细地规定了各类电子资源的著录规则。《规则》对描述日益增长的各类电子资源的适应性不够。

（2）《规则》13.3.1 中**资源类型与数量项**大致对应于 RDA3.19.2.3 中的文件类型与文件大小，但又有所不同。这种差异在于《规则》中资源类型是将资源的内容类型和文件类型都包含在其内，这造成了两者在术语列表上差异较大（见本节附表 2）。而 RDA 中将资源的内容类型和文件类型分列开来著录，使著录更具灵活性。

（3）RDA 对**数字资源的细节**有较多揭示。如载体形态中的编码格式（RDA3.19.3），系统细节中的声音特征、视频特征、图像解析度、地区代码、编码比特率（原称“传输速度”）等（RDA3.19 数字文件特征），数字资源的代（RDA3.10.3）等。而《规则》没有相关规定。

（4）在电子资源的**正题名来源附注**中，《规则》13.7.1.1 和 ISBD7.1.1.1 都强调要著录其出处,而 RDA 虽然在条款上没有直接说明,但实际结果是相似的。可以考虑要求在 RDA 的附注中明确著录电子资源正题名的出处。

(5)对于**系统要求**,《规则》13. 7. 1. 7 和 ISBD7. 0. 4 都将系统要求的附注作为必备项,而 RDA 无此要求。从电子资源所需系统和设备的重要性来看,应该考虑必须著录这一附注;但从实际情况来看,如果资源本身或其他来源没有提供相关信息,编目时是否需要花时间考证,也是值得考虑的。

(6)对于**统一资源定位(URL)**,《规则》13. 7. 1. 8 和 ISBD7. 0. 5 对所有远程访问的电子资源,必须在附注中说明其访问方法,前冠"访问方式:"。在 RDA 中,远程访问电子资源的访问方式被视为资源的一种标识符,不属于附注(RDA4. 6 统一资源定位),也可以说是更精确的描述。

通过上述《规则》与 RDA 的对照,可见总体上 RDA 关于数字资源著录的条款更多,规定更具体,内容更丰富,体现了 RDA 不仅适用于传统文献类型著录,更能适用于电子资源这一新兴的文献类型著录的特点。对于电子资源编目,不存在中国文献特有现象或中国用户特别的使用习惯,修订《规则》与 RDA 兼容,或直接采用 RDA,对电子资源而言不存在障碍。

附 1　一般资料标识与内容/媒介类型

1.《规则》中电子资源的一般文献类型标识

《规则》13. 1. 2. 1 对电子资源推荐使用"电子资源"为一般文献类型标识(即一般资料标识,GMD)。

2. RDA 的电子资源内容类型与媒介类型

RDA 放弃一般资源标识(GMD)概念,改用"内容类型"和"媒介类型"等。对于电子资源,适用的内容类型有(RDA6. 9):

计算机程序(computer program)
计算机数据集(computer dataset)
地图数据集(cartographic dataset)

适用的"媒介类型"为(RDA3. 2):

"计算机"(computer)

可见《规则》的一般文献类型标识"电子资源"对应的是 RDA 的媒介类型"计算机"。

3. ISBD 统一版电子资源的内容形式

ISBD 统一版(2011)放弃了 GMD,改用 ISBD0"内容形式和媒介类型"。基本形式为"内容形式(内容限定):媒介类型"。

电子资源的媒介类型为"电子"。对应 RDA 的 3 种内容类型分别表示如下:

数据集:电子
程序:电子
数据集(地图型):电子

4. 可重复性

《规则》13. 1. 2. 2 规定当在编电子资源由资源主体和其他资源类型的附属部分(如一电

子资源附有一印刷手册)组成时,一般文献类型标识仅表示该主要组成部分的类别。也就是说,均采用“电子资源”。

RDA 在记录媒介类型时,使用表 3.1 所列的一个或多个术语(RDA3.2.1.3)。同时有交替做法:如果资源由多个媒介类型组成,只记录资源主要部分所用媒介类型(如果有主要部分)或者资源大部分实质性部分(包括主要部分)所用的媒介类型。

可见 RDA 要求尽可能多地著录资源各个部分的媒介类型。但 RDA 也提供了与《规则》相同的交替做法,即著录资源主要部分的媒介类型。

《规则》样例部分,在电子资源中有 3 个应当作为影像资料(样例 2 的 VCD、样例 8 的 CD 和样例 10 的 DVD),在 RDA 中可以通过重复媒介类型同时作为视频和计算机。

5. 小结

《规则》的一般文献类型标识“电子资源”,对应的是 RDA 的媒介类型“计算机”,相应的 ISBD 媒介类型则称为“电子”。

对于 RDA 采用“计算机”这一术语目前存有争议,因为现在越来越多的电子资源并不一定通过计算机访问,手机、电子书阅读器等手持设备成为使用电子资源的重要媒介。

附 2 资源类型标识与文件类型

1. 资源类型标识

根据《规则》第十三章附表 1:资源类型标识(如果著录了一般文献类型标识,可以省略“电子”一词)。

电子数据	电子程序	电子数据和程序
电子字形数据	电子应用程序	电子交互式多媒体
电子图像数据	电子计算机辅助设计程序	电子联机服务
电子数字数据	电子数据库程序	
电子人口调查数据	电子桌面排版程序	
电子测量数据	电子游戏	
电子地图数据	电子表格程序	
电子音频数据	电子字处理程序	
电子文本数据	电子系统程序	
电子书目数据库	电子操作系统程序	
电子数值数据	电子程序语言程序	
电子文献数据	电子检索程序	
电子杂志	电子实用程序	
电子新闻通讯		

2. 文件类型

根据 RDA3.19.2.3 记录文件类型:

audio file 音频文件
data file 数据文件
image file 图像文件
program file 程序文件
text file 文本文件
video file 视频文件

附 3　特定文献类型标识与载体类型

《中国文献编目规则》第十三章附表 2	RDA3. 3. 1. 3 记录载体类型
特定文献类型标识	计算机载体
	computer card(计算机卡)
电子芯片	computer chip cartridge(盒式计算机芯片)
电子磁盘 电子光盘	computer disc(计算机盘)
	computer disc cartridge(盒式计算机盘)
电子盒式磁带	computer tape cartridge(盒式计算机磁带)
电子磁带卷	computer tape cassette(卡式计算机磁带)
	computer tape reel(开盘计算机磁带)
	online resource(联机资源)
	other computer carrier(其他计算机载体)

附 4　RDA 与《规则》电子资源条款对照

RDA 电子资源条款	中国文献编目规则	说明
第 1 部分:记录载体表现和单件的属性		
2 识别载体表现和单件		
2. 1. 2. 4 集成资源综合描述	13. 0. 5 著录信息源	网站属于集成资源
2. 3. 2. 1 正题名范围	—	文件名、数据集名不属于题名
2. 20. 2. 3 题名来源附注	13. 7. 1. 1 正题名来源附注	电子资源多需做题名来源附注
2. 20. 13. 4 用作识别集成资源基础的整体(iteration)	13. 7. 1. 11 远程资源著录信息源附注	
2. 20. 13. 5 浏览联机资源日期	13. 7. 1. 11 远程资源著录信息源附注	
3 描述载体		

续表

RDA 电子资源条款	中国文献编目规则	说明
3.1.5 联机资源	—	载体类型、数量、其他特征
3.2.1.3 记录媒介类型	13.1.2 一般文献类型标识	计算机 vs 电子资源
3.3.1.3 记录载体类型	—	
3.4.1 记录数量	13.5.1 数量及特定文献类型标识	
3.4.1.7.1 计算机盘、盒带等(子单元)	—	
3.4.1.7.5 联机资源(子单元)	—	
3.5.1 记录尺寸	13.5.3 尺寸	
3.5.1.4.2 盒带	13.5.3.2 软盘光盘磁带的尺寸	
3.5.1.4.3 卡带	13.5.3.2 软盘光盘磁带的尺寸	
3.5.1.4.4 盘	13.5.3.2 软盘光盘磁带的尺寸	
3.5.1.4.9 开盘带	13.5.3.2 软盘光盘磁带的尺寸	
3.5.1.5 容器尺寸	13.5.3.3 盒装电子资源的尺寸	
3.5.1.6 多个载体组成的资源	13.5.3.4 多个不同尺寸的同种物理载体	
3.10.3 数字资源的代	—	
3.19 数字文件特征	13.7.1.5 资源类型与数量项及其他资源特征的附注	
3.19.2 文件类型	13.3.1 资源类型	
3.19.3 编码格式	—	
3.19.4 文件大小	13.3.2 资源数量	
3.19.5 分辨率	—	
3.19.7 编码比特率(原名:传输速度)	—	
3.19.8 地图内容的数字表达	—	
3.20 设备或系统需求	13.7.1.7 系统要求的附注	
3.22 载体表现或单件附注	13.7.1.9 载体形态附注	
4 提供采访和获取信息		
4.6 统一资源定位(URL)	13.7.1.8 访问方式附注	
6 识别作品和内容表达		
6.9.1.3 记录内容类型	—	
6.27.1.9 作品附加检索点	—	对相同或相似作品题名附加限定语
7 描述内容		

续表

RDA 电子资源条款	中国文献编目规则	说明
7.2 内容的性质	13.7.1.3 资源性质、范围、艺术形式或目的附注	
7.17 色彩内容	13.5.2.3 颜色	“彩色”
7.18 声音内容	13.5.2.2 声音	“有声”
7.20.2.3.2 为不在目前整体(iteration)中呈现的内容特征作附注	—	
7.22.1.3 播放时间、运行时间等	—	
7.25.1.3 记录比例尺	—	
7.29.2.3.2 集成资源内容特征变化附注	—	
第6部分:记录个人、家族、团体的关系		
11.3.2.3 记录会议地点(例外)	—	联机会议地点“联机”
11.13.1.8 会议届次、日期和地点(例外)	—	联机会议地点“联机”
附录J:关系指示词:作品、内容表达、载体表现和单件间关系		
J.4.2 等同载体表现关系	—	镜像站 mirror site

第四章　中文检索点特点

本章通过对《中国文献编目规则》(第2版)(以下简称《规则》)和《资源描述与检索》(RDA)相应规定的比较分析,总结中文检索点的特点。

第一节　检索点比较说明

《规则》的检索点规则"以中文文献特征及中国公众检索习惯为主要依据,参照国际图联《规范记录和参照指南》(GARR),并适当参考《英美编目条例,第二版》(AACR2)第二部分及国际编目界的惯用规则而制定"(《规则》21.6)。

《规则》中"标目"与"检索点"常互用,本部分基本沿用。比较包括《规则》所列的所有三种检索点(标目),即个人名称、团体会议名称和题名三种。

检索点比较的主要目的是找出《规则》与RDA的不同之处,故基本上以《规则》为基点对比相应的RDA规定。对于RDA做出规定而《规则》没有的,一般不提及。在必要的情况下,也会引入国际图联的《国际编目原则声明》(ICP)条款做对照,以增加对《规则》及RDA条款的理解。

由于RDA意在作为纯粹的内容标准,不涉及显示方式,故通常不规定各元素之间所用的分隔符号及显示顺序,这点是与基于ISBD和AACR的《规则》完全不同的。对《规则》在分隔或标点符号及显示顺序方面的规定,一般不作为比较的内容。

第二节　个人名称规范检索点比较分析

个人名称标目在《规则》第二十二章"个人名称标目"中阐述;RDA则主要集中在第9章"识别个人"中加以规定。

本节分析意在了解《规则》对RDA的适应性,将《规则》与RDA条款中关于个人名称标目(检索点)相关之处加以比较分析,以了解《规则》与RDA的适应性。

一、个人名称选取的信息源

《规则》22.1.1.1规定:个人名称检索点选择的信息源为文献的主要信息源,同时可参考文献中或文献外的其他信息源,以及书目记录中的题名与责任说明项、版本项、丛编项及辅助项等。

RDA9.2.2.2规定:按以下来源优先顺序选择个人首选名称:a)与个人有关的资源的首选信息源;b)出现在与个人有关资源上的其他正式表述;c)其他来源(包括参考源)。

个人名称检索点选取的信息源,《规则》与RDA基本一致,首先依据文献(资源)的主要/首选信息源,再参考其他来源。

二、个人名称检索点选取的数量

《规则》22. 1. 1. 3 对个人名称检索点选取的数量,视著作的各类责任方式不同分别确定。RDA 对个人名称检索点的数量没有规定。

三、个人名称标目形式的确定

1. 个人名称标目的组成

《规则》22. 2. 1. 1 规定:个人名称标目由标目主要成分及附加成分组成。

RDA9. 19. 1. 1 构成个人规范检索点的一般准则规定:个人首选名称是检索点的基础,如有需要,按 9. 19. 1. 2—9. 19. 1. 6 的顺序附加不同的成分。

虽然《规则》和 RDA 对于个人名称标目的核心部分表述不尽相同,前者称为"主要成分",后者称为"个人首选名称",但是实质内容是一致的。《规则》22. 2. 2 规定:普通汉语个人名称标目的主要成分包括规范姓名、字、号、别名、笔名、艺名、网名等形式。RDA9. 2. 2. 3 选择首选名称中指出:首选名称包括真实姓名,笔名,贵族头衔,昵称,姓名缩写,或其他称谓。因此,个人名称标目的组成,《规则》和 RDA 的规定是相同的。

2. 个人规范名称的数量

《规则》22. 2. 1. 3 确立个人名称标目的原则中,对规范名称的数量做出了规定:a. 一个人一般只能有一个规范的标目名称;d. 个别著者在不同历史时期或不同领域以不同名称题署文献,都很知名,按照严格控制的原则,可酌情分别建立标目,并做相关参照。

RDA9. 2. 2. 8 规定:如果个人有多个身份,选择与每个身份相应的名称作为首选名称。换言之,没有强调"一个人一般只能有一个"。

3. 个人规范名称确立的依据

《规则》22. 2. 1. 2 个人名称标目的确立依据:一般应选择规范文档中的标目形式,无规范文档中的标目形式则依据文献主要信息源或其他信息源提供的个人名称形式或个人名称的相关信息确立标目形式。其他信息源指文献主要信息源以外的其他部分或权威工具书和相关参考资料。

RDA9. 2. 2. 3 规定,选择个人最众所周知的名称作为首选名称。RDA9. 2. 2. 4 记录首选名称规定,如个人名称由几个部分所构成,选择其本人语言或者定居或活动所在国的权威姓名字顺表中该个人名称通常用于排检的部分,作为名称的第一个元素。"例外"规定:如果已知个人偏爱的名称形式不同于通常的用法,选择其偏爱的形式作为第一个元素。

《规则》中提及的"规范文档"和 RDA 所称的"权威姓名字顺表",实质意义是一样的。

4. 个人规范名称形式的确定

《规则》22. 2. 1. 3 确立个人名称标目规定:b. 如一个人具有多个名称,应选择其中最为人熟知的名称形式。c. 如一个人具有多个名称,无法确定何者最为人熟知,可依据以下先后顺序选择:(a)在本人著作中最常见的名称;(b)参考工具书中最常见的名称;(c)本人最近使用的名称。

RDA9.2.2.6 同一个人不同的名称，规定选择个人显然最知名的，否则，按照以下顺序选择：a 资源中出现最频繁的；b 参考信息源中出现最频繁的；c 最新使用的名称。

个人规范名称形式的确定，《规则》与 RDA 是完全一致的。

5. 个人规范名称的语言

从《规则》22.2.2 个人名称标目的主要成分的表述中，可以判断个人规范名称均需用“汉语”表达。

RDA9.2.2.5.2 语种，规定如果个人的名称以不同的语种形式出现在与个人相关的资源中，选择大多数资源的语种形式。另有交替做法：编目机构广为接受的语种和文字形式。如果名称没有出现在资源中或者有疑问，选择该个人定居或活动的国家的参考源中最常见的形式。有两个例外：a. 如参考源中和/或与个人相关的资源中，个人名称有希腊文或拉丁文形式和该个人本国语言的形式，选择参考源中最常见的名称形式，如果有疑问，活跃期，或者大部分活跃期在1400 年前的，个人名称选择希腊或拉丁形式。1400 年后的，选择本国或采用的语言形式。b. 如果首选名称的第一要素由名字和/或与个人相关的一个词或词组构成，选择参考源中确立的形式。选择编目机构首选的语种形式。如果有疑问，选择个人本国或者采用的语言，或者拉丁形式。

RDA9.2.2.5.3 非首选文字书写的名称，规定个人名称的文字不用于编目机构的文字，则使用编目机构的音译名称；多个非首选文字形式，选择原始语言大多数作品出现的形式作为音译名称。与个人相关的资源中只有音译形式的，选择该音译形式，如有多个音译形式，选择出现最频繁的。另有交替处理方式：选择编目机构参考源中确立的形式，如有多个，选择出现最频繁的。

RDA 条款中“交替”的做法和使用编目机构的音译名称，恰好可以对应《规则》只使用“汉语”的规定。

四、个人名称标目的附加成分

1. 附加目的

《规则》22.2.3 个人名称标目的附加成分，规定用于修饰和区分标目的主要成分，包括生卒年、朝代、国别、民族、性别、外国人姓名原文、学科、职业、称号、籍贯、所属单位及其他编目员推断信息等。

RDA9.19.1.1 指出，如果适用，可以在名称中按顺序附加 9.19.1.2—9.19.1.7 中所列元素，即：①头衔或其他标识；②生卒年；③名称完整形式；④个人活动时期和/或专业或职业；⑤其他等级、荣誉、官职；⑥其他标识。这些附加用于需要区分不同个人使用相同名称时。另有“可选附加”：在不需要区分时也可附加上述元素。

RDA 的“可选附加”规定，与《规则》“用于修饰”的含义接近。

在附加的目的上，《规则》和 RDA 表述不尽相同，但表达的意思是一致的，主要是为了区分个人名称，其目的都是为了识别个人名称。

2. 附加成分种类

(1)《规则》与 RDA 一致的附加成分

A. 生卒年

《规则》22. 2. 3. 1 规定：生卒年信息是个人名称标目的首选附加成分。

RDA9. 19. 1. 3 规定：如果需要区分另外一个检索点时，可以附加出生日期和/或死亡日期。

B. 学科、职业

《规则》22. 2. 3. 3d 规定：在个人名称标目生卒年信息不详或相同的情况下，为区分个人名称标目，可选择学科、职业等为附加成分。

RDA9. 19. 1. 5 个人活动时期和/或专业或职业，规定当个人生卒日期或者名称的完整形式无法获知时，可以附加一个表示个人所从事的专业或职业的术语。

(2)《规则》与 RDA 有差异的附加成分

A. 朝代

《规则》22. 2. 3. 2，朝代和国别是个人名称标目的常见附加成分。

《规则》22. 2. 3. 2a 对中国古代人物名称，可做朝代附加成分。一般以卒年为准，若不适当或卒年无法确定，可选择生平主要活动所在的朝代。朝代不详，若无法与现代同名人物区分，可在标目主要成分之后注明“朝代不详”。

《规则》22. 2. 3. 2b 对外国责任者名称，可做国别附加成分。

RDA9. 19. 1. 5 个人活动时期和/或专业或职业，规定当个人生卒日期或者名称的完整形式无法获知时，可以附加个人活动时期。

朝代作为附加成分，是中国特色的内容，虽然《规则》中提到“可选择生平主要活动所在的朝代”，似乎与 RDA 的规则很相似，但是从《规则》中的实例“(清)钱谦益(1582—1664)”可以看出，《规则》中朝代和生卒年是并存的，即对于我国古代人物，即使有生卒年，也可同时做朝代附加。而 RDA 附加活动时期的前提是“当个人生卒日期无法获知”。由此可以判断，《规则》的附加成分“朝代”，并不能对应于 RDA 的活动时期。

B. 称号

《规则》22. 2. 3. 3d 规定：在个人名称标目的生卒年信息不详或相同的情况下，为区分个人名称标目，可选择称号等为附加成分。

RDA9. 19. 1. 2 头衔或与个人相关的其他标识，规定应用时可按序附加以下一个或多个元素：

a)王室，或，贵族头衔

b)术语“圣徒”

c)宗教等级的头衔

d)术语“圣灵”

e)由一个短语或称谓组成的个人名称，不足以覆盖其思想时，附加个人的专业或职业。

《规则》中虽然没有列出可以附加的具体称号，但是从实例中可以看出，术语“副教授”“终生院士”等才是《规则》规定的称号，这与 RDA 所列元素完全不同。

C. 名称完整形式

《规则》22. 2. 3. 3c 规定：外国人中译名称标目，若姓名原文可以获得，应作为附加成分。

RDA9. 19. 1. 4 规定：如果需要区分另外一个检索点，并且个人生卒日期无法获取时，可以附加个人名称的完整形式。

《规则》中的完整形式是外国人姓名的原文形式，而RDA中的完整形式主要针对首选名称选择首字母或者缩略语形式，或者名称的某个部分不包含在首选名称中。两者并不完全相同。

(3)《规则》提及，RDA未提及的附加成分

A.《规则》22.2.3.3a：对我国少数民族人物名称，可视情况附加**民族信息**。

B.《规则》22.2.3.3b：女性个人名称标目，可选择**性别**为附加成分。

C.《规则》22.2.3.3d：除了学科、职业、称号外，还可选择**籍贯**、**所属单位**及编目员推断信息等为附加成分。

D.《规则》22.2.3.4：个人名称中的某些**称谓**若已经成为个人名称的固定组成部分，可不作为附加成分对待，而作为标目主要成分的组成部分。如：

(法)居里夫人(女，Curie，Marie 1867.11－1934)

以上A.、B.、C.或可对应RDA9.19.1.7其他标识，其中有以所属单位、民族为附加成分的样例。

(4)RDA不作为检索点附加成分的元素

RDA用于识别个人的元素，除了上述4.1中所述六类可用于构建个人检索点(即作为个人名称标目的附加成分)外，还有其他一些，其中部分可对应于《规则》的上述附加成分。只是这些元素并不作为检索点的附加成分，只用于比如个人名称的规范记录。

A. **性别**(RDA9.7)，取值包括男性、女性、未知，以及双性、变性等特殊类别，范围比《规则》的性别只取“女”宽。

B. **出生地**(RDA9.8)、去世地(RDA9.9)、居住地(RDA9.11)、个人地址(RDA9.12)，与《规则》的“籍贯”类似但不相同。

C. **与个人有关的国家**(RDA9.10)，可以对应《规则》22.2.3.2b外国责任者名称的国别。

D. **附属单位**(RDA9.13)，与《规则》的“所属单位”相同。

E. **个人所用语言**(RDA9.14)。

F. **活动领域**(RDA9.15)，与专业或职业(RDA9.16)接近。

G. **传记信息**(RDA9.17)。

H. **个人标识号**(RDA9.18)。

3. 选择附加成分的顺序

RDA9.19.1.1明确指出，“9.19.1.2—9.19.1.7，按顺序附加”，即在需要区分时，按个人头衔或其他标识、生卒年、名称完整形式、活动时期和/或专业或职业、其他标识的顺序，逐渐附加相应元素。

《规则》没有要求在需要区分时才附加，也没有对附加元素的选择顺序给出明确的规定，但是22.2.3.1a规定“生卒年信息是个人名称标目的首选附加成分”，22.2.3.2规定“朝代、国别是个人名称标目的常见附加成分”，可以认为应当首先选择以出生卒年作为附加成分，而中国古代人物的朝代、外国责任者的国别，也是重要的附加成分。

另外，《规则》22.2.3.1b规定了附加成分的表示顺序：“生卒年信息应置于个人名称标

目的最后一部分”。而 RDA 不规定显示顺序，因而对附加成分（元素）无相应规定。

五、各种类型个人名称标目

1. 普通个人名称

（1）《规则》22. 2. 4. 1 针对普通汉语个人名称的规定

a. 普通汉语个人名称未见别称，采用所见者为标目，一般标目形式为：个人名称（生年－卒年）

b. 普通汉语个人名称，除少数以名著称者外，均应采用其正式姓名为标目，先姓后名，直序描述。

c. 个人行世字、名等别名较本名著称，可选择作为标目。

d. 个人名称发生变更，一般选择最新的个人名称为标目，但原姓名较为著称，应继续沿用原姓名。

e. 已婚妇女姓名前冠有夫姓，一般选择原姓名为标目；但冠夫姓名称较为著称者，亦可选择为标目。

（2）RDA 相关条款

RDA9. 2. 2. 9 对于单姓名称的规定，姓作为第一个要素。如果姓不是名称的第一个部分，则将其移至第一部分，在其后加逗号。如果姓是名称的第一个部分，则在其后加逗号。如果名称只有姓，则单独记录这个姓。

RDA9. 2. 2. 18 针对不含姓氏和贵族头衔的名称的规定，以个人在参考源中用以排列的名称部分作为第一要素。如有疑问，以名称最后一个部分作为第一要素。在与个人相关的资源或者参考源中，通常与名字相关联的任何表示原地名、住处、职业，或其他性质的词或短语，均可作为名称的组成部分。这些词或短语前置一个逗号。

RDA9. 2. 2. 7 针对改名的规定，个人如有改名，选择最近的名称或名称形式。例外：如果有理由相信先前的名称更有名，选择先前的名称作为首选名称。

RDA9. 2. 2. 9. 4 如果已婚人士仅以配偶名称识别，加上称谓作为名称的组成部分，这个称谓作为名称的最后的元素。包括附加在已婚妇女名称中的后缀。

（3）比较分析

相同之处：《规则》和 RDA 均采用先姓后名的方式作为检索点的构成形式，对于名称变更（改名）的处理方式一致。

不同之处：《规则》对于已婚妇女名称处理提供两种方式：原姓名标目或者冠夫姓标目。RDA 只针对仅以配偶名称识别的个人名称加以规定，在配偶名称后置称谓，而没有对不以配偶名称识别的个人如何确定标目加以规定。

未提及部分：《规则》提及的可以个人行世的字、名等作为标目的规定，RDA 没有相应条款提及。RDA 中对于不含姓氏名称的规定比较详尽，而《规则》仅在 22. 2. 4. 1b 中一笔带过，“除少数以名著称者外，均应采用其正式姓名为标目”。

2. 笔名、艺名、网名

（1）《规则》22. 2. 4. 2 规定：

a. 一个责任者的笔名、艺名、网名比本名更为人熟知，应选为标目。

b. 一个责任者存在多个笔名(艺名或网名),应选择最著称者为标目。

c. 一个责任者名称是多人的合作笔名或联合笔名,应为该合作笔名或联合署名以及每个人的个人名称分别做规范标目,并建立相关参照。

(2)RDA 相关条款

RDA9. 2. 2. 8 针对具有多个身份的个人名称规定,如果个人有多个身份,选择与每个身份关联的名称作为首选名称。如果个人使用一个或多个笔名(包括联合笔名),或在一个或多个笔名外也使用真名,认为其有多个身份。例外:如果个人只有唯一的笔名,并且不使用真实名称作为创作者或者贡献者,选择笔名作为首选名称。真实名称作为变异名称。

(3)比较分析

关于笔名的规定,《规则》对于有多个笔名的个人,选择最著称的作为标目,并且《规则》22. 2. 1. 3d. 规定“个别著者在不同历史时期或不同领域以不同名称题署文献,都很知名,按照严格控制的原则,可酌情分别建立标目,并做相关参照”。RDA 则规定选择与每个身份相关联的名称,意即无论是否著称,个人如果在不同领域使用不同的笔名,则需要选择相对应的笔名作为标目。两者的区别在于《规则》强调“严格控制的原则,可酌情分别建立标目”,而 RDA 则是只要有多个身份,就需要建立相应的规范名称。

3. 涉及音译的个人名称

(1)中国少数民族的个人名称

《规则》22. 2. 4. 3 规定:

a. 只有汉化姓名,取汉化姓名为标目形式。除非对识别个人重要,民族附加信息可省略。

b. 只有母语姓名或罗马字母音译姓名,按“名从主人,约定俗成”原则,依《少数民族姓名汉字音译转写规范》翻译为汉字音译姓名,作为规范的标目形式。

c. 有汉字音译姓名,则:

(a)少数民族个人名称只有唯一的汉字音译姓名,直接取为标目。

(b)少数民族个人名称有多种汉字音译姓名,或既有汉译全称又有汉译简称(如名的部分),取其中最常见或惯用者为标目。

d. 少数民族个人名称同时存在汉字音译姓名和汉化姓名(双名制),一般取汉字音译姓名为标目,汉化姓名更为知名,也可以选为标目。

(2)外国人中译名称

《规则》22. 2. 4. 6 规定,外国人中译名称应选取著作上出现的中译姓氏、中译姓名或者惯用名称为标目主要成分:

a. 西方语言国家、东方印欧语系国家、南岛语系部分国家及匈牙利个人名称,处理规则一般取中译姓氏为标目的主要成分,中译名中的其他成分可以省略,如果中译姓名(结构一般为先名后姓)较中译姓氏更为知名,可取中译姓名为标目的主要成分。

b. 东方语言国家的个人名称,原则上取完整的中译姓名(先姓后名)为标目的主要成分。

c. 根据中译姓名及外文原名信息,无法确定姓名结构和成分(含笔名形式),其标目可按著作中最常见的形式描述。

d. 著作只题有姓名原文，而无中译名称，应根据《世界人名翻译大辞典》等权威工具书译出其姓或名称，作为标目主要成分。

e. 同一外国责任者存在多种中译名称，应选择其中最常见或最新的中译名称为标目。

f. 外国责任者原名变更，应以最新或最知名的中译名称为标目。

g. 外国责任者有汉化姓名或中文本名（如海外华侨、华裔），取汉化姓名或中文本名为标目主要成分，其外文姓名可作为附加成分。

h. 外国责任者有惯用中译名称，以惯用名称为标目。

（3）RDA 相关条款

RDA9. 2. 2. 5. 2 规定对于个人名称在资源中有不同语种形式时，选择大多数资源中语言的形式。同时有交替方式：选择编目机构广为接受的语种和文字形式。交替方式与《规则》选择中文名称的规定一致。

RDA9. 2. 2. 5. 3 非首选文字书写的名称，规定如果个人名称的文字非编目机构首选文字，使用编目机构的音译名称。如果有多个非首选文字的名称，根据大多数作品的原始语言进行音译。与个人相关的资源中只有音译形式的，选择该音译形式，如有多个音译形式，选择出现最频繁的。另有交替方式：选择编目机构的参考源中确立的形式，如有多个，选择出现最频繁的。

（4）比较分析

《规则》中关于中国少数民族和外国人中译名称的规则，实质上是对个人名称音译的规定，RDA 的条款虽然不能与《规则》一一对应，但是在个人名称语种和非首选文字形式的选择方面，提供了原则层面的规则。两者在个人名称选取原则上基本一致，选择编目机构广为接受的语种和文字形式，即使用编目机构的音译名称。

具体细则方面，因为中国少数民族涉及本国特色，可以理解 RDA 无法专门针对这一特定名称制定更细的规则，在大原则一致的前提下，可以在本地实施细则中规定。

对于同一外国责任者存在多种中译名称的，《规则》规定选择最常见或最新的，“最新的”规定未见于 RDA。实际操作中，是在常见名称中选择最新的那个，因而并不与 RDA 冲突，如“斯大林”，民国时期旧译名为“史太林”或者“史达林”，而现在最新的常见名称为“斯大林”，为规范的名称标目。

4. 中国古代帝王的名称

中国古代帝王名称是更具有中国特色的特定名称，《规则》22. 2. 4. 5 以中国不同的历史时期划分，规定帝王名称的选取规则，除本名外，还包括帝号、谥号、尊号、庙号、年号等。

RDA9. 2. 2. 20 规定如果皇室个人知名的名称中包括一个王室名称、朝代、领土标识等，或一个姓氏，则直序标目。RDA9. 4. 1. 4. 1 对于国家或民族中有最高王位的个人名称附加的规定，记录个人头衔和国家或民族名称。

两者的表述虽然不尽相同，更无法对应，但是 RDA9. 2. 2. 20 提供的例子之一“Ming Taizu”，对照《规则》22. 2. 4. 5d 规定，“唐以后历代王朝，以帝王庙号为标目”，明太祖朱元璋的规范名称应为“明太祖”，从这个例子上看，《规则》和 RDA 是一致的。

5. 宗教名称

《规则》22. 2. 4. 7 只针对佛道人物名称做出规定，除了本名外，还有法名、法号、道名、道号、尊称等，通常应选取惯用名称为标目。

RDA9.2.2.9.6 规定，“圣”不作为圣徒个人名称的部分，作为名称的附加成分。RDA9.4.1.8 其他宗教人物（除教皇和主教外）名称的附加，规定以名字标目的所有其他宗教人物的个人名称，加本国语言的头衔、称谓等。如果有多个这样的名称，则用最常与该名字连在一起的名词，或认为较重要的名词。如这样的头衔、称谓等已成为名称的组成部分，则作为名称处理。如宗教等级的首字母缩写经常被个人所应用，则也应加上。

与 RDA 完全不同，《规则》22.2.4.7c 规定：用法（道）名号作为名称的标目主要成分一般不需要包含“大师”“法师”“长老”“和尚”“上人”“大士”“喇嘛”“道长”“道士”“真人”等宗教称谓。只有当省略称谓可能引起歧义的时候，可作为标目主要成分的组成部分出现，而 RDA 则是作为名称的附加成分出现。

通过比较，可以认为《规则》和 RDA 在宗教人物个人名称规范上存在较大的差异。

六、小结

通过对照，可以看出，《规则》和 RDA 在个人名称检索点选取的信息源、依据和原则上基本一致。在语种的选择上，《规则》也与 RDA 的交替规定一致。这些基本点的一致，排除了中文编目在个人名称方面采用 RDA 的障碍。

在个人检索点的附加成分方面，《规则》与 RDA 存在一些差异，无法一一对应，但并不存在冲突。《规则》中具有中国特色的一些附加成分，比如朝代、民族，也可以考虑建议 RDA 增加相应元素或扩大现有元素的定义范围。

不过在名称本身的细节上，《规则》与 RDA 在规定上差异较大。这些差异主要表现在两方面：一是中国的特殊个人名称，比如中国少数民族名称、中国古代人物名称、中国古代帝王名称等；二是宗教人物名称，《规则》只针对佛道人物名称做出规定，不同于 RDA 主要针对基督教/天主教人物。这类差异主要由不同国家在称呼习惯上的差异所致，有的可以建议 RDA 做相应修订以增加其通用性，比如与中国古代人物相关的朝代，可对应 RDA 个人活动时期，提供可选方式，即使已记录生卒日期，仍可记录个人活动时期；有的则可列入本国应用政策，比如中国少数民族人物双名制的处理、宗教人物的称谓等，在 RDA 的框架下，做更细致的规定。

第三节　团体名称规范检索点比较分析

团体名称标目在《规则》第二十三章“团体/会议名称标目”中加以阐述；RDA 则主要集中在第 11 章“识别团体”中予以规定。

对照《规则》与 RDA，总体方面也是 RDA 的条款更多更细，规定也很具体。本节分析意在了解《规则》对 RDA 的适应性，将《规则》与 RDA 条款中关于团体名称标目（检索点）相关之处加以比较分析，以了解《规则》对 RDA 的适应性。在必要的情况下，也会引入 AACR2 及 IFLA 的《国际编目原则声明》（以下简称 ICP）的条款做对照，以增加对《规则》及 RDA 条款的理解。

一、团体名称的信息源

关于团体名称规范检索点信息源,《规则》与 RDA 基本一致。

《规则》23. 1. 1. 1 规定:团体/会议名称检索点的信息源为文献的主要信息源,同时可参考文献中或文献外的其他信息源,以及书目记录中的题名与责任说明项、版本项、丛编项及附注项等。

RDA1. 2. 2. 2 规定:按以下来源顺序决定团体的首选名称:a)与团体有关资源中的首选信息源;b)出现在与团体有关资源上的其他正式表述;c)其他来源(包括参考源)。

二、团体/会议名称检索点的选取数量

《规则》23. 1. 1. 3 针对团体/会议名称视不同责任方式有不同的规定。

RDA 对团体名称检索点的数量没有限定。

三、团体名称标目形式的确定

1. 团体名称标目形式的组成

《规则》23. 2. 1. 1 规定:团体名称标目是团体名称检索点的规范形式。团体名称标目由标目主要成分及附加成分组成。

RDA11. 2. 2. 1 及 RDA11. 13. 1. 1 都明确表达了团体的首选名称是团体规范检索点的基础。RDA11. 13. 1. 1 构建团体规范检索点的一般规则中,根据具体情况,可按 11. 13. 1. 2—11. 13. 1. 8 顺序附加不同的成分。

这里可以看出,在团体名称的标目形式上,《规则》与 RDA 的规定是相同的。《规则》将团体名称规范检索点的组成分为主要成分及附加成分:核心部分为主要成分,补充限定的部分为附加成分。RDA 则将核心部分称为首选名称,补充限定的部分为附加成分。两者对核心部分的表述不同,但实质是相同的。

2. 团体名称标目确定的依据及原则

《规则》在 23. 2. 1. 2 团体名称标目确定的依据中规定,团体名称标目一般应依据文献使用的**正式名称**。在文献中若无法获取,可依据其他参考信息源。

《规则》在 23. 2. 1. 3 团体名称标目确定的原则中规定,团体机构同时具有两个及两个以上名称,应选择其中**最著称者**为标目。无法确定,则依以下先后顺序选择:

a. 团体责任者在其出版物中**最常用**的名称;

b. 各种参考信息源中**最常用**的名称;

c. 对同一团体履行不同职能所使用的不同名称,应分别建立规范标目,并做相关参照。

RDA11. 2. 2. 4 则规定,记录出现在与团体有关联的**资源上**的团体名称。团体名称未出现在资源上,或有疑问,记录参考源中**最通常**的形式。

RDA11. 2. 2. 5 关于同一名称不同形式则规定:

若名称的不同形式出现在与团体有关联的资源上,选择出现在首选信息源上的名称作为首选名称……

如不同的名称显示在首选信息源上,选择**正式名称**作为首选名称;

如果没有正式名称,或者所有名称都是正式的,选择**最常见**的形式;

没有最常见的形式,选择**简称**形式,它将区别于其他相同或相似简称团体;

若不同名称不包含区别于多个相同或相似的简称形式,选择参考源或官方形式,按优先次序作为首选名称。

对应的,AACR2 的 24.2B 规定:如名称的不同形式见于该团体出版的文献中,面对文献中各处所见各种形式,采用文献主要信息源所见名称的形式。24.2D 规定:如主要信息源中有不同的名称,采用正式推荐的名称。如没有正式推荐的名称,或者,如果所有名称都是正式推荐的,则采用名称的主要形式。如果没有主要的形式,则用一个简短形式,使该团体能与其他相同或类似的简短形式名称(包括首字母缩写或缩略词)相区别。如不同的形式中没有一个能区别具有相同或类似简短名称的两个或多个团体,则依次采用主要信息源中所见的形式或正式的名称形式。

《国际编目原则声明》(ICP)“6.3.3 规范检索点的选择”的规定:作为实体规范检索点的首选名称应当基于以一贯形式识别该实体的名称,既可以是经常出现在载体表现中的名称,也可以是在参考来源中出现的被目录用户广为接受的名称(即“惯用名称”)。在 6.3.3.1.1 中又进一步规定:名称的不同形式在载体表现和/或参考来源中出现,且形式的改变并非基于同一名称的不同表示(如全称和简称形式),应优先选择 6.3.3.1.1.1 众所周知的(或**“惯用的”**)名称而不是正式名称,若能表明这一点的话;或者 6.3.3.1.1.2 **正式的名称**,若不能表明众所周知的或惯用的名称的话。

这里,当文献资源中出现的团体名称需建立标目时,《规则》与 RDA 都首先强调的是依据**出现在文献资源上的(即文献使用的)**团体**正式名称**,当在文献中无法获取团体正式名称时,则依据其他参考信息源获取。若同一团体名称有不同的形式时,《规则》规定首选其中最著称的名称,其次为最常用的名称。RDA 首选出现在**首选信息源上的团体名称**作为首选名称,其次是**首选信息源上的正式名称**,再次为**首选信息源上最常见名称**、**简称**,最后是**参考源**或**官方形式**名称。可以看出,《规则》的表述虽较简单,但实质与 RDA 相似。RDA 以资源上的首选信息源所出现的信息为主要依据,这与 RDA 关于团体首选名称的信息源规定相一致。也与 AACR2 的规定相似。ICP 则规定,若载体表现或参考来源上存在的不同名称形式中能确知惯用的名称,则优先选用惯用名称,而不是正式名称;若不能确定众所周知或惯用名称,则选用正式的名称。

四、一般团体名称标目规则

1. 团体名称标目的一般规则

《规则》23.2.2.1 规定:独立团体名称(一级标目)同时具有全称和简称,一般以其全称做规范标目。

《规则》23.2.2.2 规定:若依据上述规则形成的团体名称标目冗长,可采用具有区分特征的通用简称为规范标目,对其全称建立单纯参照。

《规则》23.2.2.3 规定:从属团体名称(存在多层结构),在确定标目形式时,可适当对各层次团体机构名称进行简化处理。

RDA11.2.2.4 对检索点的规定:记录出现在与团体有关联的资源上的团体名称。团体名称未出现在资源上,或有疑问,记录参考源中最通常的形式。

可以看出,RDA 一贯以资源中出现的信息为主要依据。《规则》则是依据团体名称的不同情况加以规定。

2. 团体名称标目的附加

《规则》23. 2. 2. 4 规定,当团体名称标目无法显示其实际意义,或容易产生歧义时,应在名称后附加说明。

《规则》23. 2. 2. 5 规定:相同名称的不同团体责任者,其名称标目形式应在名称前后添加附加成分,予以区分。

《规则》23. 2. 2. 7 一般团体标目的附加规则,对团体标目的附加做了详细规定:

a. 一般团体名称标目的主要成分意义不明确或存在相同名称时,需使用附加成分。

b. 一般团体名称标目的附加成分,主要包括朝代、国别、地理名称、时间限定以及其他说明词语。

c. 在标目主要成分相同的团体名称中,没有朝代和国别附加说明的团体名称标目应理解为"现代""中国"的团体责任者。如同名的非现代团体,其朝代不详,或同名的非中国团体,其国别不详,则在团体名称后附加说明词语"(朝代不详)"或"(国别不详)"。对与国内机构同名的国际组织,在团体名称后附"(国际组织)"

d. 团体名称标目附加成分的朝代、国别的位置可参照第二十二章 22. 2. 3. 2 条款处理。地理名称、时间限定及其附加成分应置于团体名称标目主要成分之后,各成分间隔一空格,整个后置附加成分用圆括号括起。按《规则》第二十二章 22. 2. 3. 2"朝代、国别"条款规定:朝代、国别是个人名称标目常见附加成分,各编目机构可选择下述两种方式之一予以描述。第一种是按照中国传统习惯将上述信息置于标目主要成分之前,第二种是按照英美编目规则对附加成分的描述惯例将上述信息置于标目主要成分之后。

RDA11. 13. 1. 2 规定,团体首选名称未表述团体概念,用创建数据机构首选语言增加一个合适的名称。

而 RDA11. 13. 1. 3—11. 13. 1. 8 对有必要区分多个同名或相似容易混淆的团体检索点的附加做了具体规定,其中包括地名附加、相关机构附加、日期附加、管辖权类型附加、与团体有关的其他名称附加,RDA11. 13. 1. 8 则是关于会议届次、地点、日期的附加。

AACR2 的 24. 4 对团体名称的附加做了规定,包括名称不能表达团体的内涵,两个或多个团体有着相同或类似的名称时,须对团体名称做附加。

这里,《规则》与 RDA 及 AACR2 的规定基本是一致的。从 RDA 的例子中可以看出,所有的附加成分都置于首选名称之后的圆括号中。《规则》除"朝代、国别"外,其他的附加成分也都置于主要成分之后的圆括号中,而"朝代、国别"在 22. 2. 3. 2d 规定了两种交替方式。

3. 团体名称更名

《规则》23. 2. 2. 6 规定:由于历史变迁或职能、隶属关系等发生变化,团体名称出现更名情况,应分别选择前后不同的名称建立规范标目,并在规范记录说明款目内描述该团体的变迁情况,建立新旧规范标目的相关参照。

RDA11. 2. 2. 6 规定:如果一个团体名称发生更名(包括从一种语言变成另一种语言),使用该名称有关的资源时选择新的名称做首选名称。先前名称与后继名称之间记录的关联，在第32章相关团体中论述。RDA32.1中的“范围”规定，相关团体包括团体名称更名产生的先前名称及后继名称的团体规范检索点及标识。

AACR2的24.1C则规定，如团体名称已改变，则文献以新名称标目者应建立一个新标目。新老标目互相做参见。

ICP3.3.1.2. 规定：若团体在持续时期内使用不同名称，而且不是一个名称的次要改变，则每个由有区别意义的名称变化所标识的实体都应视为一个新的实体，每个实体的相应规范数据通常应通过团体名称前后关联的规范形式相连接。

由此可见，《规则》与RDA、AACR2及ICP的规定是一致的，团体更名后需作为一个新的实体建立标目，且要求对团体变更前后的名称做相关参照。

4. 一般团体名称中的从属团体名称

(1)从属团体名称的直序或冠上级团体名称

《规则》23.2.2.8“一般团体名称中的从属团体名称”对从属团体标目做了具体规定：a. 从属团体名称本身具有**可识别性，直接**以其名称为标目。b. **不具有可识别性**名称的从属团体机构应**连同其上级机构名称**构成标目。

而RDA11.2.2.13记录次级团体名称和相关团体名称的一般规则中规定，记录次级团体名称和相关团体名称适用RDA11.2.2.4的规定(见上述3.2)，除非属于RDA11.2.2.14的情况。RDA11.2.2.14是关于次级团体及相关次级团体。它列出了六种类型。规定如果该名称属于所列六种类型中的一种或几种，记录下级或相关团体的名称作为团体规范检索点的次级。也就是说，凡属于这六种类型中的一种或几种，须冠以上级团体名称。

AACR2的24.13中，对从属团体与相关团体从属标目的上述六种类型有相同的规定。可以看出，RDA是沿用了AACR2的有关规定。

ICP6.3.4.3. 团体名称形式中规定：对团体的规范检索点而言，其名称应根据出现在载体表现或参考来源上的**直序著录**，除非6.3.4.3.1. 团体是一个管辖区或领土当局的组成部分时，规范检索点应包括相关领土名称当时通用的形式，而且该名称形式在语言和文字上要适合目录用户的需要；6.3.4.3.2. 团体名称表明是从属机构或具有从属职能，或者，难以识别从属团体时，规范检索点应**冠以上级团体名称**。

(2)从属团体名称中间级别的省略

《规则》23.2.2.8c. 规定：从属团体名称，若省略中间层次，仍具有独立识别意义，可以其最高及最低层次的机构名称做标目。d. 规定：采用上述方法确定的标目形式如果影响其可识别意义，则各个层次都不应简化。e. 规定：从属团体名称标目，在不影响识别意义的前提下，可对逐级机构使用简称(例：全国人大常委会；全国人大法工委)。这与《规则》23.2.2.3的规定相同。

RDA11.2.2.15规定：在11.2.2.14所列团体类型的名称，属于规范检索点中最低级别的单位。**省略**中间层次名称，除非下属或相关团体名称已经或可能被同机构的另一团体使用。在此情况下，层次中插入最低级(较从属团体名称上一级)的名称，以区别两个团体。可以用美国图书馆协会中的“用户获取服务委员会”为例说明这个规定：

该委员会的完整等级为：American Library Association—Reference and Adult Services Division—Machine-assisted Reference Section—User Access to Services Committee

省略中间层次后为：American Library Association. User Access to Services Committee

完全体现不出该委员会是参考咨询的，故插入中间两个等级中较低等级的那个名称：

American Library Association. Machine-assisted Reference Section. User Access to Services Committee

AACR2 的 24. 14A 规定，团体属于 24. 13 所列出的类型的一种或多种者，作为以自身标目层次中最低一级单元的副标目。省略层次中的中间层次，除非从属团体的名称或相关团体的名称（已经，或可能）被用于同一上级团体或相关团体标目的另一个团体。此时，可在层次中插进能区别这些团体的最低一级单元。

（3）小结

可以看出，关于团体名称直序形式与上下级机构名称形式，《规则》的规定与 RDA 及 ICP 是相同的，但《规则》没有强调区分政府团体机构。

在从属团体名称省略中间层次时，《规则》与 RDA 及 AACR2 的规定也基本相同。但当影响其可识别意义时，《规则》规定各个层次都不应简化；而 RDA 及 AACR2 则规定可以在层次中插入最低一级名称，以区别两个团体。

5. 一般团体名称标目的省略、简写

《规则》23. 2. 2. 9 规定：团体名称中的“国立”“国营”“省立”“市立”“私立”“财团法人”“股份有限”“有限责任”等字样在标目规范形式中一般可予省略，如省略易产生歧义，则保留原形式。

RDA11. 2. 2. 10 规定，省略用以指明公司或公司国有所有权的形容词或缩略词。除非它是名称整体的组成部分，或须用来更清晰地表明团体名称。

例：Zhongguo yin hang；not Zhongguo yin hang gu fen you xian gong si

在此条款中还特别规定，省略亚洲语言中表示“私立”开头的词或短语（如，日语汉字罗马拼写 Shiritsu，汉语拼音 Si li），除非它是名称整体的组成部分。

例：Dong hai da xue；not Si li Dong hai da xue

这里，《规则》与 RDA 的规定基本是一致的。

五、各类型团体机构名称标目

1. 国家机构名称标目

对于国家机构（即政府机构）名称标目，《规则》在 23. 2. 3. 1 及 23. 2. 3. 2 中做了具体规定，其中包括中央国家机构，及其下属办事机构、直属机构、国家驻外使领馆、外交使团及其下属机构的名称标目；以及省（自治区、直辖市）、市（地区、自治州、盟）、县（县级市、自治县、旗）等各级地方国家机构，及其下属办事机构、直属机构，少数民族自治区、自治州、自治县等机构，直辖市、省辖市以及县级机构下属的市辖区、乡、镇及其隶属单位等。《规则》23. 2. 3. 1a. 规定，中央国家机构（含国务院下属部委机构）中冠有“中华人民共和国”字样的，可以省略“中华人民共和国”，直接以机构的全称做标目。而在《规则》23. 2. 3. 1g. 中又有交替规则：中国政府机构团体名称标目用于国际交流领域，可前冠规范简称“中国”，而不采用本条款中 a 的规定。

RDA11.2.2.18 对政府团体的首选名称做了规定，由政府建立或控制的团体名称适用于 RDA11.2.2.4 一般团体首选名称的规定，但若属于 RDA11.2.2.19 情况，则记录政府团体名称，作为表示政府的规范检索点的下级机构。在 RDA11.2.2.19 列出了十一种类型，即：①机构名称中包含一个词表明属于另一个机构的一部分；②机构名称包含了一个词，该词通常表明了政府机构的行政次级（比如委员会），提供政府名称对确定机构是必要的；③一个机构的名称通常实质性地，或者不是直接地指明地域、年代，或者用数字或字母标明政府的下级或下级机构之一；④机构的名称没有表达团体的概念及没有包含政府名称；⑤政府的“部”或类似的顶级机构（即它之上没有其他机构）；⑥立法机构；⑦法院；⑧武装力量；⑨国家或政府首脑；⑩大使馆、领事馆；⑪驻国际或政府间代表团。凡属于此十一种类型之一的，该团体则应作为政府名称的下级机构。RDA11.2.2.20—.27 对上述各类政府团体名称做了具体规定。

在 AACR2 的 24.18A 中有相同的规定，该条款规定了相同的十一种类型的团体须以政府名称作为主标目，而政府名称即是政府所管辖的地理名称。这里，RDA 也沿用了 AACR2 的规定，这几种类型的团体就是我们通常所说的政府团体。

ICP6.3.4.3.1. 规定，“团体是一个管辖区或领土当局的组成部分时，规范检索点应包括相关领土名称当时通用的形式”，IFLA 的 Form and Structure of Corporate Headings 把团体区分为 Organ 与 Non-Organ，所谓 organ 就是政府团体，non-organ 就是非政府团体。

《规则》虽然将国家机构单独列类，但对于政府团体机构的概念及标目的性质与形式上与普通团体机构没有根本性区分，更没有强调政府团体须作为政府名称的下级机构；虽然《规则》23.2.3.1g. 可以看作是对政府机构的交替规定，但它仅仅是针对《规则》23.2.3.1a，而其他性质的政府机构不适用此交替规定。

2. 政党组织及政治团体名称标目

《规则》23.2.3.3 将政党及有关的政治团体组织分为“中国共产党机构”“民主党派机构”“中国共产主义青年团”“中国人民政治协商会议”四大类。每个大类机构都规定，中央机构以其全称为标目；其办事机构及直辖组织或直属单位，采用常用惯称或冠上一级机构简称为标目。例如：

中共中央办公厅

中共浙江省委

民盟佛山市委

共青团河北省委青工部

全国政协文史资料委员会

政协河北省委文史资料研究委员会

而 RDA1.2.2.17 只是对美国的政党名称检索点做出规定：记录美国的州或地方政党名称作为政党规范检索点的次级机构。从名称中省略任何表示州或地方政党的名称。从所举例子看，将“民主党”或“共和党”作为一级机构名称，州或地方名称作为附加置于政党名称后的圆括号内，次级则为该政党的州或地方机构名称。

例：Democratic Party (Mo.). State Committee

Republican Party (Ohio). State Executive Committee

可以看出,《规则》根据中国团体名称的国情特点,并遵循它关于一般团体名称的规则,政党及有关的政治团体组织的独立团体名称用全称做标目,从属团体名称各层次名称可进行简化。

3. 国家军事机构名称标目

(1)国家级武装力量

《规则》23. 2. 3. 4 对国家军事机构名称标目做了规定,包括中国人民解放军及武警部队。而 RDA 将国家武装力量作为政府团体的类型之一,在 RDA11. 2. 2. 25 条款对武装力量的检索点做了具体规定。

《规则》23. 2. 3. 4a)规定:国家军事机构中的"中国人民解放军"字样,一律简化为"解放军"。

例:解放军总后勤部

《规则》23. 2. 3. 4b)规定:解放军所属机构,其常用或惯用名称凡省略"解放军"字样的,在确定标目形式时需添加"解放军"字样。

《规则》23. 2. 3. 4d)规定:解放军各级机构的直属部队和各级军事建制(团及其以上单位),若有可识别性名称,直接以其名称作为标目;否则,则需前冠上级机构的简称。

例:解放军德阳军分区

RDA11. 2. 2. 25. 1 关于国家级武装力量中规定:记录国家政府级的武装力量主要机构名称,作为表述政府规范检索点的下级。省略政府名词形式的名称(或名称缩略词),除非省略后会引起误解。

例:United States. Marine Corps

《规则》没有将国家武装力量列入政府机构,而是单独作为一种类型列出。而 RDA 将国家武装力量作为政府团体的类型之一,检索点形式也是将武装力量名称作为政府的下级机构处理。

(2)部队编号

《规则》23. 2. 3. 4e)解放军部队的番号与代号标目规定,解放军部队有番号则取番号,无法确知番号的,才取代号。

RDA11. 2. 2. 25. 1 则有规定:如果分支机构是用数字识别的(拼写数字、罗马数字、阿拉伯数字),将数字放在名称后面,用逗号分隔。

RDA 没有区分部队番号与代号,只是规定将数字置于名称后面即可。

(3)国家级以下武装力量

RDA11. 2. 2. 25. 2 关于国家级以下层面武装力量中规定:记录国家级以下的政府的武装力量的名称,作为表述政府规范检索点的下级,后跟武装力量的名称(例:New York(State). Militia)。记录国家级以下的政府的武装力量分支的名称,作为表述政府规范检索点的下级,适用于 11. 2. 2. 25. 1。

例:New York(State). Militia. Regiment,71st

对于国家级以下层面武装力量即地方政府的民兵组织,《规则》没有规定。

4. 国际组织或外国团体名称标目

《规则》23. 2. 3. 8a. 规定:国际组织或外国团体本身有中文名称的,以中文名称为标目。

b. 规定:国际组织或外国团体名称本身无中文名称,以中文译名为标目,若有多个中译名,以其常用或惯用中译名为标目。c. 规定:国际组织或外国团体无中文译名,应参考相关信息源或权威文献确定其中译名。中译名以意译名优先,无法意译的可采取音译名。d. 规定:若国际组织或外国团体的中文名称由该机构的外文缩写加必要中文说明组成,且该名称比正规中文译名更为熟悉或惯用,可以该名称为标目。

RDA11. 2. 2. 5. 3 规定:若国际机构的名称用创建数据的机构所用语言显示在资源上,选此形式作为首选名称。其他情况,适用于 11. 2. 2. 5. 2。对照 RDA11. 2. 2. 5. 2 规定:名称以不同的语言出现,选择团体的官方语言作为首选名称。但该条款的交替规则规定:选择创建数据的机构首选语言。

《规则》根据我国国情,强调必须采用中文名称作为国际组织或外国团体标目的首选名称。RDA 的规定是若文献资源上出现创建数据机构所用的语言,则以此为首选名称。但若资源上没有出现创建数据机构所用的语言,则应参照 RDA11. 2. 2. 5. 2 规定。由此可见,《规则》与 RDA11. 2. 2. 5. 3 条款及 RDA11. 2. 2. 5. 2 的交替规则条款相吻合。

5. 职务名称标目

(1)职务名称范围

《规则》和 RDA 各自对须建立职务名称标目(检索点)所包含的范围做了规定。《规则》23. 2. 3. 9 职务名称标目,规定了国家党政机构领导人以职务身份撰写和发表的文献,应建立职务名称标目。

RDA11. 2. 2. 21 政府职务中,将政府职务归为:国家元首、政府首脑、国际政府间团体的首脑、附属或占领地总督、其他职务。政党的领导人不在此范畴。

(2)职务名称形式

《规则》23. 2. 3. 9:a)国家党政机构领导人……职务名称标目以职务正式名称为主要成分,附加成分包括任职时间和任职者个人职务名的简短形式。其一般标目形式为:职务名称(任职时间,个人名称)。b)职务名称一般应采用职务正式名称的全称形式为标目。若职务名称冗长,可适当简化。c)职务任期可记载到月,年月之间用圆点。无法确认月的可记载到年,无法确认年的用“?”表示。d)同一责任者的多个连续任期,可采用一个标目;不连续任期,应分别建立标目。e)职务名称中的个人名称附加,应采用个人名称的简要形式或惯用称谓。

RDA11. 2. 2. 21. 1 国家元首条款中规定:记录以官方身份活动的国王、总统、其他国家元首或者管辖者的头衔,作为表示管辖权规范检索点的下级机构。用创建数据的机构首选语言记录头衔(除非此语言没有相等的词语)。RDA11. 2. 2. 21. 2 政府首脑条款中规定:记录以官方身份活动的政府首脑或行政长官头衔,他也不是表示管辖区的规范检索点的下级机构的国家元首。用管辖区的官方语言记录头衔。RDA11. 2. 2. 21. 1 和 RDA11. 2. 2. 21. 2 都规定:如果有识别官员具体在职的职务,用圆括号增加包括任期的年份和个人名称,用简短形式和个人首选名称的语言。职务的年份、个人名称之间用空格、冒号、空格相隔。如果有二次或更多次非连续阶段的职务,分别建立检索点。

(3)小结

对照《规则》与 RDA,可以看出《规则》的政府职务范围包括政党领导人,这也是囿于中国国情，而RDA则不包括政党领导人。而对于政府职务的规定及检索点的形式，两者大致相同，只是《规则》对于职务的任期规定可记载到月，而RDA要求只记载到年即可。

6. 会议名称标目

（1）会议名称的结构与属性

《规则》23. 2. 4. 1会议名称标目的结构中规定：会议名称标目以会议正式名称为标目主要成分，附加成分包括会议的届次、日期、地点等。其结构为：

会议名称（届次：日期：地点）

RDA11. 2. 2. 5. 4规定：如果首选信息源上的会议名称中的不同形式，有一个与会议有关的团体名称或名称的缩写，而会议又不是下级单位，选此作为首选名称。如果会议是团体名称的下级（如团体的年会），见11. 2. 2. 14类型6。我们知道，RDA11. 2. 2. 14是关于次级团体及相关次级团体。它规定名称属于所列类型的一种或几种，需记录下级或相关团体的名称作为团体规范检索点的次级。类型6规定：名称包含了高层的或相关团体的整体名称。此种情况下，会议需作为团体的次级团体处理。

RDA11. 13. 1. 8规定：如适当和确定的话，按以下顺序附加（包括会议记录的下级）：a）会议届次；b）会议日期；c）会议地点。

按RDA规定，一般专题会议以会议名称为首选名称，而如会议是团体名称的下级，则应以团体名称作为首选名称，会议作为它的次级检索点。这是按国际编目惯例，将会议分为一般专题会议及团体会议。《规则》则没有区分专题会议和团体会议。关于会议的附加成分的构成，《规则》与RDA是一致的。

（2）会议届次

《规则》23. 2. 4. 3会议届次规定：a）会议届次统一用阿拉伯数字表示。b）会议有届又有次，可一并记载，连续书写。

例：全国人民代表大会全体会议（10届2次：2004：北京）

RDA11. 6. 1. 3规定：如果会议是同一名称系列会议中的一个，用创建数据的机构的首选形式记录序数字。

而与《规则》中全国人大相似的规定在RDA11. 2. 2. 22. 4，针对连续编号的立法机构，届次、年份在名称后用括号括起，届与次间以逗号分隔，与年份间用空格、冒号、空格分隔。

例：United States. Congress（107th，1st session ： 2001）

关于会议届次的记载，《规则》只要求用阿拉伯数字，而RDA要求用序数字。会议届与次之间，《规则》要求连续书写，RDA则要求用逗号分隔。

（3）会议日期

《规则》23. 2. 4. 4会议时间规定：a. 会议时间一般记载到年份，形式为四位阿拉伯数字。b. 会议跨年份举行，应记载起讫年份。c. 同一会议在一年内举行两次或两次以上，会议时间可记载会议开始的年、月、日，期间用下圆点。

例：全国图书馆联合编目工作会议（2000. 5. 21：北京）

RDA11. 4. 2. 3规定：记录会议举行的日期，适用于11. 4. 1（RDA11. 4. 1规定：记录创建数据机构首选的日期形式）。跨越两个或多年份的形式［年份］—［年份］。若须区分同一年份相同名称的两个或更多的会议，记录详细的日期。用年月日形式，用创建数据机构所用的语言和文字记录月份。

例:1978 February 13 - 15

关于会议日期的记载,《规则》与 RDA 没有原则上的差异。但若需记载详细的日期时,《规则》用阿拉伯数字表示年月日,期间用下圆点分隔。而 RDA 规定用创建数据机构所用的语言和文字记录月份,期间不用分隔符。按我国记载年月日的通用简写方式,一般都是用阿拉伯数字表示,期间用下圆点分隔,因此也可认为,《规则》的规定符合 RDA 用创建数据机构所用的语言和文字记录月份的规定。

(4)会议地点

《规则》23.2.4.5 会议地点规定:a. 会议地点为教育、文化机构,可记载机构名称。b. 会议名称含会议地点时,会议地点可省略。c. 会议在两地同时或先后举行,应一并记载,期间用下圆点。超过两地的仅记载第一个地点,后加"等"字。d. 电话、电视和网络会议若具有中心会场,可记载其地点,否则不记载地点。

RDA11.3.2.1 规定:可以用机构名称替代会议地名,如果它提供了更好的识别。RDA11.3.2.3 和 11.13.1.8 都规定:如一个会议在多地举行,附加每一个地名。(例:International Congress of Iranian Art and Archaeology(5th:1968:Tehran, Iran; Iṣfahān, Iran; Shīrāz, Iran))。关于联机会议,RDA11.3.2.3 及 11.13.1.8 都规定:若是联机举行的会议,会议地点记载为"联机"。

例:Electronic Conference on Land Use and Land Cover Change in Europe(1997:Online)

关于会议地点的记载,《规则》与 RDA 的规定也大致相同。比如可用机构名称替代会议地点;会议在两地举行,可一并记载会议地点。但超过两地时,《规则》规定仅记载第一个地点,后加"等"字。而 RDA 要求记载每一个地点,不能省略。地点之间的分隔符,《规则》规定用下圆点,而从 RDA 的例子中看,则是用分号分隔。关于电话、电视和网络会议,《规则》规定,若有中心会场,可记载其地点,否则不记载地点。而 RDA 只规定了联机会议可用"联机"表示,其他电话、电视会议等则没有规定。

《规则》规定:会议名称含会议地点时,会议地点可省略。对此 RDA 没有规定。

RDA11.13.1.8 规定:如果检索点是表示系列会议,不要附加地点,除非所有的会议都在同一地点举行。而《规则》对此没有规定。

六、小结

综合以上分析比较,关于团体名称标目的一般原则,《规则》与 RDA 基本上是相同的。但在具体细节中,《规则》与 RDA 的条款规定有所差异。

1.《规则》与 RDA 的相同之处

团体名称规范检索点的信息源,团体名称的标目形式与附加,团体名称的更名,团体名称中的从属团体名称,团体名称标目的省略、简写,国际组织或外国团体名称所采用的语言,政府职务的规定及检索点形式,等等,《规则》与 RDA 大致相同。

2.《规则》与 RDA 有差异之处

(1)团体名称检索点的数量

《规则》针对团体/会议名称视不同责任方式有不同的数量规定。RDA 对团体名称检索点的数量没有限定。对提供信息数量不加限制，应该是元数据发展的一个趋势。

(2)全称形式与简称形式

当需要为文献资源中出现的团体名称建立标目时，RDA 一贯以资源中出现的信息为主要依据。《规则》则是依据团体名称的不同情况加以规定。

《规则》依据一般团体名称的规则，独立团体名称用全称做标目，从属团体名称各层次名称可进行简化。如果说，文献上呈现的从属团体名称为简称形式，这符合团体名称的确定中关于选用“最著称者”或“资源中出现的名称”的原则。但如果文献中出现的形式，并非各层次都进行了简化，这样的硬性规定似有不妥。这可以说是根据中国团体名称的国情制定的。

许多中国的团体机构，它们的最高层次的机构名称通常是以全称形式出现在载体表现中；而当有下属机构时，它们的最高层次的机构名称通常用简称形式出现，并与下属机构名称共同组成惯用名称。例如：中国共产党，出现在载体表现中的最高层次的机构名称用全称形式“中国共产党”，而有下属机构时，通常用简称“中共”与下属机构名称共同组成惯用名称，例如“中共中央组织部”“中共上海市委员会”，等等。再如，“中国人民政治协商会议全国委员会”“全国政协文史资料委员会”“政协大连市甘子井区委文史资料研究委员会”，一个机构的不同下属及下级机构，出现在载体表现上各冠以不同形式的开头，形成惯用名称。

(3)政府团体与非政府团体

《规则》不区分政府团体与非政府团体。《规则》虽然将国家机构单独列类，但对于政府团体机构的概念及标目的性质与形式上与普通团体机构没有根本性区分，更没有强调须作为政府名称的下级机构。这是因为在传统的中文团体名称标目中，主标目一般并不单独取行政管辖区名称，而通常是以具体的团体名称来承担的，我国国家级机构通常也不冠以国别。这样的规定，与我国传统的做法相符，但与 RDA 及 ICP 的规定不符，也与国际通行的政府机构以行政管辖区名称作为主标目的做法不同。《规则》考虑到国际交流的需要，虽在 23. 2. 3. 1g 做了交替规定，“中国政府机构团体名称标目用于国际交流领域，可前冠规范简称‘中国’”，但它仅仅是针对《规则》23. 2. 3. 1a 条款范围规定，而其他性质的政府机构不在此交替规定范围之内。

(4)国家武装力量

《规则》没有将国家武装力量列入政府机构，而是单独作为一种类型列出。而 RDA 将国家武装力量作为政府团体的类型之一，检索点形式也是将武装力量名称作为政府的下级机构处理。《规则》规定解放军部队有番号则取番号，无法确知番号的，才取代号。RDA 没有区分部队番号与代号，只是规定将数字置于名称后面即可。

(5)职务名称标目

《规则》职务名称的范围包括国家党政机构领导人，RDA 中除了党的领导人不在此范畴外，还包含了其他政府首脑。政府职务的规定及检索点形式两者大致相同，只是《规则》对于职务的任期规定可记载到月，而 RDA 要求只记载到年即可。相比之下，《规则》的规定更为详细。

(6)会议标目

《规则》没有区分专题会议和团体会议。将团体会议从普通会议中区分出来，它的优点是团体检索结果集的聚集性更强，能将一个团体的会议与团体的各下属机构聚集在一起。可它要求编目机构对会议的理解更深，若不熟悉规则，建立会议的规范检索点时容易出差错。不区分会议的性质,编目机构对会议的规范检索点的建立比较容易,但它的团体检索结果集的聚集性较差。

关于会议届次的记载,《规则》直接要求用阿拉伯数字(非序数字,不带“第”),而 RDA 的要求是用数据创建机构的首选形式记录序数字。会议地点的记载,《规则》与 RDA 的规定也大致相同,但超过两地时,《规则》规定仅记载第一个地点,后加“等”字。而 RDA 要求记载每一个地点,不能省略。

3. 结论

这里引用“从《国际编目原则声明》看团体名称检索点”[王绍平,2006]作为本部分小结:

“从国际编目原则的高度与角度,审视我国编目规则中有关团体名称检索点的相应规定,确定哪些是一致或基本一致的,哪些是还存在分歧的,将有助于改进我们的名称规范工作,有利于在国际范围内分享我国团体名称规范工作的成果。”

第四节　题名检索点比较分析

RDA 基于 FRBR,在结构上将 FRBR 第一组实体分成作品/内容表达、载体表现/单件两部分,分别对其属性及关系做出规定。就题名而言,包括作品的题名和载体表现/单件的题名两类。如果与《规则》做对应的话,载体表现/单件的题名对应于第一部分“著录法”各章中的题名,而作品题名对应第二部分“标目法”中的题名标目(尤其是其中的“统一题名”)。

就检索点而言,RDA 只在作品/内容表达的属性及关系部分提及,不过这并不意味着载体表现/单件的题名不能作为检索点。在 MARC 格式中,题名的描述可以同时作为检索点,如题名和责任说明项中的题名,就是文献的题名检索点。RDA 没有对这种编目实践予以否定。因此,下面对题名检索点的比较包括 RDA 中作品的题名和载体表现/单件的题名。

一、题名检索点的信息源

《规则》24. 1. 1. 1 规定题名检索点的信息源“为文献的主要信息源,同时可参考文献中或文献外的其他信息源,以及书目记录中的题名与责任说明项、版本项、丛编项及附注项中的题名信息”。

RDA 的题名分为载体表现/单件的题名和作品/内容表达的题名。载体表现/单件的信息源即“首选信息源”,大致对应于《规则》的“主要信息源”,首选信息源和主要信息源的对比,详见本书第三章第一节。作品/内容表达的信息源为任何来源(RDA6. 1. 1),对首选题名,RDA6. 2. 2. 2 规定对于 1500 年后作品,取自体现作品的资源本身或参考源;对 1501 年前作品,取自现代参考源,如果不确定,则依次使用现在版本、早期版本、手稿副本。

在题名检索点的信息源方面,《规则》与 RDA 的规定没有冲突。

二、题名检索点的数量

对题名检索点的数量,《规则》24. 1. 1. 3 规定,“对文献整体内容相关的各类题名,其检索点的选取没有数量限制”“与文献局部内容相关的各类题名,如著作汇编各组成部分的题名或附录的题名，三种或三种以下时可全部选择，三种以上可酌情选择”。

RDA 没有对数量做出说明。从 RDA 对责任者描述及检索点等处取消“3 的规则”(Rule of 3)规定可知，RDA 不会对数量加以限制。

对题名检索点的数量，《规则》三种以上“酌情选择”的规定不是一种限制，只是一种建议，与 RDA 的规定没有冲突。在充分揭示资源内容与特征的大环境下，改变《规则》中带有倾向性的建议，也是应当予以考虑的。

三、题名检索点的选取

《规则》24.1.2 规定题名检索点的选取规则，应该作为或选择作为题名检索点的包括：正题名、交替题名、有检索意义的其他题名信息、丛编正题名、共同题名和分卷题名、并列题名、具有检索意义的变异题名、重要章节或附录的题名、合订题名或子目题名。

RDA 可以与上述部分对应的是载体表现和单件层面的“题名”(RDA2.3)，除《规则》中提及的上述各类题名外，还包括连续出版物的先前题名、后续题名、识别题名(KeyTitle)和缩略题名。这部分可视为 RDA 的描述部分，没有提“检索点”这个术语，也没有提及上述各类题名是否作为检索点，但从 RDA 的目标与原则(RDA0.4)出发，是不会限制其作为检索点的。

四、题名检索点的规范化处理

题名作为描述时是不做规范化处理的，只有作为标目或检索点时，才可能需要对题名的变化或其中的字母、数字、符号等做出规定。

1. 文字形式

RDA6.2.1.4—6.2.1.9 对题名中字母的大写、数字、变音符、首字母、首字母缩略词中的空格、缩写等做了详细规定，这主要针对以字母为主的文字。

汉字没有类似以上的情况，《规则》也没有相应的规定，只在总则中规定“对外文字母的大小写、标点符号等应遵照其语言文字的书写规则”(《规则》1.0.6.1)。如采用 RDA 规则，不存在障碍。

2. 题名改变

对题名改变，《规则》24.2.2 规定丛编“应取多数单册趋同的丛编题名为标目”，《规则》24.2.3 规定多卷“一般应以首卷(册)总题名或多数单册趋同的总题名为标目”。

RDA2.3.2.12.1 相应地对多部分专著题名改变的规定是：如果后续部分正题名对识别或检索重要，记录为后续正题名(RDA2.3.2.12.1 和 RDA2.3.8)。换言之，检索点取首卷(册)题名，不考虑多数单册的题名。

从编与多卷题名改变时如何选择题名，RDA 取在先的，《规则》既考虑在先者，更考虑多者。

3. 题名日期、编号等逐期变化

连续出版的文献，题名中含逐期变化的日期或编号等时，《规则》24.2.1 规定如分散著录，需进行规范处理，“年份若是公元纪年可采用阿拉伯数字”。从例子看，是将年份、编号等移后,成为独立于正题名的部分,中间以下圆点分隔,如例 1 原题“1991 年中国国情报告”,标目为:“中国国情报告 . 1991”。

RDA 没有单独针对上述情况的规定,但有对作品部分(part)的规定,将作品的部分标识(designation)作为一个独立的部分(RDA6. 2. 2. 9. 1)。此规定可以包含《规则》的上述规定,而适应面更广。

五、统一题名/首选题名的选择和形式的确定

1. 统一题名和首选题名

规范的题名,《规则》称为统一题名,RDA 称为首选题名。

《规则》24. 3 指出“统一题名的主要作用在于汇集或区分相关文献”,统一题名包括专著统一题名、连续性资源统一题名、丛编统一题名(《规则》24. 3. 1. 5)。换言之,如果不需要汇集或区分,就不必要选取统一题名。《规则》24. 3. 1. 1—24. 3. 1. 3 和 24. 3. 2. 1 对哪些情况下需要统一题名做了规定。对音乐作品,更是特别规定,“可由各编目机构根据实际情况决定是否采用、全部采用还是只对部分音乐资料采用”(24. 3. 2. 3c(a))。

按 RDA 观点,任何文献都有其所含的作品,作品需要选择首选题名。因之,虽然《规则》的“统一题名”与 RDA 的“首选题名”基本对应,但实际上“统一题名”只应用于部分文献,而作品的“首选题名”则应用于所有文献。

2. 统一题名/首选题名的选取顺序

当题名有多种形式时,《规则》24. 3. 2. 2 规定按下述顺序确定专著统一题名:a. 著称;b. 常用;c. 较早出现。

RDA 对 1500 年前后的作品有不同的规定。

1500 年后作品(RDA6. 2. 2. 4),首选题名选择该作品所著称的原语言题名,或用于承载作品的资源(即载体表现),或在参考源中。如果原语言没有最著称的题名,或者有所怀疑,选择初版的正题名作为首选题名。换言之,顺序为:a. 著称;c. 较早出现。

1500 年前作品(RDA6. 2. 2. 5),首选题名选择该作品在现代参考源中确定的原始语言的题名或题名形式。如果现代参考源的证据不确定,依次从下述来源选择最常见的题名:a)现代版本;b)早期版本;c)手稿副本。换言之,顺序为:a. 著称;b. 常用。

从选取顺序上说,《规则》与 RDA 基本相同,RDA 做了细化。

3. 统一题名/首选题名的语种

RDA6. 2. 2 对题名有多种形式时的选择规定是采用原语言题名。《规则》没有提及语言,而从各种例子看,实际上对译著也使用当前版本的语言(中文)。

4. 各类型专著的统一题名/首选题名

在遵从专著统一题名选取顺序(《规则》24. 3. 2. 2)的前提下,《规则》对文学作品、宗教作品和音乐作品做出了详细规定,RDA 则对音乐作品、法律作品、宗教作品和官方文告作做了详细规定。以下对照《规则》与 RDA 在文学、宗教和音乐作品的异同。

(1)文学作品

《规则》24. 3. 2. 3a 文学作品的统一题名,规定中外文学名著有不同题名的,取著称者

(a 和 b)。从例子看,译本用著称的中译名。

RDA 对文学作品没有特别规定。如前所述,译本采用中译名的做法,与 RDA 要求采用原始语言的规定不一致。

(2)宗教作品

《规则》24. 3. 2. 3b 宗教作品的统一题名,只对基督教的圣经做了规定,以“圣经”为统一题名,以“新约”或“旧约”为分辑名(a),还可再加分辑名。这个规定源自 AACR2,如所举的例子:

圣经. 新约. 福音书

对其他宗教经典,《规则》24. 3. 2. 3b(c)只说明“参照上述条款规定选取统一题名”。

RDA6. 23 针对所有宗教作品,既包括不同宗教,也包括不同类型的宗教文献(经文、伪书、教义、祈祷书等)。对于《规则》所举的“圣经”例子,RDA6. 23. 2. 9. 2 规定直接采用“书”为分辑名(即省略中间的“新约”或“旧约”),即形如:

圣经. 福音书

这是对 AACR2 规定的变更。另外,RDA 要求采用原语言。

(3)音乐作品

A. 音乐作品的组成部分

《规则》24. 3. 2. 3c(c)规定,“音乐作品的组成部分具有独立题名,以该题名为统一题名。若组成部分无题名或题名不足以识别该部分(例如‘第一乐章’‘第二幕’‘序曲’等),应以整部作品题名为统一题名,组成部分题名为统一题名的附加成分”。

RDA6. 14. 2. 7 对音乐作品组成部分的首选题名,根据不同情况,规定分别以编号、部分题名或两者的组合作为附加成分,没有对“独立题名”的特别规定。

B. 无专门题名(以某种乐曲或演奏形式为题名)

《规则》24. 3. 2. 3c(d)规定,“无专门题名而以某种乐曲形式(例如奏鸣曲、变奏曲等)或演奏形式(例如四重奏等)为题名的乐谱,可取其乐曲形式或演奏形式为统一题名”。

RDA6. 14. 2. 5 对以某种乐曲类型为名的音乐作品,规定以乐曲类型为首选题名,用数据创建机构首选的语言。与《规则》的规定一致。

六、题名检索点的附加成分

当不同资源有相同题名形式时,有时需要做出区分,针对的主要是连续出版物和丛编,在英美,也针对戏剧、电影等。

对题名检索点的附加成分,《规则》没有单独列出,而是:①在文学、宗教和音乐这三类作品统一题名的条款中指出;②在连续性资源和丛编的统一题名中提及“限定成分”,但未明确具体类型。除了第 5 部分提到的“组成部分”,《规则》涉及的附加成分还有如下几类:

1. 形式副标目

《规则》24. 3. 2. 3b(b)规定,“可添加语种、形式副标目(如选集)等为附加成分”。

RDA6. 27. 2. 3 作品的多个部分的规范检索点,规定可以采用“选集”作为标识(交替做法)。这与《规则》没有冲突。

2. 语种

《规则》24.3.2.3a(c)规定文学作品"可根据情况注明语种(中文不必注明;含三种及以上语种时可注明'多语种',置于圆括号内)"。从所举例子"诗经(中英文对照)"看,对作品语种采用的是说明语形式,而非标准术语。《规则》24.3.2.3b(b)规定宗教作品也"可添加语种……为附加成分"。

语种在RDA中属于内容表达的属性(RDA6.11内容表达的语种)。RDA6.11.1.3规定尽可能从标准语言名称表中选择术语。RDA6.11.1.4规定多语种的,记录每一种语言。

RDA对语种采用标准术语,而非自由行文,如《规则》中诗经的例子,遵照RDA应为:"诗经. 中文. 英文"。同时RDA放弃了AACR2的"多语种"术语,无论有多少语种,要求逐一指出每一个语种。

3. 演奏媒体、序号标识、调名

《规则》规定音乐作品统一题名后,在有必要时可以依次添加的附加成分是:演奏媒体、序号标识(可以是序号、乐曲号或主题索引号,或作为编号用的日期)和调名等(24.3.2.3c(b))。对"无专门题名而以某种乐曲形式(例如奏鸣曲、变奏曲等)或演奏形式(例如四重奏等)为题名的乐谱……若此类题名具有其他附加成分,应在此类题名后依次附加演奏(唱)形式、序号、作品号、调名等附加成分"(《规则》24.3.2.3c(d)),此处演奏媒体又称"演奏(唱)形式",乐曲号又称"作品号"。

RDA对音乐规定了演奏媒体(6.15)、音乐作品数字标识(6.16)、调名(RDA6.17)和内容表达的其他区别性特征四个元素,既可作为独立元素,也可作为检索点的一部分。

RDA6.15对演奏媒体有比《规则》更多的细致规定,比如有多种演奏媒体时的记录顺序、同一媒介有多个部分时记录数量、各种乐器术语表等。

RDA6.16音乐作品数字标识包括序号、作品号和主题索引号,不包括作为编号用的日期。作品日期是一个适用于各类作品的通用元素(RDA6.4)。

4. 其他

《规则》24.3.3连续性资源统一题名,举例中以出版地为限定成分;《规则》24.3.4丛编统一题名,举例中以主编作为限定成分。但以上都没有明确指出限定成分的类型。

RDA除了对音乐、法律和宗教等作品规定了特定的附加元素外,还定义了作品形式(RDA6.3)、作品日期(RDA6.4)、作品原地点(RDA6.5)及作品其他区别性特征(RDA6.6),这些元素既可以作为题名检索点的附加/限定成分,也可以作为独立元素存在。

RDA的"作品的其他区别性特征",可以对应《规则》的上述未明确类型的限定成分。

七、代表作品的规范检索点

RDA不再使用AACR2的"主要款目"概念,但仍然有与之相关的"代表作品的规范检索点"的概念,即代表作品的标准化检索点。

按RDA5.1.4的定义,代表作品或内容表达的规范检索点,由作品首选题名,前置表达对作品负责的个人、家族或团体的规范检索点(如果有的话)构成。即代表作品的规范检索点,通常由代表作品创作者的规范检索点和首选题名两部分组成,对应于AACR2中以第一个主要责任者为主要款目的情况。例外的有:影视(动态图像)作品(RDA6.27.1.3),不同作者的汇编作品(RDARDA6.27.1.4)、匿名作品(RDA6.27.1.8),以首选题名为代表作品的规范检索点,对应于AACR2中以题名为主要款目的情况。

《规则》基于我国以题名来代表作品的传统,不采用名称—题名方式。唯一的例外是对无专门题名的音乐作品,《规则》24.3.2.3c(e)规定了一个交替做法,"尤其是无专门题名的古典音乐作品也可以作曲者名称作为统一题名。此时,乐曲形式、演奏形式、序号、作品号、调名等可在统一题名后做附加成分"。这里的"附加成分"在《规则》的正式做法中正是作为统一题名的,因而可以认为,这里采用的正是名称—题名方式。

八、小结

在题名检索点部分,大部分情况下《规则》与RDA没有冲突。存在差异的主要有:

(1)**从编与多卷题名改变**时如何选择题名,RDA取在先的,《规则》既考虑在先者,更考虑量多者。

在"先"还是在"量",本身并无绝对的优劣可言。以先出版者为依据,或可减少对题名的反复修改,有助于提高编目效率。

(2)**《规则》的"统一题名"与RDA的"首选题名"**基本对应,选取顺序也基本相同,但在语言选择上存在巨大差异:RDA要求原语言,《规则》采用当前版本语言(中文)。

统一题名是资源的附加检索点,主要作用不是查找,而是检索到资源后,汇集(链接)原文及各种译本,因而不需要采用使用者熟悉的语言。用户按资源的(中文)题名或作者查到书目记录,可以在没有规范系统辅助的情况下,通过原文题名增加查找到所需资源的可能性。同时,由于不同中译本翻译题名不同的现象常见,统一题名采用中文形式,反而会增加编目员的查考过程,不如直接采用原文形式,可以简化编目过程,提高工作效率。

(3)**宗教作品**中的《圣经》和**音乐作品**组成部分具有独立题名的规定,《规则》与RDA存在不一致。

除了语言采用中文外,《规则》对宗教、音乐作品的大部分规定,并非来自本国传统,因而遵从国外最新标准更为可取。

《规则》未对除"圣经"外的其他主要宗教作品做出规定,尤其是道教、佛教、伊斯兰教等我国常见宗教。其中道教在RDA中未涉及,而佛教传入我国后有独特发展,是我国编目界可以为RDA做出贡献的部分。目前我国宗教图书馆有了较好发展,相关人士也积极参与编目界会议,这将有助于我们提出更为专业的建议。

(4)**附加成分"语种"**,在《规则》中采用的是说明语,主要用于显示使用者的阅读;RDA则从标准术语表中选取,且放弃"多语种"这一无法识别具体语种的术语,可将语种用于检索、限定、分面、排序及计算机的其他处理,更适合编目发展趋势。

(5)RDA以"代表作品创作者的规范检索点"+"首选题名"组成的"**代表作品的规范检索点**",在《规则》中并不存在对应的概念,可以认为是《规则》与RDA冲突最大的地方。

就我国目录传统而言,不采用名称—题名形式,但《规则》24.3.2.3c(e)对无专门题名音乐作品以作曲者名称为"统一题名"的交替做法或许显示,这种方式并非完全不可接受。并且,由于《文后参考文献著录规则》(GB 7714—87及GB/T 7714—2005)二十余年的实施,目前我国在引文方面实际上采用的已经是"名称—题名"形式。

如果说，“名称—题名”形式可以接受的话，在 RDA 的框架下，对我们（包括中文编目界和我国读者）还有更陌生的问题，即什么情况下直接以“题名”为代表作品的规范题名，而不采用“名称—题名”？用 RDA 的术语，可换言之：如何确定作品的责任者是创作者还是贡献者。《文后参考文献著录规则》中，论文集主编可视为对文献的知识内容负主要责任的主要责任者，而论文集主编并不符合 RDA 对创作者的定义，也不符合 AACR2 做主要款目的要求。中文专著中大量存在的“编著”，是否属于“创作者”，也是有待认定的著作方式。

对于代表作品的规范检索点问题，并不仅仅我们国家关心。欧洲 RDA 兴趣小组（EURIG）2012 年 1 月举办的技术会议上，此问题也曾是讨论重点，会议打算向 RDA 提出的修订建议中，曾包括“建议增加交替项，允许构建受控检索点时，对元素不规定顺序、不规定标点符号”。不过此建议未正式见于 JSC 的 RDA 建议或讨论稿中，可见在 EURIG 范围内，对规范检索点的构成及顺序仍存争议。

第五章　适应中文的 RDA 修订建议

通过在著录(描述)与检索点两方面对《中国文献编目规则》(第 2 版)(以下简称《规则》)与《资源描述与检索》(RDA)所做对比,可以看到两种规则互有异同。总体上 RDA 规定更细、更明确,且对不同情况提供大量选项,灵活而适应性更强,作为一部国际化的编目规则,基本上可以适应我国的编目实践。然而,如果要直接用于中文资源的编目,在某些方面仍需要做一定的修订。

第一节　RDA 与中文编目实践的差异及解决方式

通过前两章的比较分析,我们对 RDA 与中文编目实践的异同有了比较清晰的了解。

一、RDA 与中文编目实践的异同

RDA 有一些与 AACR2 不同的新规定,本来就与我国现行做法一致。如 RDA 为体现"响应用户需求"的目标,强调采用用户了解的用语,不再采用如 s. l. 和 s. n. 这样的拉丁文缩写。由于《规则》原本就采用"出版地不详""出版者不详"这样的中译术语,因而就 RDA 取消缩写(包括拉丁文缩写)而言,与《规则》基本不存在冲突。

RDA 与《规则》间有一些差异,是由于 RDA 编目理念变化改变了 AACR2 的做法,而《规则》在不少地方则是参照 AACR2/ISBD 的规定所引起的。如很多条款都涉及"3 的规则"(即当题名、责任者、出版项等多于三个时,在著录时省略),《规则》当初就是照搬 ISBD 所形成的,而 RDA 基于"充分性原则"取消了"3 的规则"。对于这类差异,顺应 RDA 所体现的目标与原则,采用 RDA 的现行做法,应该也是顺理成章的选择。

此外,RDA 与《规则》之间还有一些无明确优劣之分的差异,诸如多册是否要记录所有各册的页码之类,任何一种规定都是可以接受的。

二、对 RDA 不适应中文部分的解决方式

在我们忽略掉所有可以忽略的差异以后,RDA 仍然存在一些尚不适应中文资源、中文用户习惯及中文编目实践的问题。如果我们要采用 RDA 进行编目,必须解决这些问题。解决的方式有二:

一是向编制机构 RDA 开发联合指导委员会(JSC)提出修订建议。这是所有希望采用 RDA 机构的通常做法。目前澳大利亚、加拿大、德国、英国和美国之外的非编制国的修订建议,要求直接提交给 JSC 主席。

二是在 RDA 本地政策中细化规则。此方式应作为在修订建议未获认可前的权宜之计或偶见的特例,不宜成为常规做法。应尽可能充分利用 RDA 的"交替"规则与"可选"规则机制,提出能广为接受的修订建议。

本章针对在 RDA 的框架下，提出适应中文资源的修订建议。

第二节　RDA 修订建议

本节对 RDA 的修订建议，来自我们在著录与检索点方面对《规则》与 RDA 所做对照的分析。

修订建议主要针对中文资源与中文编目实践的特殊性。对于因 ISBD 与 RDA 差异所致问题（如“并列其他题名信息”是否需要著录），由于 JSC 与 ISBD 评审组之间有着协调机制，可留待其商讨解决。

一、代表作品和内容表达的检索点：名称—题名问题

1. RDA 规定

RDA5.1.4 检索点：

“规范检索点”指代表实体的标准化检索点。代表作品或内容表达的规范检索点的构成，由作品的首选题名并前置表达对作品负责的个人、家族或团体的规范检索点（如果有的话）组成。“变异检索点”指代表实体的规范检索点的交替形式。代表作品或内容表达的变异检索点的构成，由作品的变异题名并前置表达对作品负责的个人、家族或团体的规范检索点（如果有的话）组成。

相关条款还有：RDA17.1.3 主要关系之检索点，RDA24.1.4 作品、内容表达、载体表现和单件间关系之检索点，以及其他涉及作品规范检索点的条款。

2. 修订建议

方案一：交替方式

正文规定不变。

增加交替：代表作品和内容表达的规范/变异检索点为作品首选/变异题名，如果需要，可附加代表创作者的规范名称。

方案二：可选省略

修改 RDA 正文规定，顺序上不要求“代表创作者的规范名称 + 作品的首选题名/变异题名”。

增加可选（省略）：省略代表创作者的规范名称。

3. 说明

（1）名称—题名问题是影响我们采用 RDA 的重大问题，其背后就是在英美编目体系中根深蒂固的**主要款目**问题。虽然主要款目作为术语已被放弃，但实际上主要款目概念仍然以“代表作品的检索点”的方式存在，因为这涉及其规范体系，难以轻易更改。在美国国会图书馆（LC）的规范档中，“名称—题名”与“题名”是完全不同的，一般只在认为没有创作者时，才单以题名代表作品。比如《红楼梦》查规范记录是查不到的，必须查“曹雪芹”（Cao，Xueqin），才能在其下找到“红楼梦”，其形式为：Cao，Xueqin，approximately 1717 – 1763. Hong lou meng。

然而，也不是所有具有对整部作品负责的“创作者”(creator)的作品都采用“名称—题名”形式，在其习惯上，也有直接采用“题名”的。比如电影就直接采用题名(加某些限定部分)，尽管制片人被定义为创作者，属于对作品负责者。

直接采用题名的规则在 RDA 中还有所增加。由于法律图书馆界的要求，2014 年 4 月的 RDA 更新版修改了条约的规范检索点，不再采用“签约国名称” + “惯用名(Treaties，etc.)”的“名称—题名”形式，改用条约本身名称为首选题名及代表作品的规范检索点[Bib Blog，2014]。

另一方面，原来由于有“3 的规则”，超过三个创作者时以题名为主要款目，即以“题名”作为代表作品的检索点。随着“3 的规则”的取消，以题名代表作品的情况将会大大减少，“名称—题名”形式又将比原来更为多见。

电影、条约的特例，以及因“3 的规则”变化而导致的代表作品的检索点的变化，或许从另一个方面说明，选择“题名”还是“名称—题名”代表作品，并没有一成不变的规则，单以“题名”代表作品，在必要时辅以一些限定元素，不影响作品的识别，也不是不能接受的。

(2)欧洲 RDA 兴趣小组(EURIG)在 2012 年 1 月举办的技术会议上，曾讨论 RDA5. 14 检索点问题[EURIG，2012a]。讨论稿认为首选题名和作者名称是不同的元素，主要是为了记录与显示作品与作者的关系，作者 + 题名的组合不应强加固定的顺序。但 EURIG 对此并没有达成一致，芬兰代表提出 FRAD5. 2 中也是这样规定的。这只能说明，FRAD 反映的是西方的习惯。我们需要更多地参与 IFLA 的相关标准制订，发出我们的声音，如同 2006 年参加第 4 次国际编目条例国际编目专家会议(IME-ICC4)，对国际编目原则声明(ICP)发出代表我国实践的声音[王松林，2007]。

EURIG 技术会议曾打算向 RDA 提出的修订建议中，包括“建议增加交替项，允许构建受控检索点时，对元素不规定顺序、不规定标点符号”[EURIG，2012b]，可能由于意见不一，此建议未见于 JSC 的 RDA 建议或讨论稿中。

(3)以“题名”代表作品，是适合我国编目实践的做法。当然，代表作品的“题名”应当是规范名称(或曰“统一题名”)，与载体表现题名不一定相同。对国人来说，“红楼梦”就代表曹雪芹所写的《红楼梦》，无需附加作者，要查作品时，也没有理由必须由作者入手查。

并且，“对作品负责”的“创作者”如何界定，在我国是个很大的问题。以目前普遍采用的国家标准《文后参考文献著录规则》(GB/T 7714—2005)为例，论文集主编被视为对文献的知识内容负主要责任的主要责任者，而这并不符合 RDA 对创作者的定义，也不符合 AACR2 做主要款目的要求。在此环境下，要以“名称—题名”代表并查找作品，无论对本国用户查找还是编目员编目，都是难以适应的。

GB/T 7714—2005 基于国际标准 ISO 690，根据 ISO 690：2010 的说明，“创作者职能因信息资源类型而异，如果无明显的创作者，应该从其他所列职能中选择一个[作为创作者]”，在所列六类职能中，包括编者、修订者、译者等。可见在实践上，创作者可以包含的范围，在国际上也并没有一致的规定。

(4)在 RDA 中，参引作品或者记录作品间关系有三种方式，即标识符、规范检索点和描述(RDA24. 4)，规范检索点的形式(或名称—题名问题)不会成为揭示作品间关系的障碍。未来可能更多地以各种标识符(即 ID 号)参引作品。虚拟国际规范档(VIAF)的实践已经表明，名称形式上的差异，不影响各国名称规范间的关联，题名规范也同样会如此。

（5）因此，针对代表作品的规范/变异检索点，提出以上两种修订方案，目的是使中文编目可以遵从我国习惯，选择用首选题名作为代表作品的规范检索点。方案一不修改现有规则，只需增加交替方式，可能更容易被接受。

二、连续出版物题名的主要变化（或重要变化）

1. RDA 规定

RDA2. 3. 2. 13. 1 正题名的主要变化：

i）正题名的前 5 个（如果题名第一个单词为冠词则为前 6 个）词增加、删除、变化或者词序发生变化，而这些变化不属于次要变化范围；

ii）除正题名的前 5 个（如果题名第一个单词为冠词则为前 6 个）词之外的其他各词，因新增、删减、改动或者词序发生变化，而改变了原题名的含义或者涉及了另外一个不同的主题；

iii）包含在正题名中的团体名称发生变化且改变后的名称需要建立新的规范记录。

RDA2. 3. 2. 13. 2 正题名的次要变化：

i）正题名中一个或多个单词的表现形式发生变化，例如一种拼写方式与另一种拼写方式之间的变化，缩写、字符、符号与完整拼写形式之间的变化，阿拉伯数字与罗马数字之间的变化，数字或日期与其完整拼写形式之间的变化，有连字符的复合词和无连字符的复合词之间的变化，复合词分写与合写形式之间的变化，不管该复合词当中有无连字符，首字母缩略语或缩写词与其完整拼写形式之间的变化，或语法上的变化，如单数形式和复数形式之间的变化；

ii）题名中的冠词、介词、连词发生增、删或改动；

iii）正题名中同一团体或下属机构的名称或他们之间的语法连接发生变化；

iv）题名中的标点符号发生增、删或改动，包括词首字母缩略词，以及缩写词的字母之间有句点隔开与无句点隔开的形式的互换；

v）假如原来被选做正题名的那种语种的题名仍作为并列题名保留，那么规定信息源中，有一种以上语种的题名，其相互之间的顺序发生变化；

vi）题名中任何连接题名与编号的字词发生增、删、改动；

vii）多个不同题名有规律的交替出现；

viii）如果题名中任何地方的单词列表发生增、删或是次序的变化，而连续出版物的主题并未发生重大变化；

ix）题名中揭示资源类型的单词，如“magazine”“journal”，或“newsletter”或者其他同义词发生增加、删减或次序发生变化。

2. 说明

连续出版物题名发生变化时，视变化属于主要变化还是次要变化，决定是否需要建立一个新的描述（记录），因此这是对连续出版物非常重要的规定。

《规则》没有对此做出明确规定。由于中西文的差异，RDA 规定的主要变化中对前五个单词的判断，以及 RDA 规定的次要变化中对冠词、介词、单复数、缩写等语法的规定，并不适合中文。

ISBD 统一版对主要变化和次要变化也做了规定,在 A. 2. 6. 1 中对主要变化加上了前提"对于将正文切分为单词的语言和文字",其实只是将中日韩(CJK)等文字排除在了此规定之外,并未完全解决中文题名哪些变化属于"主要变化"的问题。

ISSN 国际中心于 2012 年 8 月向 JSC 与 ISBD 评审组提交了"中日韩文连续出版物题名主要变化"的讨论稿,参与"前 5 个词"规则的讨论,用实例说明在 CJK 中,题名变化是否主要变化,与变化部分所处位置无关,设想以内容词(实意词)还是功能词(辅助词)的增、删、改或重排,作为判断主要变化还是次要变化的依据。ISSN 国际中心将对此进行相关测试[Pellé,2012]。

相信我国 ISSN 中心会参与这一进行中的讨论,其结果将会对需要创建新记录的题名变化形成适合中文的国际化规则。

三、"个人活动时期"或"朝代"

1. RDA 规定

RDA9. 3. 4. 3 记录个人活动时期:

如果生卒日期均未知,记录指示其活动时期的日期或日期范围。如果无法确立特定的活动年份,记录其人活动的世纪。

RDA9. 19. 1. 5 个人活动时期和/或专业或职业:

如果需要区别,且当生卒日期或名称的完整形式无法获知时,附加个人活动时期和/或专业或职业。

可选附加:即使无需区别也增加个人活动时期和/或专业或职业。

(附加说明:RDA2013 更新,将原 9. 19. 1. 5 个人活动时期和 9. 19. 1. 6 专业或职业合并为新的 9. 19. 1. 5 个人活动时期和/或专业或职业。)

2. 修订建议

增加:RDA9. 3. 4. 3 交替:即使已记录生卒日期,仍可记录个人活动时期。

修改:RDA9. 19. 1. 5:如果需要区别,附加个人活动时期和/或专业或职业。

(保留:RDA9. 19. 1. 5 可选附加。)

3. 说明

"个人活动时期"指在其主要领域中活动的日期或日期范围(RDA9. 3. 4),通常是比较具体的年代,甚至是一个具体的年份,如 RDA9. 3. 4. 3 中所举例子"进士 1499"。个人活动时期与《规则》的"朝代"虽然不尽一致,但朝代大致可以归入活动时期。

朝代作为个人名称的附加成分,是中国特色。对用户而言,古人的朝代在识别作用方面甚至优于生卒年。因此《规则》例子中朝代和生卒年并存的做法是符合国情的,而 RDA 只在没有生卒年信息时才附加个人活动时期,不符合我们的习惯。

修订目的是将个人活动时期(朝代)作为可与生卒年并列的个人名称附加元素。对于将朝代本身作为针对个人活动时期的说明,可放在 RDA 本地政策中。

四、获得方式的价格单位

1. RDA 规定

RDA4.2:著录资源获得的方式。如果是购买的,获得方式包括价格(用数字及标准货币符号),若是非购买的,用一个其他方式的简短说明。

2. 修订建议

修改:RDA4.2:著录资源获得的方式。如果是购买的,获得方式包括价格(转录信息源的数字、文字与符号),若是非购买的,用一个其他方式的简短说明。

3. 说明

关于价格单位,《规则》与 ISBD 规定用标准货币代码(如人民币用 CNY),RDA 规定用标准货币符号(如人民币用¥)。目前中文编目实践沿用的是 ISBD 规定的标准货币代码 CNY,而中国读者并不熟悉这样的代码。

西文图书如标注价格,用货币符号(如$等)较多,但目前中文图书上出现的价格单位多用"元"字。虽然货币符号在我国的知晓度较高,但我国早年(比如民国时期)货币体系相当复杂,对这些文献上标示的价格,很难找到相应的货币代码或货币符号。

因此建议 RDA 依据其"表达性原则",照录资源上出现的价格信息,既不规定采用数字,也不规定货币单位形式。

五、地图的比例尺

1. RDA 规定

RDA7.25.1.3:比例尺未表示为比例的,要改为比例。

RDA7.25.1.3:比例尺无法确定的,记录"比例尺不详"。

RDA7.25.1.4:给出范围,或者记录"比例尺不等"。

2. 修订建议

增加例外或交替:

RDA7.25.1.3:对中国古代地图,如果规定信息源采用画方计里方式,则比例尺记录为:X 里方。

RDA7.25.1.3:对中国古代地图,如果规定信息源只画方不计里,比例尺不详,则记录为:画方不计里。

RDA7.25.1.4:对中国古代地图,如果规定信息源采用画方计里方式,但比例尺不等,则记录为:画方计里不等。

3. 说明

中国古代地图绘制的比例尺方式与现在所用方式不同,为准确描述其比例尺,提出作为 RDA 相应条款的交替做法或例外。

对于中国古代地图的特殊绘制方式,《规则》中有"画方计里不等"(6.3.1.5)、"画方不计里"(6.3.1.6)和"X 里方"(6.3.1.2)。

RDA 对对特定类型资源的规定，通常做“例外”规则；对古代印刷与手绘地图的尺寸，也有交替做法。

小结

作为一部国际化的资源描述与检索标准，JSC 为各国参与修订提供了畅通的渠道，也特别希望有意愿使用 RDA 的国家积极参与。对于确实有中文资源与中国实践特殊性的问题，可以以中国编目界的名义，向 RDA 提出修订建议。

修订建议应该是具体、明确的，可以作为交替、可选或例外。在可能对不同地区有影响的场合，也可同时修改因为增加交替或可选做法而影响到的正文中规定，如同欧洲语言“首冠词”修改的先例（可参见本书第一章第三节）。在 RDA 中，正文与交替做法并无优先与非优先之分，LC-PCC PS 中就有不少选择的是交替做法，因而修改正文规定以容纳交替规则的做法并非必要，只是由 JSC 根据其全球化的考虑来平衡。

需要说明的是，本部分提出的建议肯定是很不完整的，原因有三。

首先，本课题在描述部分只比较了普通图书、地图、乐谱、影像资料、连续性资源和电子资源六种类型，在范围上不完整。

其次，对哪些规则应保留我国现行做法会有不同。如对统一题名所用语言，我们认可 RDA 规定的原始文本语言，但也有专家认为应该采用编目语言［林明，2012］。

再次，本课题基本未涉及《规则》中无而 RDA 有的部分，如 RDA 强调“关系”，要求采用规范的关系指示词，中文资源中，特别在表示资源与责任关系的术语上会有较多自己的特点（比如“编著”），这些在本课题中未加研究。

如本书第二章所说，适应中文的 RDA 修订是一项宏大的工程，需要集全国编目专家之力才能完成，我们这里所做的，只是一个探索与尝试。

第六章 中文 RDA 应用政策

《资源描述与检索》(RDA)在编制时充分考虑到国际化的应用环境,提供了大量的交替、可选和例外规则,以及一些留由编目机构或编目员决定的规则,以适应不同国家或地区、不同行业和不同机构的编目实践。当一个国家/地区、行业或机构决定采用 RDA 后,必须制订相应的本地政策,对 RDA 中允许的多种不同做法做出选择,明确本国/本地区、本行业或本机构的做法。同时,由于 RDA 致力于通用性,因而也存在一些未涉及或规定不完整的空白点,也有必要在本地政策中做出规定。本地政策既能保证本地编目数据的一致性,也有助于数据交换的顺利进行。"中文 RDA 应用政策"即为适用中文编目的本地政策。

就我国来说,目前编目专家对 RDA 的先进性持认同态度[ISBD 统一版工作会议]。虽然对于是直接采用 RDA 进行中文编目,还是以 RDA 为基础修订中文编目规则,短期内不会有明确的答案[Gu B,2012],但无论何种选择,未来中文编目都无法摆脱 RDA 的影响,必然需要考虑 RDA 中交替、可选、例外等规则的取舍。如果确定以 RDA 为基础修订或编制中文编目规则,则"中文 RDA 应用政策"的大多数内容也可以体现在未来的中文编目规则中。

第一节 RDA 本地政策

国际化的编目规则都有本地化的需要,在各国的应用一般由国家图书馆制订。在使用《英美编目条例(第 2 版)》(AACR2)时,美国国会图书馆(LC)就为之配套有《美国国会图书馆规则解释》(LCRI),针对相应的 AACR2 条款,规定 LC 的做法。在编目界了解 LC 对 AACR2 规则的选择的同时,也使大家更好地理解套录的 LC 记录,LCRI 也成为很多机构使用 AACR2 的配套工具。加拿大图书馆档案馆(LAC)也有类似的《AACR 解释》(Anglo-American Cataloguing Rule Interpretations)。

延续 LCRI 的方式,LC 在 2010 年 RDA 发布后进行的美国国家测试时期,推出了"美国国会图书馆政策声明"(LCPS),针对相应的 RDA 条款,规定 LC 的做法。LCPS 结合了编目规则、取值词表说明、MARC21 格式举例、相关文献链接等,并伴随 RDA 的修订同步更新,是目前最完善的 RDA 本地政策。其编号与 RDA 对应,如与 RDA0. 11 对应的政策声明为 LCPS0. 11。

LCPS 在 2011 年成为 RDA 网站版工具包"资源"的一部分,与 RDA 条款实现双向链接,方便利用。2012 年 10 月 LCPS 更新为"美国国会图书馆 - 合作编目项目政策声明"(LC-PCC PS),结合进合作编目项目(PCC)的 RDA 政策,作为美国的 RDA 政策。

2014 年年初,澳大利亚国家图书馆政策声明(NLA PS)在 RDA 工具包网站上线,成为 RDA 工具包上发布的第二个国家级 RDA 应用政策。

第二节　中文资源的 RDA 政策

目前 RDA 的交替、可选、例外及由数据创建机构决定的规则有数百条，LC-PCC PS 的数量已超过 500 条，并且随着 RDA 的持续修订不断更新。本地政策可以逐步完善，LC-PCC PS 为 RDA 本地政策提供了一个良好的范例，在制订中文文献应用 RDA 政策时，可以参照其体例。

本章不试图逐一列举所有适用中文的本地政策，主要针对研究中在《规则》与 RDA 比对分析中总结出来的、中文实践中不采用 RDA 正文规则的部分，按不同的 RDA 本地化规定方式分别说明，以为示例。制订完整的中文 RDA 应用政策，还需要更多专业力量，投入更多精力，并且在使用过程中不断完善。

为方便说明，以下假定中文 RDA 应用政策使用名称 Chinese Policy Statement，简称 CPS。

一、国际化选择

RDA0. 11“国际化”，对语言文字、数字、日期和计量单位做了规定，这是作为本地政策首先需要确定的。对应的《规则》1. 0. 6 著录用文字，大部分内容与 RDA 的规定一致，某些照录信息不尽一致，建议按 RDA 的“表达性原则”，转录而不做转换。在此原则下，相应的中文应用政策如下：

1. 语言文字

RDA0. 11. 2 规定：指定元素按信息源形式转录，如果无法记录，允许采用音译形式记录；其他指定元素用数据创建机构首选语言文字记录。

CPS0. 11. 2：中文编目首选语言文字为汉字。

另外，对无法记录的语言文字，还需要规定通用的音译表等转换标准，如中国少数民族语言的汉语拼音字母音译转写法，等等。

需要说明的是，本书主要针对中文编目。中国少数民族语言文字文献的编目，可以规定不同的首选语言文字。

2. 数字

RDA0. 11. 3 规定：指定元素按信息源形式转录，但也允许用数据创建机构首选的形式记录；其他指定元素通常也按信息源形式记录，但允许用数据创建机构首选的文字取代或附加相应的数字。

《规则》1. 0. 6. 3 规定：版次、出版发行日期、文献数量、尺寸、价格等一般用阿拉伯数字著录。RDA 规定版次、出版发行日期属于按信息源形式记录元素（RDA1. 4），《规则》与之不一致。宜遵从 RDA 的表达性原则：

CPS0. 11. 3：中文编目非转录元素，如文献数量、尺寸、价格等，采用阿拉伯数字。

3. 日期

RDA0. 11. 4 规定：指定元素按信息源形式转录，但也允许用数据创建机构首选的形式记录,作为替代或附加;其他指定元素通常也按信息源形式记录,但允许用数据创建机构首选的文字取代相应的数字;如果信息源数据非公历形式,允许附加公历日期。

说明见上面“数字”部分:

CPS0.11.4:中文编目非转录元素的公历日期用阿拉伯数字。

4. 计量单位

RDA0.11.5 规定:指定元素按信息源形式转录。载体和容器尺寸采用米制单位,但也允许用数据创建机构首选的计量制度。播放速度通常用米制单位(如米每秒)或转每分、帧每秒等,但记录模拟盘也允许用英寸每秒。

按《规则》1.0.6.2 规定:

CPS0.11.5:计量单位等效采用 GB 3100《国际单位制及其应用》。

二、“交替”的选择

“交替”是对 RDA 正文条款提出的替代做法,RDA 规定可由数据创建机构制订相应的政策与准则,否则的话,就由创建数据者酌情处理(RDA0.8)。

1. 语种

在 RDA 的交替与可选中,涉及最多的是不同情况下语种的选择,包括照录与音译问题。这里仅提出与我国习惯适应的名称检索点两个选择:

(1)个人名称的语种

RDA9.2.2.5.2 规定:个人名称以不同的语种形式出现在与个人相关的资源中,选择大多数资源的语种形式。

其交替做法规定:编目机构广为接受的语种和文字形式。

在目前的中文编目实践中,个人名称无论中外(包括中国少数民族),均选择中文名称。

CPS9.2.2.5.2:选择汉字形式。

并进一步根据《规则》22.2.4.3 少数民族个人名称和 22.2.4.6 外国人中译名称,对个人名称形式做出详细规定。

(2)团体名称的语种

RDA11.2.2.5.2 规定:团体名称以不同的语种出现,选择团体的官方语言作为首选名称。

其交替规则规定:选择创建数据的机构首选语言。

CPS11.2.2.5.2:选择中文名称或中译名。

并进一步根据《规则》23.2.3.8 国际组织或外国团体名称标目,对团体名称形式做出详细规定。

2. 多部分作品题名检索点的形式副标目

RDA6.27.2.3 的交替做法:作品的多个部分未编号或非连续编号,可以采用“选集”表示。

CPS6.27.2.3 采用 RDA 交替做法。

三、“可选”的选择

RDA 的“可选”包括“可选附加”与“可选省略”，是针对正文条款规定内容，附加或省略某些数据。RDA 规定可以由数据创建机构制订相应的政策与准则，否则的话，就由创建数据者酌情处理（RDA0.8）。

1. 多个 ISBN 号等标识号

RDA2.15.1.5 规定：著录多部分组成的记录，有整套资源的标识号，同时有部分资源的标识号时，记录整套资源的标识号。

其“可选附加”规定：记录整套和各部分的标识号，在每一标识号后用限定注明。

CPS2.15.1.5 采用 RDA 可选附加。

2. 发行职能

RDA2.8.4.4 规定：信息源中表示个人、家庭或团体履行的职能（除了仅仅出版之外）的词或短语应予以著录。

其“可选附加”规定：如果著录在出版名称子单元中的个人、家庭或团体的职能不清楚，则增加一个术语注明其职能，并注明该信息取自资源之外。

CPS2.8.4.4 采用 RDA 可选附加。

3. 出版发行等纪年形式

RDA2.8.6.3 规定转录，其“可选附加”规定：如果显示在资源中的日期是非格列高利历或儒略历，增加格列高利历或儒略历日期，注明此信息来自资源以外。

CPS2.8.6.3 采用 RDA 可选附加。

4. 多册页码

RDA3.4.5.18 规定：如果多册单独编页，记录册数，省略页码。

其“可选附加”规定：依 3.4.5.2—3.4.5.13，在单元类型术语后的括号中指明每册的页、叶或栏数。

CPS3.4.5.18 采用 RDA 可选附加。

5. 个人名称附加元素

RDA9.19.1.1 指出，如果适用，在需要区分不同个人使用相同名称时，可以在名称中按顺序附加 9.19.1.2—9.19.1.7 中所列元素，即头衔或其他标识，生卒年，名称完整形式，个人活动时期和/或专业或职业，其他等级、荣誉、官职，其他标识。

其“可选附加”规定：不需要区分相同名称不同个人检索点时，也可附加 9.19.1.2—9.19.1.7 中所指定元素。

《规则》22.2.3.1a 规定“生卒年信息是个人名称标目的首选附加成分”，22.2.3.2 规定“朝代……是个人名称标目的常见附加成分”，这两个元素通常可作为个人名称附加：

CPS9.19.1.1：生卒年、活动时期（可对应中国的朝代）也可以用于不需要区分时。

四、"例外"规则

RDA 的例外，主要是针对特定类型资源的规定（RDA0.9），如早期印刷资源、连续性资源、地图、静态图像、手稿、乐谱、缩微资源、触摸资源、音乐、宗教、法律作品等。

与"交替"/"选项"一般要求与正文条款择一而从不同，"例外"是与正文条款同等的规则，只是说明在特定情况下所采用另一种规则。故而不需要在本地政策中另行说明。

不采用 RDA 编目的资源类型

LC-PCC PS 中最大的例外，是对古籍及档案类资源不采用 RDA，在与其他资源描述与检索标准的关系（RDA0.2）对应的 LCPS 中，规定了所用的相应标准。

本研究中虽然没有对《规则》的古籍与 RDA 相应规则做对照，但可以推测古籍的中文特色内容更多，要采用 RDA 会面临较多的问题。在 LC 对西文古籍暂不采用 RDA 的背景下，对中文古籍及拓本等资源暂不考虑采用 RDA，应当是比较明智的选择。

五、本地化细则

对于 RDA 中没有涉及或过于简单，且不涉及交替、可选、例外等规则，只是需要细化的内容，都可以在本地政策中说明。如 LC-PCC PS6.2.2.7 对手稿作品做了详尽的规定，包括物理手稿的规范检索点、规范记录及宗教手稿。

此外，适应中文的 RDA 修订建议在向 JSC 提出但尚未得到采纳时，也可以临时作为本地细则。当然这不是一个推荐的做法。

1. 中国特色文献

中国特色文献也需要这样的本地细化。比如 RDA6.23 对宗教作品题名做了较多规定，包括特定宗教的详细规定，但未涉及道教。这部分在《规则》中也基本没有涉及，我们可以先在本地政策中做出相关规定，成熟后再向 JSC 提出建议，考虑对 RDA 相应条款进行补充。

2. 中文名称

《规则》对中文名称有较细致的规定，可以作为本地政策使用。

（1）朝代

朝代对个人名称而言具有较高的识别作用，可以归入"个人活动时期"。

RDA9.3.4 规定：个人活动时期指在其主要领域中活动的日期或日期范围。

CPS9.3.4：个人活动时期也可以使用个人所处的朝代。

可包含《规则》22.2.3.2a 确定个人所处朝代、朝代名称形式的规定。

（2）中国少数民族的个人名称

涉及 RDA9.2.2 下多个 RDA 条款，为方便使用，可作为 RDA9.2.2 个人首选名称的细则。

CPS9.2.2：中国少数民族的个人名称

可包含《规则》22.2.4.3 对少数民族个人名称的规定。

（3）外国人名称

涉及 RDA9.2.2 下多个 RDA 条款，为方便使用，可作为 RDA9.2.2 个人首选名称的细则。

CPS9.2.2：外国人名称

可包含《规则》22.2.4.6 外国人中译名称的规定。

还应说明适合不同语言的通用译名手册、音译表等参考工具。

（4）中国古代帝王的名称

RDA9.2.2.20 中举了“明太祖”的例子，与《规则》规定相同。这部分细则，可供其他国家参考。

CPS9.2.2.20：中国古代帝王名称

可包含《规则》22.2.4.5 中对不同朝代帝王名称的规定及例外规定。

六、附加核心元素

RDA 的核心元素基于 FRBR/FRAD，与书目记录对应的 RDA 核心元素包括两部分，一是载体表现和单件的所有核心元素（RDA0.6.2 和 RDA1.3）；二是作品和内容表达的部分核心元素（RDA0.6.3 和 RDA5.3），作品和内容表达的另外一些核心元素属于规范记录范畴。

这些 RDA 核心元素对应基本级国家书目记录，只包括最基本的描述单元，大致相当于《规则》著录详简级次的简要级次（第一级次），对于编制大多数书目记录（比如核心级书目记录）而言过于简单。为此 LC 增加了 55 个核心元素（其中 22 个同时为 PCC 核心元素）。

中文编目可以依据《规则》的简要级次和基本级次（第二级次），参考 LC-PCC 的核心元素，增加以下 CPS 核心元素：

1. 通用核心元素

根据《规则》1.0.4 著录详简级次中的简要级次与基本级次，可以在 RDA 核心元素基础上增加的核心元素如下：

尺寸（RDA3.5。属于简要级次，但非 RDA 核心元素）
并列题名（RDA2.3.3）
其他题名信息（RDA2.3.4）
其他责任说明（RDA2.4，除第一责任说明外）
与本版有关的责任说明（RDA2.5.4）
其他形态细节（RDA7.15 插图内容。不同类型资源对应不同元素）
从编其他题名信息（RDA2.12.4）
从编责任说明（RDA2.12.6）
附注（RDA2.20 和 RDA3.22 中某些元素。属于简要级次，但非 RDA 核心元素）
获得方式（RDA4.2）

2. 特定类型资源的核心元素

根据本书对六种类型资源所做对照，除普通图书不需要在通用核心元素之外再行增加，其他五种资源可以增加的核心元素如下：

(1)地图资源

投影(RDA7.26)

坐标(RDA7.4)

地图图像版式(RDA3.11.2)

(2)乐谱

乐谱格式(RDA7.20.1.3)

(3)影像资料

持续时间(RDA7.22)

(4)连续性资源

出版周期(RDA2.14)

前题名(RDA2.3.7)

后续题名(RDA2.3.8)

识别题名(RDA2.3.9)

缩略题名(RDA2.3.10)

(5)电子资源

数字文件特征(RDA3.19)

统一资源定位 URL(RDA4.6)

七、CNMARC 样例片断

RDA 的目标是作为通用的描述与检索标准,不与特定编目格式对应,也不规定显示样式,但目前绝大部分图书馆仍然采用 MARC 格式进行编目。虽然 RDA 在附录中提供了 MARC 与 RDA 的对照表,有助于利用 RDA 编目,但由于 MARC 字段、子字段并不与 RDA 元素一一对应,在实际使用中,仍然需要有较多样例,提供实际的指引。LC-PCC PS 中有约 200 处提供或简或详的 MARC21 格式记录片断。如 LC-PCC PS7.10.1.3 内容摘要,分别对不同情况下采用 520 字段和 856 字段提供摘要信息的情况做了举例。

在中文 RDA 应用政策中,也需要增加一些 CNMARC 记录样例,以帮助编目员更好地掌握 RDA 的使用。CNMARC 样例片断可以取自本书第七章“中文 RDA 工作流程”,也可从本书附录二的完整 CNMARC 样例中选取。

小结

作为更完整的实际版本,本地政策还可以增加、扩展,比如对由编目员判断部分,也可做出一些规定,以适应不同层次的编目员使用。对于本书提出的适应中文的 RDA 修订建议(第五章),如果未来向 JSC 提出并得到 RDA 接受修订,也应纳入中文 RDA 应用政策。

未来如果 RDA 工具包有中文版界面,中文 RDA 应用政策也可以如 LC-PCC PS 和 NLA PS 那样,放在“资源”部分,提供与 RDA 条款的双向链接,这也是工具包承诺的功能[RDA Toolkit Development,2012a]。中文资源应用政策结合进 RDA 完整文本中,形成适应中国编目实践的细则,并与 RDA 的修订同步更新,可以解决目前规则修订滞后问题,实现既保持中国特色又与国际接轨。

值得说明的是，作为美国 RDA 政策，LC-PCC PS 中也包含一些 LC 与 PCC 对同一 RDA 条款的不同选择，分别注明而又放在同一文档中维护，有助于编目界了解双方的差异，既可做出自己的选择，也可更好地理解不同来源的编目数据的差异。这一方式也可为我国借鉴，如果国家图书馆联编系统与 CALIS 联合目录系统不能在某些做法上保持一致，在一个文档中明确各自的做法对编目中套录与转换数据都会很有帮助。

第七章　中文 RDA 工作流程

第一节　工作流程说明

一、什么是工作流程?

在联机版 RDA 工具包中,为方便掌握与利用 RDA,设置有工作流程(workflows)版块。

工作流程在实际使用中,就是链接到 RDA 正文条款的超文本文件,可以按日常工作或学习所需,灵活地重组 RDA 条款,并结合其他编目相关标准如 MARC 格式等,成为引导与快速定位编目所需标准文本的工具。

工作流程由 RDA 订购用户制作,分三种,由制作者选择公开范围:①My Workflows,供个人使用;②Local Workflows,供同一订购账号即机构内部使用;③Global Workflows,供所有 RDA 订购用户使用。

美国国会图书馆在 RDA 测试期间就公开了其员工用的单册图书、多部分图书及套录的工作流程,部分还结合所用的 MARC21 字段,可以使编目员快速了解分散在不同章节的相应 RDA 条款,掌握 RDA 编目。

目前 RDA 工具包中已有不同机构制作的数十个公开工作流程,并且数量还在不断增加。

二、CNMARC 编目工作流程

日常编目中,一般以文献类型(根据原 ISBD 系列及 AACR2、《中国文献编目规则》)划分编目对象,编目员也习惯首先确认所编对象的文献类型,再考虑相应的 MARC 编目模板与对应的编目规则。

为方便中文编目快速掌握与利用 RDA,本书提供六种类型文献与 CNMARC 结合的 RDA 工作流程:

普通图书
地图资源(测绘制图资料)
印刷乐谱
影像资料
连续性资源
电子资源

每个流程包括五个部分:
(1)范围;

(2)首选信息源;
(3)资源类型;
(4)常用字段;
(5)常用字段/子字段说明。

三、说明

(1)针对依 RDA 创建特定类型文献的书目记录时的注意点,以及所涉及的基本知识。

(2)字段说明部分以 CNMARC 字段为顺序,包括 RDA 的核心元素对应的 CNMARC 字段,以及特定类型文献的特殊字段。

(3)不包括编制一条完整记录所需的所有 RDA 规则,不列举 RDA 的所有细节与特例,只指明最基本的做法。含部分常用术语表翻译(一览表见本节附 2)。

(4)在 RDA 规定与《中国文献编目规则》不尽一致时,注明两者的差异。

(5)RDA 不规定元素的顺序及识别语,对多个 RDA 元素对应一个 MARC 子字段的情况,元素的顺序及识别语将参照《中国文献编目规则》给出。

(6)工作流程在加上 RDA 条款的超链接后,可以放到 RDA 工具包的工作流程版块,供编目时在线参考。

附 1　RDA 核心元素(RDA0.6)对应 CNMARC 字段一览

0XX 作品标识、内容表达标识、载体表现标识
200 正题名
200 责任说明
205 版本说明
206 水平比例尺、垂直比例尺(地图)
207 连续出版物编号
210 生产说明(未出版资源):生产日期
210 出版说明:出版地、出版者、出版日期
210 发行说明(出版资源):发行地(若出版地不详)、发行者(若出版者不详)、发行日期(若出版日期不详)
210 制作说明(出版资源):发行地(若出版、发行地不详)、发行者(若出版、发行者不详)、发行日期(若出版、发行日期不详)
210 版权日期(若出版、发行日期不详)
215 数量(仅当资源完整或全部数量已经时)
225 丛编说明
500 作品首选题名(统一题名)
内容类型
载体类型

附 2　常用术语表翻译一览

术语表	位置	出处
文本数量	(一)普通图书 215(1)数量	OMR:RDA Extent of Text
插图内容	(一)普通图书 215(2)其他载体细节	OMR:RDA Illustrative Content
比例尺	(二)地图资源 206(1)比例尺	OMR:RDA Scale
地图资源数量	(二)地图资源 215(1)数量	RDA 3. 4. 2. 2
静态图像色彩	(二)地图资源 215(2)其他载体细节	OMR:RDA Colour of Still Image
彩色	(二)地图资源 215(2)其他载体细节	OMR:RDA Colour
乐谱格式	(三)乐谱 208 乐谱格式/215(1)数量	RDA 7. 20. 1. 3
影像资料载体类型	(四)影像资料 215(1)数量	RDA 3. 3. 1. 3
动态图像色彩	(四)影像资料 215(2)其他载体细节	OMR:RDA Colour of Moving Images
声音内容	(四)影像资料 215(2)其他载体细节	OMR:RDA Sound Content
出版周期	(五)连续性资源 326	RDA 2. 14. 1. 3
计算机载体类型	(六)电子资源 215(1)数量	RDA 3. 3. 1. 3
文件类型表	(六)电子资源 215(1)数量	RDA 3. 19. 2. 3
编码格式表	(六)电子资源 215(2)其他载体细节	RDA 3. 19. 3. 3

说明:

1. 内容类型、媒介类型、载体类型术语散列于各类型资源工作流程之“3 资源类型”。
2. 表中 OMR 指取自开放元数据注册网站(Open Metadata Registry)的 RDA 取值词表。这部分术语表 RDA 没有单独列出,只在例子或正文中提及。

第二节　普通图书工作流程

一、范围

本工作流程适用于以印刷方式、单本刊行的出版物,包括专著、汇编本、多卷本、丛书等。不包括古籍、连续出版物、乐谱、地图册及电子图书等,画册(静画资料)可参照。

二、首选信息源

题名页;如无,则依次选择带题名的封面、版权页(RDA2. 2. 2. 2)。

多卷本取第一册的首选信息源(RDA2. 2. 3)。

三、资源类型

内容类型:文本(text)

媒体类型:无中介(unmediated)

载体类型:册(volume)

四、常用字段

010 国际标准书号
200 题名和责任说明
205 版本说明
210 出版发行
215 载体描述
225 丛编说明
500 作品首选题名(统一题名)
510 并列题名
7XX 知识责任
* 说明:RDA 不涉及 MARC 代码,头标及 105 字段,见 CNMARC 相关手册。附注字段略。

五、常用字段/子字段说明

010 国际标准书号

(1)国际标准书号 $a 及限定 $b(RDA2. 15. 1)
信息源:任何来源。
照录 ISBN(RDA2. 15. 1. 4 载体表现标识)。
例:010　$a7 -81052 -714 -2

多册图书,有整套 ISBN,每册有各自 ISBN:记录整套资源的标识号。(可选附加)记录整套和各册 ISBN,在每一标识号后用限定注明(RDA2. 15. 1. 5)。建议采用“可选附加”规定。

例:010　$a957 -9019 -12 -6$b 全套
　010　$a957 -9019 -16 -9$b 上
　010　$a957 -9019 -17 -7$b 中
　010　$a957 -9019 -18 -5$b 下

(2)获得方式 $d(RDA4. 2)
信息源:任何来源。
价格用数字及标准货币符号(RDA4. 2. 1. 3 获得方式)。
例:010　$d ¥20. 00

200 题名和责任说明

(1)正题名 $a(RDA2. 3. 2)
按首选信息源照录。
例:200　$a 诗、画、乐的融通

当题名页上有中文题名与外文题名时,取与正文主要部分语种相同的题名作为正题名(RDA2. 3. 2. 4)。

例:正文为中文,题名页有中英文题名:美国印记 A window on America
　200　$a 美国印记

例:正文为英文,题名页有中英文题名:动漫艺术与文化 Arts and cultures

200 $aArts and cultures

无总题名图书,记录代表整个资源的信息源上显示的各部分正题名;如果没有代表整个资源的信息源,依次记录各部分信息源上的正题名(RDA2.3.2.9)。RDA 没有对著录题名的数量做出限制(《规则》规定最多著录三种)。

例:200 $a 書畫傳習錄 $f(明)王紱撰 $g(清)嵇承咸注 $a 梁溪書畫征

$f(清)嵇承咸撰 $a 小山畫譜 $f(清)鄒一桂撰 $a 桐陰論畫

$f(清)秦祖永著 $a 國朝書畫家筆錄 $f(清)竇鎮輯.

无正题名时,应从其他来源获取题名,或者自拟题名,并做附注说明题名来源(RDA2.3.2.10 无题名资源)。特别注意:自拟题名不置于方括号内(与《规则》6.1.1.9 不同)。

(2)并列题名 $d(RDA2.3.3)

信息源:文献中任何来源。

例:200 $a2001 – 2010 中国电影学研究报告

$d = Chinese film studies research report from 2001 to 2010

如并列题名与正题名来源不同,且认为有必要,可在 304 附注字段说明。(RDA2.3.3.3,RDA2.20.2.3)

例:304 $a 并列题名取自封面

(3)其他题名信息 $e(RDA2.3.4)

记录显示在信息源中的其他题名信息(RDA2.3.4.3)。只记录与正题名相同语种的(RDA2.3.4.4),即没有并列其他题名信息。

例:200 $a 投资大围猎 $e 你是猎手还是猎物?

(4)责任说明/并列责任说明 $f $g(RDA2.4)

信息源(依次):正题名的信息源,资源本身的其他来源,其他信息源(附件、容器、资源的其他出版描述、任何其他来源)。如果责任说明取自资源本身之外,须以方括号(或其他方式)予以明示(RDA2.2.4 其他信息源)。

照录所有责任说明。

例:200 $f 杨胜刚,姚小义,乔海曙,田冬炜,吴立源著

(可选省略)如单个责任说明超过三个,可省略除第一个外的任何责任说明,并说明省略情况(RDA2.4.1.5 说明多人):

例:200 $f 杨胜刚[等 4 人]

有多个责任说明时,按信息源中的序列、布局或版式显示的次序著录(RDA2.4.1.6)。

例:200 $f 原著(俄)屠格涅夫 $g 改写段振东

并列责任说明信息源为对应的并列正题名信息源,如果没有则为正题名信息源(RDA2.4.3.2)。

例:200 $f 尤尔根·哈贝马斯著 $f = Jurgen Habermas

(5)从属题名 $h $i(RDA2.3.1.7 部分、章节及补编题名)

例:200 $a 高等教育自学考试指定教材同步配套题解

$i 法学类 $i 劳动法学

例:200　$a 求真务实 $h1 $i 百年社会经济反思

205 版本说明

信息源(依次):正题名的信息源、资源本身的其他信息源、其他信息源(依次为:附件、容器、资源其他出版描述、任何其他来源)(RDA2.5.2.2)。如果版本说明取自资源本身之外,须以方括号(或其他方式)予以明示(RDA2.2.4 其他信息源)或为其作一附注。

按信息源**照录**(RDA2.5.1.4)。如"第二版",不改阿拉伯数字"第 2 版"或简化为"2 版"。初版及第一版也要著录。

例:205　$a 第 1 版

例:205　$a 第二版

对是否属于版本说明有疑问,考虑出现的文字,例如"XX 版",或者语句指明:a)内容上的差异;b)地理范围上的差异;c)语言上的差异;d)资源对象的差异;e)特殊格式或物理表现形式;f)与内容有关的不同日期。有这些特征就认为是版本名称说明(RDA2.5.2.1)。

例:205　$a 青少版

例:205　$a 农村版

210 出版发行

涉及 RDA 规定:

生产(RDA2.7):适用于未出版资源,仅日期为核心元素(必备)。

以下出版、发行、制作均适用于出版资源,仅在前项核心元素信息没有时,才需记录后项。

出版(RDA2.8):出版地、出版者、出版日期为核心元素(必备)。

发行(RDA2.9):出版地不详时,发行地为核心元素;出版者不详时,发行者为核心元素;出版日期不详时,发行日期为核心元素。

制作(RDA2.10):出版、发行地不详时,制作地为核心元素;出版、发行者不详时,制作者为核心元素,出版、发行、版权日期不详时,制作日期为核心元素。

版权日期(RDA2.11):出版、发行日期不详时,为核心元素。

(1)出版发行地(含生产地) $a/制作地 $e

信息源(依次):与出版者相同的信息源、资源本身的其他信息源、其他信息源(依次为:附件、资源其他出版描述、其他来源)。如非来自资源本身,用附注或方括号等表明信息来自资源本身之外(RDA2.2.4 其他信息源)。

记录地名(市、镇等),如果信息源上有较大行政区(如省、自治区等及国家),也同时记录(RDA2.8.2.3),依信息源显示形式转录(RDA2.8.1.4)。

例:信息源题:社址:山东省济南市英雄山路 189 号

　210　$a 山东省济南市

(可选附加)如果对识别或获取重要,可提供信息源上没有的较大行政区名,以方括号指明。

例:210　$a 安宁[云南]

如果信息源上有**多个出版**地,按名称的显示顺序、排版或字体,逐一记录。如果多个出版地与多个出版者关联,依地名的上述顺序,一并记录出版地和出版者。

例:210　$a 广州 $a 香港

例:210　$a 北京 $c 人民出版社 $a 上海 $c 上海人民出版社

如果资源上未标明**出版地**,按如下顺序记录:

a. 如果知道地点,以方括号提供,如:[上海]

b. 如果地点不确定,方括号再加问号,如:[重庆?]

c. 如果知道较大行政区,以方括号提供,如:[安徽]

d. 如果较大行政区不确定,方括号再加问号,如:[福建?]

e. 如果以上均不能确定,分别记录:出版地不详、发行地不详、制作地不详,并加方括号,说明信息取自资源本身之外(RDA2.8.2.6,RDA2.2.4)。

(2)出版发行者(含生产者) $c/制作者 $g

信息源(依次):正题名的信息源、资源本身的其他信息源、其他信息源(依次为:附件、容器、资源其他出版描述、其他来源)。如非来自资源本身,用附注或方括号等表明信息来自资源本身之外(RDA2.2.4 其他信息源)。

记录与名称相连的表达其职能的词(除出版外)。

(可选附加)如果发行等职能未明确表达,增加表达其职能的词,并用方括号表明非来自资源本身。

例:210　$c 新华书店[发行者]

如果资源有**多个出版者**,按名称在信息源上的显示顺序、排版或字体,逐一记录。

如果不能确定出版者,分别记录:出版者不详、发行者不详、制作者不详,并加方括号,说明信息取自资源本身之外(RDA2.8.2.6,RDA2.2.4)。

(3)出版发行日期(含生产日期) $d/制作日期 $h

信息源(依次):正题名的信息源、资源本身的其他信息源、其他信息源(依次为:附件、容器、资源其他出版描述、其他来源)。如非来自资源本身,用附注或方括号等表明信息来自资源本身之外(RDA2.2.4 其他信息源)。

日期以阿拉伯数字记录,采用公历纪年。

如果信息源日期**非公历纪年**,照录,后用方括号提供转换后的公历纪年(RDA1.9.2)。

例:210　$d 民国二十年[1931]

如果**日期不确定**,用方括号括起推测的日期(RDA1.9.2):

a. 两个年份之一,例:[1971 或 1972]

b. 可能某一年,例:[2010?]

c. 可能的年份范围,例:[1996 到 1999?];[民国初年?]

d. 如果**不能确定日期**,分别记录:出版日期不详、发行日期不详、制作日期不详,并加方括号,说明信息取自资源本身之外(RDA2.8.2.6,RDA2.2.4)。

(4)版权日期 $d(RDA2.11)

信息源:任何来源。

前置版权标记©或℗,如果标记无法录入,也可代以文字"版权"。

例:210　$d 版权 2005

215 载体描述

(1)特定资料标识与数量 $a(RDA3.4.5)

记录单元数量与适当术语:先著录单元数量(册),后著录子单元数量(页、叶)。

采用术语:取自 Open Metadata Registry"RDA 文本的数量"(RDA Extent of Text)

约(approximately)
折(folded)
函(case)
多种编号(in various numberings)
多种页码(in various pagings)
未完成(incomplete)
叶(leaf)
页(page)
文件夹(portfolio)
张(sheet)
未编号页(unnumbered pages)
未编号序列页(unnumbered sequence of pages)
册(volume)
册(活页)(volume(loose-leaf))

A. 单册。省略单元数量,直接记录子单元数量(RDA3.4.5.2)。

例:215　$a15,536 页

B. 多册。如果连续编页,子单元数量忽略除首册外其他各册的文前单独编页序列。

例:215　$a5 册(12,2148 页)

如果多册单独编页,记录册数,省略页码。

例:215　$a4 册

(可选附加)在单元类型术语后的括号中,指明每册的页、叶或栏数。(《规则》规定单独编码时超过三册,仅著录总册数。)

例:215　$a2 册(xvi,329 页,xx,412 页)

例:215　$a4 册(254,268,312,438 页)

C. 图版。图版与正文分开编码时,在正文页码后记录图版的叶或页数(RDA3.4.5.9)(《规则》此处图版不著录)。

例:215　$axxi,358 页,8 页图版

例:215　$a285 页,12 页未编号图版

D. 有函(盒)套的未装订的散页图书,先著录函数(单元),后著录页(叶)数(子单元)(RDA3.4.5.15)。

例:215　$a1 函(24 叶)

注:《规则》著录为:24 叶(1 函)

E. 未载明页数,按下述方法之一记录(RDA3.4.5.3):

a. **如果易于确定**,记录确切的页、叶或栏数。

例:215　$a93 未编码页

b. **如果具体数值不易确定**,记录估计的页、叶或栏数,前置“约”

例:215　$a 约 600 页

c. 记录为“1 册(未编号页)”

F. **页码等复杂或不规则**,按下述方法之一记录(RDA3. 4. 5. 8):

a. 记录页、叶或栏的**总数**,酌情后加“多种页码”“多种叶码”或“多种编号”。

例:215　$a1000 页多种页码

b. 记录**主要页码序列**的页、叶或栏数,再加其余多种编号或未编号序列的总数。

例:215　$a560 页,223 页,217 多种页码

c. 记录为**“1 册(多种页码)”**

G. **图书页数有印刷错误**,先记录最末页(叶)的编号,后跟“实为”及更正数值(RDA3. 4. 5. 5)。

例:215　$a329,实为 392 页

(2)其他载体细节 $c(RDA7. 15. 1. 3)

记录**插图**。一般用“图”表示。(交替规则)如认为对识别或选择重要的话,可以用以下一个或多个合适的术语:“海图”“摹真”“地图”“乐谱”“照片”“平面图”“肖像”等。

(可选附加)如果插图的数量容易确定,记录插图的数量。

采用术语:取自 Open Metadata Registry“RDA 插图内容”(RDA Illustrative Content)

海图(Charts)
纹章(Coats of arms)
摹真(Facsimiles)
表格(Forms)
谱系表(Genealogical tables)
图表(Graphs)
插图(Illustrations)
地图(Maps)
乐谱(Music)
照片(Photographs)
平面图(Plans)
肖像(Portraits)

(3)尺寸 $d(RDA3. 5. 1. 4. 14)

记录高度,单位厘米,使用米制符号 cm,向上取整。

例:215　$d21cm

如果**高度小于 10 厘米**,以毫米记录,使用米制符号 mm。

例:215　$d75mm

(例外)如果册的**宽度小于高度一半或者大于高度**,记录高度 × 宽度。

例:215　$d20 × 8cm

例:215　$d20 × 32cm

如果**多册尺寸不同**,记录最小及最大尺寸。(RDA3. 5. 1. 6 多载体组成的资源)

例:215　$d21 - 27cm

（交替做法）如果有两种尺寸，记录两种尺寸。如果有两种以上尺寸，记录最大尺寸，后跟"或较小"。

225 丛编项

（1）丛编正题名 $a（RDA2.12.2）
参照文献正题名的条款著录。
（2）丛编其他题名信息 $e（RDA2.12.4.3）
只有在认为对识别该丛编必要时才予以著录。
（3）丛编责任说明 $f（RDA2.12.6.3）
一般不予著录，必要时可著录。
（4）分辑号及分辑题名 $h，$i（RDA24.6，RDA2.12.10.3）
参照文献分辑号及分辑题名的条款著录。
（5）分丛编
分丛编并列题名（RDA2.12.11.3）、分丛编其他题名信息（RDA2.12.12.3）、分丛编并列其他题名信息（RDA2.12.13.3）、分丛编责任说明（RDA2.12.14.3），分丛编并列责任说明（RDA2.12.15.3）、分丛编 ISSN（RDA2.12.16.3）、分丛编编号（RDA2.12.17.3）的著录等，参照正丛编的规定。

500 统一题名

即普通图书的首选题名（RDA6.2.2）。

首选题名是作品（即规范记录）的核心元素，但非并载体表现（书目记录）核心元素，在书目记录中原称统一题名，但 RDA 不采用此术语。一般而言，对翻译资源，以及有多种不同名称的古典文献，需要采用统一题名。

信息源：1500 年以后作品，从包含作品的资源中或参考源确定；之前作品根据现代来源确定，如果没有现代参考源，依次根据：现代版本、较早版本、手稿副本（RDA6.2.2.2）。

语种：采用作品原语言题名。

形式：如果作品原语言没有广为所知的题名，或者有疑问，选择初版正题名。不要把交替题名作为首选题名的一部分（见 2.3.2）。

如果作品同时以相同语言、不同题名出版，选择首次收到资源的正题名做首选题名（RDA6.2.2.4）。

检索点附加：

①区分作品：如果两个或更多作品以相同或类似检索点显示，检索点可附加：作品形式、日期、起源地、其他区别特征（RDA5.5/6.27.1.9）。

②标识内容表达：在表示作品或其部分的规范检索点后，附加识别内容表达的元素，包括内容类型、内容表达日期、语种、其他区别特征（RDA5.5/6.27.3）。

CNMARC 格式：500 10$a 原语言题名 $k 出版日期 $l 形式副标目 $m 语种 $n 其他信息

例 1：500 10$a 红楼梦

例 2：500 10$a 毛泽东思想研究丛书 $n 湖南人民出版社

注：湖南人民出版社与山东人民出版社分别出版过同名的丛编《毛泽东思想研究丛书》，两者都没有丛

编的主编,可用出版者作为附加成分,以区分同一题名的不同丛编(作品)。

例3:500 10$a David Copperfield $mChinese

注:翻译作品,以原语言题名做统一题名,附加语种以标识内容表达。

510 并列正题名

信息源:资源中任何来源

语种:另一种语言或文字的正题名(RDA2.3.3)

CNMARC 格式:510 1 $a 并列正题名 $z 并列题名语种代码

注:RDA 不要求著录并列其他题名信息(RDA2.3.4.4)。

例:500 1 $a Advertisement design $z eng

7XX 知识责任

(1)个人和团体作为主要责任说明

中文没有主要款目概念,无论是否为 RDA 定义的作品"创作者",凡对作品负有主要责任的个人和/或团体(普通图书如著者、主编、撰写者、编写者等),无论多少人数,都著录在7X1字段。

(2)次要责任说明

凡对作品进行再创作者,即对作品负有次要责任的个人和/或团体(普通图书如译者、编者、改写者、插图者等),无论多少人数,都著录在7X2字段。

注:若无对作品负有主要责任的创作者,则把对作品负有次要责任说明的再创作者著录在7X1字段。

(3)关系指示词 $4

一般照录文献上标明的职责。如有可能,采用 RDA 附录 I"资源与相关个人、家族与团体关系指示词"的责任方式术语。

第三节 地图资源工作流程

一、范围

本工作流程适用于印刷或手绘的散页地图(单张或多张)、地图册、三维实物地图。**不包括**电子地图、动态图像地图、盲文触摸地图。

二、首选信息源

(1)单页或多页地图

题名页;如无,则依次选择带题名的封面、文首标题、报头、版权页(RDA2.2.2.2)。

(2)三维地图

带有题名的、永久印制或附着于资源的标签(非附属文本资料或容器)(RDA2.2.2.4 其他资源)。

三、资源类型

(1)地图册

内容类型:地图图像(cartographic image)
媒介类型:无中介(unmediated)
载体类型:卷册(volume)
(2)散页地图(单张/多张地图、遥感图等)
内容类型:地图图像(cartographic image)
媒介类型:无中介(unmediated)
载体类型:散页(sheet)/翻转图(flipchart)/卷(roll)
注:翻转图指多张翻页的挂图;卷指卷起的资源(如卷轴地图)
(3)三维地图(球仪、模型等)
内容类型:三维地图(cartographic three-dimensional form)
媒介类型:无中介(unmediated)
载体类型:实物(object)

四、常用字段

010 国际标准书号
200 题名和责任说明
205 版本说明
206 测绘制图资料的数学数据
210 出版发行
215 载体描述
304 题名和责任说明附注
315 制图数学数据附注
7XX 知识责任
* 说明:RDA 不涉及 MARC 代码,头标及代码字段 1XX(特别是制图相关代码字段 120、121、122、123、124、131)见 CNMARC 相关手册。

五、常用字段/子字段说明

010 国际标准书号

略(详见本章第二节“普通图书工作流程”)。

200 题名和责任说明

(1)正题名 $a(RDA2. 3. 2)
按首选信息源照录。
正题名中如包含**比例尺**,将其作为正题名的一部分(RDA2. 3. 2. 8. 2 比例尺)。
例:200　$a 河北省十万分之一图
例:200　$a 中国 1:1000000 地图
无正题名时,应从其他来源获取题名,或者自拟题名,并做附注说明题名来源(RDA2. 3. 2. 10 无题名资源)。特别注意:自拟题名不置于方括号内(与《规则》6. 1. 1. 9 不同)。

自拟题名应当包括地图资源覆盖区域的名称或标识，如有可能，说明涉及主题(RDA2.3.2.11.2 地图资源自拟题名)。

例：200　$a 江西省府县分图；中国各省物产图

304　$a 编目员自拟题名

(2)其他题名信息 $e(RDA2.3.4)

如果正题名未指明地图资源覆盖区域及/或主题，且其他题名信息也未指明，或没有其他题名信息，则以词或简明词组指明覆盖区域与主题(RDA2.3.4.5 提供地图资源其他题名信息)，并用附注或方括号等表明信息来自资源本身之外(RDA2.2.4 其他信息源)。

例：200 1　$a 市内交通路线示意图 $b[沈阳]

(3)责任说明 $f $g(RDA2.4)

信息源(依次)：正题名的信息源，资源本身的其他来源，其他信息源(附件、容器、资源的其他出版描述、任何其他来源)。如果责任说明取自资源本身之外，须以方括号(或其他方式)予以明示(RDA2.2.4 其他信息源)。

照录所有责任说明。如曹婉如，郑锡煌，黄盛璋，钮仲勋，任金城，鞠德源编：200　$f 曹婉如，郑锡煌，黄盛璋，钮仲勋，任金城，鞠德源编

(可选省略)如单个责任说明超过三个，可省略除第一个外的任何责任说明，并说明省略情况(RDA2.4.1.5 说明多人)：

例：200　$f 曹婉如[等 6 人]编

205 版本说明

略(详见本章第二节“普通图书工作流程”)。

206 测绘制图资料的数学数据

包括比例尺、投影、坐标、二分点和历元五个元素，多套数据重复 206 字段。

(1)比例尺(RDA7.25)

信息源：任何来源(RDA7.25.1.2)。

比例尺为 RDA 地图资源内容表达的核心元素(RDA0.6.3 作品和内容表达核心元素，RDA5.3 核心元素)，也是测绘制图资料的 CNMARC 必备项。

采用术语：取自 Open Metadata Registry“RDA 比例尺”(RDA Scale)

未按比例尺(Not drawn to scale)

比例尺不等(Scale differs)

比例尺不详(Scale not given)

比例尺不等(Scale varies)

A. 比例尺以**分数形式**表达(RDA7.25.1.3)。

例(缩小)：206　$a1:32,500,000

例(放大)：206　$a4:1

如果原文不是分数形式，**转换为分数形式**(RDA7.25.1.3)。原文可入附注，并用引号括起，表明是直接引用信息源内容(RDA7.25.5.3 附加比例尺信息)。

例：206　$a1:100,000

315　$a“1 厘米代表 1 公里”

B. 即使**题名中已有比例尺**，仍需记录（RDA7.25.1.3）。

例：200　$a1：1000000 地图

206　$a1：1,000,000

C. 如果**找不到比例尺**，可估算后记录，前加“**约**”。

例：206　$a 约 1：1,200

如果估算不出，记录为：**比例尺不详**（RDA7.25.1.3）。

D. 如果**不是按比例画的**（如示意图），记录为：**未按比例尺**（RDA7.25.1.3）。

E. **多个比例尺**（RDA7.25.1.4），记录最小比例尺和最大比例尺。

例：206　$a1：15,000 – 1：25,000

如果多个比例尺不详，记录为：**比例尺不等**。

F. 水平比例尺（RDA7.25.3）、**垂直比例尺**（RDA7.25.4）记录方式同上。参照《中国文献著录规则》，先记录水平比例尺，再记录垂直比例尺（注明“垂直比例”）。

例：206　$a1：744,080，垂直比例 1：96,000

G. **非线性比例尺**（如角比例尺）照录（RDA7.25.1.5）。

（2）投影（RDA7.26）

信息源：资源内任何来源（资源本身、包装或容器、附件）。

照录。

例：206　$a 等积圆锥投影

（3）坐标（RDA7.4）

信息源：资源内任何来源；如无，则可取自任何来源（RDA7.4.1.2）。

地球地图内容，记录经度和纬度；天体地图内容，记录赤经和赤纬（RDA7.4.1.3）。

A. **经度和纬度**（RDA7.4.2.3）以本初子午线、60 进制（360 度）的度、分、秒表示。记录顺序：西经、东经、北纬、南纬，分别前置 W、E、N、S。经度和纬度间以斜线分隔，经度/纬度本身间以短横分隔，分隔符前后均无空格。

例：206　$aE15°00’00”–E17°30’45”

/N1°30’12”–S2°30’35”

B. **赤经和赤纬**（RDA7.4.4.3）：赤经用 24 小时的时、分、秒（后两者仅在必要时）表示，前置“赤经”。**赤纬**用 60 进制（360 度）的度、分、秒（后两者仅在必要时）表示，以加号表示北半天球、减号表示南半天球，前置“赤纬”。赤经与赤纬间以斜线分隔，前后无空格。如有两个赤经、赤纬，两者间以“到”分隔。

例：206　$a 赤经 16 时 30 分到 19 时 30 分/赤纬– 16°到– 49°

（4）二分点（RDA7.5）

信息源：资源内任何来源。

在记录天体地图内容时，也以年记录二分点。

以分号与赤经赤纬分隔（按照《中国文献著录规则》）。

例：206　$a 赤经 16 时 30 分到 19 时 30 分/赤纬–16°到–49°；

二分点 1970。

（5）历元（RDA7.6）

信息源：资源内任何来源

记录天体地图内容的二分点时，仅记录与二分点不同的历元。

以逗号与二分点分隔（按照《中国文献著录规则》）。

如二分点为1950，历元为1948.5，记录为：206　$a二分点1950，历元1948.5

210 出版发行

略（详见本章第二节“普通图书工作流程”）。

215 载体描述

（1）特定资料标识与数量 $a（RDA3.4.2）

记录单元数量与适当术语；如果有多个单元，重复记录。术语（特定资料标识）取自下表；如下表中找不到合适术语，可选用静画（RDA3.4.4.2）和三维物品（RDA3.4.6.2）中的术语。

地图资源数量术语（RDA3.4.2.2）：

地图册（atlas）
图解（diagram）
球仪（globe）
地图（map）
模型（model）
剖面图（profile）
遥感图像（remote-sensing image）
断面图（section）
俯视图（view）

A. **地图册**，除地图册数量外，附加页数或册数（参考普通图书）（RDA3.4.2.5）。

例：215　$a1 地图册（3册）

例：215　$a1 地图册（8，154，54页）

B. **散页地图/C. 三维地图**，数量为地图数。

例：215　$a1 球仪

例：215　$a3 地图

例：215　$a1 挂图（说明：术语取自RDA3.4.4.2静画）

如散页地图**幅数与张数不一致**，先记录幅数，后记录张数（RDA3.4.2.3，3.4.2.4）。

例：215　$a16 地图1张

例：215　$a11 遥感图像分切2张

例：215　$a13 剖面图各分切4张

例：215　$a15 地图共分切18张

（2）其他载体细节 $c

如果对资源的识别和选择重要，可记录数量和尺寸以外的其他信息，包括形态、制作方法、色彩、载体材料等。根据《中国文献编目规则》，相互间以逗号分隔。记录顺序可参考AACR2：版式、制作方法、色彩、媒介、材料、底座。

A. 散页地图**双面印制**，记录：双面（RDA3.11.2 地图图像版式）。

B. **制作方法**从术语表中选择（RDA3.9.1.3），也可自拟，如《中国文献编目规则》中的

“墨印着色”“晒蓝着色”等。

C. **色彩**以资源实际内容为准，不考虑其外的色彩（如地图的边框、图外说明文字）（RDA7. 17. 2 静画色彩，RDA7. 17. 4 三维物品色彩）。

采用术语：取自 Open Metadata Reigstry“静态图像色彩”（RDA Colour of Still Image）和“色彩”（RDA Colour）

黑白（Black and white）

灰度（Gray scale）

棕色（Sepia）

着色（Tinted）

Tinted and toned

上色（Toned）

主要彩色（chiefly colored）

彩色（colored）

部分彩色（some colored）

a. 如图像为黑白或灰度，记录：黑白

b. 如黑白着色，则在括号后注明，如：黑白（着色）

c. 如图像为单色或双色，记录具体颜色，如：蓝色和红色

d. 两种以上颜色，根据情况记录为：彩色、部分彩色、主要彩色（RDA7. 17. 1. 3）。

D. **制作底材及附着材料**从术语表中选择（RDA3. 6. 1. 3 基底材料，RDA3. 7. 1. 3 应用材料），也可自拟。一般记录普通纸墨以外的材料，如《中国文献编目规则》中的“的确良”“石膏”“绢”等。手绘地图所用材料也可记录，如：墨水。

（3）尺寸 $d（RDA3. 5）

单位厘米，使用米制符号 cm，向上取整。

A. **地图册**（RDA3. 5. 1. 4. 14 册）记录高度。

如果高度小于 10 厘米，以毫米记录，使用米制符号 mm。

（例外）如果册的宽度小于高度一半或者大于高度，记录高度 × 宽度（同普通图书）。

例：215　$d20 × 8cm

例：215　$d20 × 32cm

B. **散页地图**：记录每张地图的尺寸（不用“图廓不等”省略）。

散页地图取**图框内廓**（而非印张）尺寸，记录高度 × 宽度，如果地图内廓为圆形则记录直径（须注明）（RDA3. 5. 2 地图尺寸）。

例：215　$d42 × 68cm

例：215　$d28cm 直径

如果**难以确定散页地图本身高度和宽度**的点（如形状不规则，或者所印的一或多边没有边框），记录印张的高度和宽度，并指明。

例：215　$d 印张 55 × 60cm

如果**印张尺寸不同**（RDA3. 5. 2. 3）：两种尺寸则全部记录。

例：215　$d 印张 25 × 35cm 和 30 × 35cm

更多尺寸则记录各印张的最大高度×最大宽度(非最大的一张),后跟“或更小”。

例:215　$d 印张 30×40cm 或更小

由**多张拼接**成完整图幅的分切地图(RDA3.5.2.4),记录拼接后的内廓尺寸,后跟印张尺寸,以逗号分隔,前置“印张”。

例:215　$d10×60cm,印张 25×35cm

如难以拼接测量,仅记录印张的高度和宽度。

如果散页**地图尺寸小于印张尺寸的一半**(RDA3.5.2.5),或者在印张上有实质性的附加信息(如文本),记录地图的尺寸,后跟印张尺寸,以逗号分隔,前置“印张”。

例:215　$d20×31cm,印张 42×50cm

折叠地图(RDA3.5.2.6)记录地图尺寸,加折叠后印张尺寸,以逗号分隔,前置“折叠为”。

例:215　$d9×20cm,印张 40×60cm,折叠为 21×10cm

双面印制地图(RDA3.5.2.7),根据情况按一般散页地图或多张拼接地图处理。在其他载体细节($c)中说明“双面”(RDA3.11.2 地图图像版式)。

C. **三维地图**(RDA3.5.1.4.13)

球仪记录直径,并说明。

例:215　$d28cm 直径。

其他三维物品记录物品本身尺寸,高度×宽度×厚度。宽度、厚度可省略。

例:215　$d110cm 高。

(可选省略)如果物品放在容器内,可省略本身尺寸,只记录容器尺寸。

附:**容器尺寸**(RDA3.5.1.5)如对识别或选择重要,可在物品本身尺寸外附加容器尺寸,或只说明容器尺寸(如上述“可选省略”)。记录高度×宽度×厚度,说明容器类型。

例:215　$d 盒 30×25×13cm。

304 题名和责任说明附注

题名非取自首选信息源的,要说明题名来源(RDA2.20.2.3 题名来源)。

例:304　$a 编目员自拟题名

315 制图数学数据附注

信息源:任何来源。

记录关于比例尺、投影及坐标的附加或解释信息(RDA7.27)。

A. 如果 206 字段记录为“**比例尺不等**”,而其中有若干比例尺可确定且可简明表示,记录在此。

例:315　$a 第 3 和第 4 幅图的比例尺:1∶540,000

B. 如果 206 字段**比例尺所记分数经过换算**,此处记录原文,并用引号括起(RDA7.25.5.3 附加比例尺信息)。

例:315　$a“1 厘米代表 1 公里”

7XX 知识责任

(1)团体作为创作者

中文没有主要款目概念,团体是否作为创作者,不影响其使用 711 字段。

相关规则:作品可由团体可作为创作者的六种类型之一:e)地图作品,团体非仅负责出版发行(RDA19. 2. 1. 1. 1 团体作为创作者)。

对应的《中国文献编目规则》一般团体名称检索点选取规则:出自团体的测绘资料,如对绘制负责,以其主持者、策划者、测绘者、编辑者为检索点(23. 1. 2. 1f)。

(2)关系指示词 $4

一般照录文献上标明的职责。如有可能,采用地图相关的规定术语:

制图者(RDA 附录Ⅰ. 2. 1 创作者关系指示词)

测量员(RDA 附录Ⅰ. 3. 1 贡献者关系指示词)

第四节　印刷乐谱工作流程

一、范围

本工作流程适用于印刷或手稿乐谱。**不包括**录音资料、盲文触摸乐谱。

二、首选信息源

题名页;如无,则依次选择带题名的封面、文首标题、报头、版权页(RDA2. 2. 2. 2)。

三、资源类型

内容类型:乐谱(notated music)

媒介类型:无中介(unmediated)

载体类型:卷册(volume)

四、常用字段

010 国际标准书号

071 音乐出版编号

200 题名和责任说明

205 版本说明

208 印刷乐谱特定细节说明

210 出版发行

215 载体描述

304 题名和责任说明附注

307 载体形态附注

315 乐谱特殊细节附注

500 统一题名

7XX 知识责任

* 说明:RDA 不涉及 MARC 代码,头标及代码字段 1XX(特别是乐谱相关代码字段 125 录音制品与印刷乐谱、127 录音制品与印刷乐谱播放时间、128 音乐演出与总谱、192 中国民族音乐)见 CNMARC 相关

手册。

五、常用字段/子字段说明

010 国际标准书号

略(详见本章第二节“普通图书工作流程”)。

071 音乐出版编号

信息源:任何来源。
包括出版号(RDA2.15.2)和印版号(RDA2.15.3)等。
原样记录,包括前置语。如:Z1309。
格式(出版号):071 31 $a 出版号 $b 给号机构
格式(印版号):071 21 $a 印版号 $b 给号机构

200 题名和责任说明

(1)正题名 $a(RDA2.3.2)
按首选信息源照录。

A. 当题名为**作曲类型的通用术语**时,演奏媒体、调、作曲日期、编号视为正题名的一部分;否则作为其他题名信息。如果不确定属于哪种情况,按正题名一部分处理(RDA2.3.2.8.1 作曲类型、演奏媒体、调等)。

例:200 1 $a 第三交响乐,A 小调,作品 56

B. **无正题名**时,应从其他来源获取题名,或者自拟题名,并做附注说明题名来源(RDA2.3.2.10 无题名资源)。特别注意:自拟题名不置于方括号内(与《规则》6.1.1.9 不同)。

自拟题名尽可能包括演奏媒体、数字标识(如系列号、作品编号)、调和/或其他区别性特征(RDA2.3.2.11.1 音乐的自拟题名)。

例:200 1 $a 钢琴和弦乐三重奏,第 2 号,作品 66,C 小调
304 $a 编目员自拟题名

(2)其他题名信息 $e(RDA2.3.4)

如“正题名”部分所述,题名非通用术语时,演奏媒体、调、作曲日期、编号等作为其他题名信息。

例:200 1 $a 英雄 $e 第三交响曲

(3)责任说明 $f $g(RDA2.4)

信息源(依次):正题名的信息源,资源本身的其他来源,其他信息源(附件、容器、资源的其他出版描述、任何其他来源)。如果责任说明取自资源本身之外,须以方括号(或其他方式)予以明示(RDA2.2.4 其他信息源)。

照录所有责任说明。如曹婉如,郑锡煌,黄盛璋,钮仲勋,任金城,鞠德源编: 200 $f 曹婉如,郑锡煌,黄盛璋,钮仲勋,任金城,鞠德源编

(可选省略)如单个责任说明超过三个,可省略除第一个外的任何责任说明,并说明省略情况(RDA2.4.1.5 说明多人): 200 $f 曹婉如[等 6 人]编

205 版本说明

详见本章第二节“普通图书工作流程”。

对于乐谱，表示**特定音域**的词作为版本标识（RDA2. 5. 2. 1 之 b，vii）。

乐谱格式也属于版本标识（RDA2. 5. 2. 1 之 b，vii），但其既对应版本说明，也对应乐谱特定细节说明（RDA 附录 D. 1. 1，D2. 1），宜入 208 字段，以免重复记录。

208 印刷乐谱特定细节说明

信息源：资源本身。

用语从**乐谱格式术语表**中选择（RDA7. 20. 1. 3）。如果术语表中术语不够用，可以记录更具体的细节（RDA7. 20. 1. 4）——用 315 附注字段。

附：RDA7. 20. 1. 3 乐谱格式（用于乐谱特殊细节和数量单位）

总谱（score）
缩写谱（condensed score）
研习总谱（study score）
钢琴指挥声部（piano conductor part）
小提琴指挥声部（violin conductor part）
声乐缩编谱（vocal score）
钢琴缩编谱（piano score）
合唱缩编谱（chorus score）
分谱（part）
choir book
table book

210 出版发行

略（详见本章第二节“普通图书工作流程”）。

215 载体描述

（1）特定资料标识与数量 $a（RDA3. 4. 3. 2）

记录单元数量与适当术语；如果有多个单元，重复记录：

A. 术语采用 RDA7. 20. 1. 3 **乐谱格式**（见 208 字段）；

B. 如果资源由**多个单元类型**组成，依 RDA7. 20. 1. 3 乐谱格式表顺序记录每个类型的具体数值；

C. 以**单元/子单元**方式记录，依 RDA3. 4. 5（文本数量），在指明乐谱格式的术语后面的括号中，指明册和/或页、叶或栏数（同普通图书），后者可视为子单元。

例：215　$a1 总谱（38 叶）

例：215　$a1 谱（2 卷）

例外（RDA3. 4. 3. 2）：

A. 资源由**一套分谱**组成，省略分谱相应的子单元信息。

例：215　$a1 总谱（viii，278 页），24 分谱

B. 资源由**一总谱和若干分谱**组成，则记录为“1 总谱和 × 分谱”，并在后面加上子单元。

例:215　$a1 总谱和 3 分谱(19 页)

数量无法确定时,不记录。因为乐谱资源的数量,仅当资源完整或总数量已知时,才为核心元素(RDA3.4.3)(不同于《规则》7.5.1.2 规定:可著录为:__册)。

(2)尺寸 $d(RDA3.5)

单位厘米,使用米制符号 cm,向上取整。

印刷或手写乐谱的载体类型,按 RDA 规定属于"册",尺寸记录方法与普通图书相同(参见"普通图书"部分)。

多个载体构成资源例外(RDA3.5.1.6):乐谱由多个不同尺寸载体构成时,不是记录最小尺寸和最大尺寸,而是按 7.20.1.3 所列单元顺序(见 208 字段),记录每个含不同单元类型载体的尺寸。

304 题名和责任说明附注

题名非取自首选信息源的,要说明题名来源(RDA2.20.2.3 题名来源)。

例:304　$a 编目员自拟题名

307 载体形态附注

演奏时间在 RDA 中属于持续时间的一种(RDA7.22.1.4),记录在资源上标明的演奏时间。

演奏时间在《规则》中入附注,参考 AACR2 规则对应于载体形态附注。

例:307　$a 演奏时间约为 1'25"

315 乐谱特殊细节附注

未在 RDA7.20.1.3 中列出的乐谱格式(RDA7.20.1.4)。

例:315　$a 吉他六线谱

参见:208 字段。

500 统一题名

即音乐作品的首选题名(RDA6.14.2)。

首选题名是作品的核心元素(即对规范记录),但非并载体表现(书目记录)核心元素,在书目记录中原来称统一题名,但 RDA 不采用此术语。一般而言,对翻译资源,以及有多种不同名称的古典文献,需要采用统一题名。

信息源(RDA6.14.2.2):1500 年以后作品,从包含作品的资源中或参考源确定;之前作品根据现代来源确定,如果没有现代参考源,依次根据:现代版本、较早版本、手稿副本。

语言:按 RDA 规定,采用作曲者原本所用语言题名(RDA6.14.2.3)。而对以通用名称(如乐曲类型)为名的音乐作品,以乐曲类型为首选题名,用数据创建机构的首选语言(RDA6.14.2.5)。

形式:题名部分省略如下信息:演奏媒体,调,序列、作品号、主题索引号,编号,作曲日期,非原题名部分的形容词、绰号(RDA6.14.2.4),在需要识别或区分相同题名音乐作品时,再附加演奏媒体(RDA6.15)、音乐作品数字标识(RDA6.16)、调(RDA6.17)和音乐作品其他区别特征(RDA6.18),这些元素信息可取自任何来源。也就是说,对统一题名的各个部分做出明确细分。

CNMARC 格式:500 10$a 统一题名 $r 演奏媒介 $s 编号标识 $u 调 $w 改编说明。

例:500 10$a 春江花月夜. $r 琵琶,古筝

例:500 10$a 谐谑曲. $r 钢琴. $s 作品 20. $uA 大调

例:500 10$aDon Giovanni

说明:通常译为《唐·璜》,也译作《堂·乔凡尼》或《唐·乔望尼》等。

7XX 知识责任

关系指示词 $4。

一般照录文献上标明的职责。如有可能,采用音乐相关的规定术语:

(1)RDA 附录Ⅰ.2.1 创作者关系指示词

作曲者(composer)

歌词作者(lyricist)

(2)RDA 附录Ⅰ.3.1 贡献者关系指示词

音乐改编者(arranger of music)

作曲者(内容表达)

第五节　影像资料工作流程

一、范围

本工作流程适用于录像带、视盘和电影胶片等实体影像资源,不包括电子视频文件、流媒体视频,也不包含动态地图。

二、首选信息源

题名帧或者题名屏幕;如无,则依次选择包含题名的印在或者贴在资源上的标签、含题名的文本形式嵌入元数据(对计算机文件)(RDA2.2.2.3)。

三、资源类型

(1)录像带

内容类型:二维动态图像(two-dimensional moving image)/三维动态图像(three-dimensional moving image)

媒介类型:视频

载体类型:盒式录像带(video cartridge)/卡式录像带(videocassette)/开盘录像带(videotape reel)

(2)视盘

内容类型:二维动态图像/三维动态图像

媒介类型:视频(video)/计算机(computer)

载体类型:视盘(videodisc)/计算机盘(computer disc)

(3)电影胶片

内容类型:二维动态图像/三维动态图像

媒介类型:投影(projected)

载体类型:盒式影片(film cartridge)/卡式影片(film cassette)/开盘影片(film reel)/胶卷(film roll)

四、常用字段

010 国际标准书号(ISBN)

016 国际标准音像编码(ISRC)

200 题名和责任说明

210 出版发行

215 载体描述

304 题名和责任说明附注

307 载体形态附注

7XX 知识责任

* 说明:RDA 不涉及 MARC 代码,头标及代码字段 1XX(特别是视频相关代码字段 115)见 CNMARC 相关手册。

五、常用字段/子字段说明

010 国际标准书号

略(详见本章第二节“普通图书工作流程”)。

016 国际标准音像编码

信息源:任何来源。

照录(RDA6. 13. 1. 3 内容表达标识)。

例:016 $a ISRC CN - F27 - 03 - 0057 - 0

200 题名和责任说明

(1)正题名 $a(RDA2. 3. 2)

按首选信息源照录。

无正题名时,应从其他来源获取题名,或者自拟题名,并做附注说明题名来源(RDA2. 3. 2. 10 无题名资源;RDA2. 20. 2. 3 题名来源)。特别注意:自拟题名不置于方括号内(与《规则》9. 1. 1. 9 不同)。

自拟题名:①广告片:自拟题名中要包含产品、服务、广告的名称或者标识,以及词语“广告”(advertisement)。②未经编辑的动画资源、素材片或者新闻片:应包括顺序出现在画面中的主要元素,如事件的地点、日期,拍摄日期,特征,主题(RDA2. 3. 2. 11. 3 动态图像自拟题名)。

例:200 $a 铁路交通安全广告

304 $a 编目员自拟题名

(2)其他题名信息 $b(RDA2.3.4)

资源是动态图像的预告片,而且正题名未指名其为预告片,将“预告片”作为其他题名信息,并用附注或方括号等表明信息来自资源本身之外(RDA2.2.4 其他信息源)。

例:200　$a 泰坦尼克号 $b[预告片]

(3)责任说明 $f $g(RDA2.4)

记录作品的创作者,以及智力与艺术内容的贡献者。如电影的主要责任人为制片人,导演、制作公司等为其他责任人(RDA 附录Ⅰ.2)。

照录首选信息源的所有责任说明。其他来源的责任说明可入附注(RDA7.23,RDA7.24)。

(可选省略)如单个责任说明超过三个,可省略除第一个外的任何责任说明,并说明省略情况(RDA2.4.1.5 说明多人)。如:主演莱昂纳多·迪卡普里奥,凯特·温丝莱特,比利·赞恩,凯西·贝茨,记录为:200　$f 主演莱昂纳多·迪卡普里奥[等 4 人]。

210 出版发行

略(详见本章第二节“普通图书工作流程”)。

215 载体描述

(1)特定资料标识与数量 $a(RDA3.4.1)

A. 记录单元数量与适当的载体类型术语

如果有多个单元,重复记录。术语取自下表:

影像资料的载体类型术语(RDA3.3.1.3):

投影图像载体

盒式影片(film cartridge)

卡式影片(film cassette)

开盘胶片(film reel)

胶卷(film roll)

视频载体

盒式录像带(video cartridge)

卡式录像带(videocassette)

视盘(videodisc)

开盘录像带(videotape reel)

如果上述术语均不适用时,可以使用通用语(包括商标名)指明单元类型(RDA3.4.1.5)。

B. 其他技术标志(RDA3.18/RDA3.19.3.3)

如对识别或选择重要,用**视频格式、视频编码格式和广播标准**记录视频特征。

例:215　$a2 盒式录像带(VHS,PAL)

C. 持续时间(RDA7.22)

记录**资源本身说明**的总播放时间。如果资源上没有说明且无法轻易确定,但是能够估计的,前置“约”;无法估计的,忽略此单元。

例:215　$a1 盒式录像带(约 40min.)

a. 对于**实际播放时间和资源本身表示的时间有显著不同**的，提供可选方式：同时著录资源本身表示的时间，后置“实为”和实际播放时间。

例：资源本身表示的总播放时间为 50 分钟，实际总播放时间为 80 分钟：

215　$a1 盒式录像带(50min. 实为 80min.)

b. 资源**由单个物理单元的多个单元组成**，并且这些单元都有一致均一的播放时间，提供交替方式：著录每个单元的播放时间，后置“/个”。

例：215　$a1 盒式录像带(30min/个)

c. 资源**由多个物理单位组成**，著录各个物理单位的播放时间。

例：215　$a3 卡式录像带(17min；23min；9min)

(2)其他载体细节 $c

如果对资源的识别和选择重要，可记录数量和尺寸以外的其他信息，包括形态、生产方法、色彩、载体材料等。根据《中国文献编目规则》，相互间以逗号分隔。

A. 材料(RDA3.6)

记录资源的底层物理材料。

录像带基底材料(RDA3.6.1)，如：金属。

电影胶片基底材料(RDA3.6.2)，如：安全基底。

B. 色彩(RDA7.17.3 动态图像色彩)

以资源实际内容为准，不考虑其外的色彩。

采用术语：取自 Open Metadata Registry“RDA 静态图像的色彩”(RDA Colour of Still Image)

黑白(Black and white)

棕色(Sepia)

着色(Tinted)

Tinted and toned

上色(Toned)

a. 如动态图像为黑白，记录：黑白

b. 如黑白着色，则在括号后注明，如：黑白(着色)

c. 如动态图像为棕色，记录：棕色

d. 两种以上颜色，根据情况记录为：彩色、部分彩色、主要彩色(RDA7.17.1.3)

e. 如动态图像由彩色、黑、白组合的颜色，使用简洁的信息记录。如太过复杂，放入附注项说明。

C. 速度(RDA3.17.3 电影的放映速度)

以帧每秒记录电影胶片的放映速度。如：20 帧每秒。

D. 声音(RDA7.18 声音内容)

针对含有声音的资源，不包括主要由声音构成的资源。对于电影和视频，用“有声”和“无声”来描述声音信息。如：无声。

如果对识别和选择重要，对非主要由声音构成的资源，也可以用声音特征记录(RDA3.16.1.3)。如：立体声。

(3)尺寸 $d(RDA3.5.1.4)

A. **盒式电影片和录像带**(RDA3.5.1.4.2)

以毫米记录的胶片或磁带规格(即宽度),用米制符号 mm。

对 8mm 胶片,指明规格为单 8、标准、超 8 或毛瑞尔(Maurer)。

如对识别或选择重要,为胶片或磁带的长度做附注。如:标准 8mm。

B. **卡式电影片和录像带**(RDA3. 5. 1. 4. 3)

以毫米记录胶片或磁带的规格(即宽度),使用米制符号 mm。

对 8mm 胶片,指明规格为单 8、标准、超 8 或毛瑞尔(Maurer)。

如对识别或选择重要,为胶片或磁带的长度做附注。如:16mm。

C. **视盘**(RDA3. 5. 1. 4. 4)

记录光盘的直径,使用米制符号 cm。如:12cm。

D. **开盘电影片和录像带**(RDA3. 5. 1. 4. 9)

以厘米记录卷的直径,后跟以毫米记录的胶片规格(即宽度),用米制符号 mm,用逗号分隔卷的直径与胶片规格。

对 8mm 胶片,指明规格为单 8、标准、超 8 或毛瑞尔(Maurer)。

如对识别或选择重要,为胶片或磁带的长度做附注。如:18cm,25. 4mm。

E. **影片卷**(RDA3. 5. 1. 4. 10)

以毫米记录胶片规格(即宽度),用米制符号 mm。

对 8mm 胶片,指明规格为单 8、标准、超 8 或毛瑞尔(Maurer)。

如对识别或选择重要,为胶片或磁带的长度做附注。如:35mm。

304 题名和责任说明附注

题名非取自题名帧或题名屏的,要说明题名来源(RDA2. 20. 2. 3b)。

例:304　$a 题名取自盘面标签

307 载体形态附注

为电影胶片或录像带长度做附注,给出从首帧到末帧的胶片长度,以及从节目信息开始到最后的录像带长度。精确到十分之一米,使用米制符号“m”(RDA3. 22. 4. 3 记录载体表现尺寸附注)。

例:307　$a 胶片长 3418. 9m

7XX 知识责任

(1)团体作为创作者

中文没有主要款目概念,团体是否作为创作者,不影响其使用 711 字段。

相关规则:作品可由团体作为创作者的六种类型之一:d)表演团体集体活动(RDA19. 2. 1. 1. 1 团体作为创作者)。

对应的《中国文献编目规则》一般团体名称检索点选取规则:记载演出团体集体活动的视频资料,以其主办者、参与者等为检索点(23. 1. 2. 1e)。

(2)关系指示词 $4

一般照录文献上标明的职责。如有可能,采用影像资料相关的规定术语(选取部分如下):

A. **创作者**(RDA 附录Ⅰ. 2. 1 创作者关系指示词)

电影制片人(film maker)

B. **作品其他责任人**(RDA 附录 I. 2. 2 与作品有关的其他关系指示词)

导演(director,包括电影导演、广播导演、电视导演、摄影指导)

制作人(producer,包括电影制作人、广播制作人、电视制作人)

制作公司(production company)

C. **贡献者**(内容表达关系指示词:RDA 附录 I. 3. 1 贡献者关系指示词)

动画制作者(animator)

艺术指导(art director)

动态图像作品编者(editor of moving image work)

出演者(performetr,包括演员、主持人、解说员、参与讨论者、歌手、演讲者等)

录制工程师(recording engineering)、录制者(recordist)

D. 出版者(载体表现关系指示词:RDA 附录 I. 4. 2 出版者关系指示词)

播放者(broadcaster)

E. 发行者(载体表现关系指示词:RDA 附录 I. 4. 3 发行者关系指示词)

电影发行(film distributor)

第六节　连续性资源工作流程

一、范围

本工作流程适用于连续出版物(包括期刊、电子期刊、连续出版的名录、年度报告、报纸等),以及集成资源(包括内容经常更新的活页出版物、数据库和网站)。

二、首选信息源

(1)连续出版物(RDA2. 1. 2. 3)

首选的卷期或部分:

A. 如果卷期或部分为**顺序编号**,则选择可获取的最小编号的卷期或部分为信息源。

B. 如果卷期或部分**无编号或者非顺序编号**,则选择出版日期最早的卷期或部分为信息源。

首选信息源题名页;如无,则依次选择带题名的封面、文首标题、报头、版权页(RDA2. 2. 2. 2)。

(2)集成资源(RDA2. 1. 2. 4)

必须以最新整体(iteration)的资源全体为记录对象:

A. **印刷型**集成性资源(主要指更新的**活页出版物**):最近一期的题名页或代题名页;

B. **非印刷型**集成性资源(包括更新的**网站**与更新的**数据库**):资源本身,取自资源内正式出现的信息,如题名屏、主页、编码的元数据等。若以上信息源中的信息完整程度不同,应选择其中最完整的信息来源,并在附注项做出说明。当所需信息不能从资源本身获取时,则依次取自:印刷或联机文件、其他附加资料(如相关文件说明、出版者关于资源的主页)、其他有关资源的出版说明、其他来源。

三、资源类型

(1)印刷型
内容类型:文本(text)/静态图像(still image)/……
媒介类型:无中介(unmediated)
载体类型:卷册(volume)
(2)电子型
内容类型:文本(text)/静态图像(still image)/口头表述(spoken word)/……
媒介类型:计算机(computer)
载体类型:联机资源(online resource)/计算机盘(computer disc)

四、常用字段

011 国际标准刊号
200 题名和责任说明
205 版本说明
207 连续出版物编号
210 出版发行
215 载体描述
230 资料特定细节项:电子资源特征
304 题名和责任说明附注
306 出版发行等附注
307 载体形态附注
311 连接字段附注
314 责任说明附注
315 资料(或出版物类型)特殊细节附注
326 出版周期附注
337 系统要求附注
4XX 连接款目字段
517 其他题名
520 前题名
530 识别题名
531 缩略题名
7XX 知识责任
856 电子资源地址与访问方式
* 说明:RDA 不涉及 MARC 代码,头标及代码字段 1XX 见 CNMARC 相关手册。

五、常用字段/子字段说明

011 国际标准刊号

国际标准刊号 $a(RDA2. 15. 1)

信息源:任何来源。

照录(RDA2. 15. 1. 4 载体表现标识)。

例:011　$a0379 - 4148

200 题名和责任说明

(1)正题名 $a(RDA2. 3. 2)

按首选信息源照录。

无正题名时,应从其他来源获取题名,或者自拟题名,并做附注说明题名来源(RDA2. 3. 2. 10)。

A. **连续出版物正题名变化**(RDA2. 3. 2. 12. 2)

如果正题名发生主要变化,那么创建新记录并和原有记录建立连接。如果正题名发生次要变化,但这种变化会影响到连续性资源的识别或获取,则将变化后的题名记录为后续题名(采用 517 字段"其他题名")。

由于语言差异,对连续出版物正题名的主要变化(RDA2. 3. 2. 13. 1)和次要变化(RDA2. 3. 2. 13. 2)的规定不完全适用于中文,对中文题名什么变化才算是主要变化(或者《中国文献编目规则》所称的重要变化),尚有待做出规定。

B. **集成资源正题名改变**(RDA2. 3. 2. 12. 3)

如果集成资源后续整体的正题名改变,则记录改变后的题名为正题名,以反映当前整体。

如果变名之前的题名对于识别或获取有重要意义,可将变名前的题名作为先前正题名(RDA2. 3. 7)(采用 520 字段"前题名")。

(2)其他题名信息 $e(RDA2. 3. 4)

如果其他题名信息发生新增或变化对于识别和获取有重要影响,则将变化后的其他题名作为变异题名。

如果其他题名信息被删除,则在附注项中说明(RDA2. 3. 4. 7)。

(3)并列题名 $d(RDA2. 3. 5)

如果并列正题名、并列其他题名信息发生新增或变化对于识别和获取有重要影响,则将变化后的并列题名作为变异题名。

如果并列正题名、并列其他题名信息被删除,则在附注项中说明(RDA2. 3. 5. 4)。

(4)责任说明 $f $g(RDA2. 4)

A. **信息源**(依次):正题名的信息源,资源本身的其他来源,其他信息源(附件、容器、资源的其他出版描述、任何其他来源)。如果责任说明取自资源本身之外,须以方括号(或其他方式)予以明示(RDA2. 2. 4 其他信息源)。

B. **责任说明改变**

a. 连续出版物(RDA2. 4. 1. 10. 2)

如果连续出版物的责任说明有新增、删减或变化但不需要创建新记录,则在附注项中说明。如果责任说明中个人、家族、团体名称的表现形式发生变化,对连续出版物的识别或获取有重要影响,则在附注项中说明。

b. 集成资源责任说明改变(RDA2. 4. 1. 10. 3)

如果集成资源后续整体的责任说明有新增或变化，则记录当前整体的责任说明。如果认为集成资源先前整体的责任说明对获取重要，则在附注项说明。

如果责任说明在集成资源后续整体中被删除，则在当前整体的记录中删除该责任说明，若认为重要可在附注项说明。

205 版本说明

A. **信息源**（依次）：正题名的信息源，资源本身的其他来源，其他信息源（附件、容器、资源的其他出版描述、任何其他来源）。如果版本说明取自资源本身之外，须以方括号（或其他方式）予以明示（RDA2.2.4 其他信息源）。

按信息源照录（RDA2.5.1.4）。如“第二版”，不改阿拉伯数字“第 2 版”，不简化为“2 版”。

B. 如果资源由多卷/期或多部分组成，包括附件，且针对资源整体和资源的各个部分都有版本说明，则仅记录资源整体的版本说明（RDA2.5.1.5）。

例：205　$a 海外版

例：205　$a 晨报版

C. **版本说明的改变**（RDA2.5.1.6）

a. 连续出版物后续各卷期的版本说明发生改变从而导致其主题内容改变，应创建新记录（RDA1.6.2.5）；若版本说明有增加、删除或改变等无实质性改变，不需要重新记录，如果认为重要，可在附注项说明（RDA2.5.1.6.2）。

b. 集成资源后续整体的版本说明若有增加、删除或改变，且不必做新的记录，则记录最新整体的版本说明以反映当前版本。若认为先前版本说明重要，可在附注项中说明（RDA2.5.1.6.3）。

207 连续出版物编号

本项为连续出版物的核心元素，记录连续出版物每期或每部分的编号标识。编号可以由数字、字母或字符、年、月、日等或者其组合组成（RDA2.6.1.1）。

集成资源通常不记录此项。

信息源（依次）（RDA2.6.1.2）：第一期/部分或最后一期/部分正题名的信息源，第一期/部分或最后一期/部分的其他来源，其他信息源（RDA2.2.4 其他信息源）。

照录（RDA2.6.1.4，参见 RDA1.7—1.8）。

例：207　$a Volume 1, number 1 - volume 10, number 12

说明：信息源卷期标识为全拼则照录，不采用缩写形式。

A. 如果**日期标识中出现连字符**“-”用斜线“/”代替（RDA2.6.1.4），且记录日期范围或数字范围，应记录第一日期/数字和最后一个日期/数字的完整形式（RDA1.8.4）。

例：207　$a 1961/1962（信息源表示为 1961-2）

B. 连续出版物有**多种标识系统**，按照出现顺序依次记录（RDA2.6.1.4）。

例：207　$a V.1, no.1 -　$a no.25（Jan. 1978）-

C. **非公元纪年**应如实记录，其后再记录公元纪年，并置于方括号内（RDA1.9.2）。

例：207　$a 民国 15 年[1926]

D. 如果连续出版物的**起始卷/期没有编号**，可将推测的卷期号记录于方括号内，但要与后卷期标识一致(RDA2.6.2.3)。

例:207　$a[No.1]-

E. 连续出版物题名不变,而改用另外一种**新的标识系统**,应将这种后续标识系统记录在原标识系统之后。后继标识系统重复 $a 子字段。后续标识系统一般有“新辑”“第二辑”等说明文字,如果没有出现此类说明文字,也应记录并置于方括号内。(RDA2.6.2.3)

例:207　$a V.1,no.1(Jan.1962)-v.6(Dec.1967)

$anew series,v.1(1968)-

例:207　$a[2nd series],number 1

F. 如果连续出版物**首卷/期没有出现日期**,但是后续出版的卷/期标明了日期,那么应将(推算出的)日期记录在首卷期之后,并置于方括号内(RDA2.6.3.3)。

例:207　$a[1995 年 9 月]

210 出版发行项

详见本章第二节“普通图书工作流程”。

出版发行改变,可做附注(见 306 字段)。

215 载体描述

(1)数量 $a

A. **连续出版物**

出版完毕,记录反映连续出版物编号(207 字段)的书目卷数,而非物理册数(RDA3.4.5.16 多册之“例外”)。

例:215　$a15 卷

例:215　$a36 期

出版中,只记录单元类型(RDA3.4.1.10),通常采用载体类型术语(RDA3.1.5)。

例:215　$a 册

例:215　$a 光盘

B. **集成资源**

印刷型,如出版完毕的更新活页出版物,记录单元数值与类型,圆括号内注明“散页”(RDA3.4.5.19);出版中的活页出版物参照连续出版物(RDA3.4.1.10)。

例:215　$a3 册(散页)

例:215　$a 册(散页)

电子型,记录单元的数值与类型,通常采用载体类型术语(RDA3.1.5)。

例:215　$a1 联机资源

(2)其他载体细节 $c

如果对资源的识别和选择重要,可记录数量和尺寸以外的其他信息,包括形态、制作方法、色彩、载体材料等。根据《中国文献编目规则》,相互间以逗号分隔。记录顺序可参考 AACR2:版式、制作方法、色彩、媒介。

A. **制作方法**从术语表中选择(RDA3.9.1.3),也可自拟。

B. **色彩**以资源实际内容为准,不考虑其外的色彩,两种以上颜色,根据情况记录为:彩色、部分彩色、主要彩色(RDA7.17.1.3)。

C. **载体特征改变**:

a. **连续出版物**(RDA3. 1. 6. 1)

如果连续出版物后续卷期或部分的媒介类型改变,则创建新记录(RDA1. 6)。

如果连续出版物后续卷期或部分的载体类型(参见 RDA3. 3)或者载体其他特征(参见 RDA3. 6—3. 20)改变,或者增加了新的载体特征,应按相关规定记录。若认为改变重要,则应在附注项中说明(参见 RDA3. 22. 6. 3. 1)。

b. **集成资源**(RDA3. 1. 6. 2)

如果集成资源后续整体的媒介类型改变,则创建新记录(RDA1. 6)。

如果集成资源后续整体的载体类型(参见 RDA3. 3)或者载体其他特征(参见 RDA3. 6—3. 20)改变,或者增加了新的载体特征,则记录当前整体的载体特征。若认为改变重要,则应在附注项中说明(参见 RDA3. 22. 6. 3. 2)。

(3)尺寸 $d(RDA3. 5)

单位厘米,使用米制符号 cm,向上取整。

记录实体连续性资源的高度。

数据库和网站没有特定的载体或容器,不记录尺寸。

A. 如果**高度小于 10 厘米**,以毫米记录,使用米制符号 mm。

B. (例外)如果册的**宽度小于高度一半或者大于高度**,记录高度 × 宽度(同普通图书)。

例:215　$d20 × 8cm

例:215　$d20 × 32cm

C. **尺寸改变**:

a. **连续出版物**(RDA3. 5. 1. 8. 1):出版物在出版过程中尺寸改变,或各册尺寸不同,应记录最小和最大尺寸,若认为重要可在附注项中尺寸说明变化细节。

例:215　$d26 - 30cm

b. **集成资源**(RDA3. 5. 1. 8. 2):如果集成资源尺寸改变,则记录当前整体的尺寸,若认为重要可在附注项中说明先前整体的尺寸。

230 资料特定细节项:电子资源特征

此项适用于媒介类型为“计算机”的连续性资源,记录电子资源类型和数量,标识电子出版物中数字文件的内容及文件范围。参见本章第七节“电子资源工作流程”。

例:230　$a 文本文件、图像文件、音频文件和视频文件

例:230　$a 计算机数据(6 个文件)

304 题名和责任说明附注

(1)题名非取自首选信息源,说明题名来源(RDA2. 20. 2. 3 题名来源)。

例:304　$a 封面题名有时为:《教育学报》

例:304　$a1988 年起由湖南省经济研究中心和湖南省社科院合办

例:304　$a 题名来自主页

(2)说明题名变化:

其他题名信息被删除,做附注(RDA2. 3. 4. 7);

并列正题名、并列其他题名信息被删除,做附注(RDA2. 3. 5. 4)。

(3)说明责任说明变化：

责任说明中个人、家族、团体名称的表现形式发生变化，对连续出版物的识别或获取有重要影响，做附注(RDA2.4.1.10.2)；

如果认为集成资源先前整体的责任说明对获取重要，做附注；责任说明在集成资源后续整体中被删除，若认为重要，做附注(RDA2.4.1.10.3)。

305/311 版本与书目沿革附注(连接字段附注)

此项附注包括版本说明的来源或性质；连续出版物有规律的修订；与其他连续出版物的关系；与本连续出版物其他版本有关的细节(RDA2.20.4)。

集成资源的版本信息不再出现在最新整体上，如果与先前整体的形式不同，若认为重要，应做附注。若有多次变化，可做一般附注。(RDA2.20.4.5.3)

例：305 $a 第五卷开始改为“社科版”

例：311 $a 本刊与《水利水电》合并而成《水利水电建设》

例：311 $a 继承：《新中国妇女》

例：311 $a1988 年并入：《人民文学》

306 出版发行等附注

此项附注包括连续性资源的其他出版者、发行者或制作者的细节、不同的出版发行等信息、出版时间无规律或出版日期有错误等(RDA2.20.7—2.20.9)。

(1)出版地/出版者改变(RDA2.20.7)

A. **连续出版物**(RDA2.20.7.5.2)

如果连续出版物在后续卷期中出版地或出版者改变，若认为重要可在附注项中说明。

例：306 $a1990 年起由人民出版社出版

B. **集成资源**(RDA2.20.7.5.3)

如果先前出版地和出版者不再出现在集成资源当前整体，或者发生改变，若认为重要可在附注项中说明。

(2)发行地/发行者改变(RDA2.20.8)

A. **连续出版物**(RDA2.20.8.4.2)

如果连续出版物在后续卷期中发行地或发行者改变，若认为重要可在附注项中说明。

B. **集成资源**(RDA2.20.8.4.3)

如果先前发行地和发行者不再出现在集成资源当前整体，或者发生改变，若认为重要可在附注项中说明。

(3)制作地/制作者改变(RDA2.20.9)

A. **连续出版物**(RDA2.20.9.4.2)

如果连续出版物在后续卷期中制作地或制作者改变，若认为重要可在附注项中说明。

B. **集成资源**(RDA2.20.9.4.3)

如果先前制作地和制作者不再出现在集成资源当前整体，或者发生改变，若认为重要可在附注项中说明。

307 载体形态附注

此项附注包括对载体形态项记录的补充和说明，例如尺寸的改变、无规律出版的附件说明等。

例:307　$a 尺寸多次变化:1980 年 1 月 -1980 年 12 月为 18×26cm;
1981 年 1 月 -1983 年 2 月为 18×27cm

例:307　$a 第四期有“渤海湾地区图”

314 责任说明附注

连续出版物的责任说明在第一期出版后发生变化，若认为重要，可在附注项中说明。若有多次改变，可做一般附注。

例:314　$a1987,no. 4 版权页题:北京市法学会、中国政法大学出版社主办

315 资料(或出版物类型)特殊细节附注

此项附注记录连续出版物卷期变化、卷期复杂、试刊、休刊、停刊、复刊等情况。见 RDA2. 20. 5。

例:315　$a 编号不规律

例:315　$a1990 年休刊,1995 年复刊

例:315　$a v. 18 - v. 19 遗漏,v. 20 - v. 21 重复

326 出版周期附注

信息源(RDA2. 14. 1. 2):任何来源。

记录出版周期(RDA2. 14. 1. 3):记录连续出版物的出版发行频率或集成资源的更新频率。可重复。

出版周期术语:

日刊/日报(daily)
每周三次(three times a week)
双周刊(biweekly)
周刊(weekly)
每周两次/半周刊(semiweekly)
每月三次/旬刊(three times a month)
双月刊(bimonthly)
月刊(monthly)
半月刊(semimonthly)
季刊(quarterly)
每年三次(three times a year)
半年刊(semiannual)
年刊(annual)
双年刊(biennial)
三年刊(triennial)
不定期(irregular)

《中国文献编目规则》的出版周期属于(格式化)附注。RDA 采用独立的出版频率元素,当出版周期不在上述常用出版周期术语中(参照 RDA2.20.12.3)及出版频率发生变化(RDA2.20.12.4)时,采用附注。

例:326　$a 半月刊 $b2001 -

例:326　$a 每年 10 期

例:326　$a 出版频率不详

337 系统要求附注

此附注主要用于媒介类型为“计算机”的连续性资源。用来记录电子资源的技术细节。参见本部分“(六)电子资源”。

例:337　$a 访问模式:互联网

4XX 连接款目字段

连接款目记录相关资源,RDA 的规定在第 8 部分“记录作品、内容表达、载体表现和单件间关系”(RDA24—28)。第 8 部分规定较为概括,具体的相关关系见附录 J“关系指示词:作品、内容表达、载体表现和单件间关系”,可归纳为下表:

实体关系	作品	内容表达	载体表现	单件
等同关系			J.4.2	J.5.2
衍生关系	J.2.2	J.3.2		
描述关系	J.2.3	J.3.3	J.4.3	J.5.3
整体—部分关系	J.2.4	J.3.4	J.4.4	J.5.4
伴随关系	J.2.5	J.3.5	J.4.5	J.5.5
顺序关系	J.2.6	J.3.6		

对于适用于多个实体的关系指示词,用括号做限定,如:continues(work)或 continues(expression)。

连续性资源间的关系主要包括顺序关系、伴随关系、等同关系和衍生关系。

4XX 对相关资源未区分属于作品、内容表达、载体表现和单件中具体哪个实体,对 RDA 强调实体层次的规定,目前只能模糊处理。

(1)伴随关系

A. 补编、增刊与正编、正刊(RDA25、RDA26 和附录 J.2.5、附录 J.3.5)

属于伴随作品关系或伴随内容表达关系(supplement to/supplement)。

正编、正刊记录用 421 字段连接补编、增刊;补编、增刊记录用 422 字段连接正编、正刊。

例:200　$a 图书资料工作

　421　$12001 $a 图书资料工作 $i 增刊

产生的附注为::增刊为《图书情报工作增刊》

例:200　$a 图书资料工作 $i 增刊

　422　$12001 $a 图书资料工作

产生的附注为:正刊为《图书情报工作》

B. 合订、合刊(RDA27、RDA28 和附录 J. 3. 5、附录 J. 5. 5)

合刊属于伴随载体表现关系(issued with),合订属于伴随单件关系(bound with)。

423 字段用于连接与 200 字段所记录的连续性资源合订或合刊出版的另一连续性资源的有关信息。

例:200　$a 华西医讯 $i 内科部分

423　$12001 $a 华西医讯 $i 外科部分

产生的附注为:与《华西医讯外科部分》合刊

(2)顺序关系(RDA25、RDA26 和附录 J. 2. 6、附录 J. 3. 6)

A. 继承与被继承

属于顺序作品关系或顺序内容表达关系(continues/continued by)。

如果连续性资源正题名发生主要变化时,则为改名后的连续性资源创建一条新记录。新记录用 430 字段连接原记录;原记录用 440 字段连接新记录。被继承的连续性资源停止出版。

例:200　$a 读者

430　$12001 $a 读者文摘

产生的附注为:继承《读者文摘》

例:200　$a 读者文摘

440　$12001 $a 读者

产生的附注为:由《读者》继承

B. 部分继承与部分被继承

属于顺序作品关系或顺序内容表达关系(continues in part/ continued in part by)。

如果连续性资源的部分内容分出并成为一种新的连续性资源,则为其创建一条新记录。新记录用 431 字段连接原记录;原记录用 441 字段连接新记录。部分被继承的连续性资源可能继续出版。

例:200　$a 财经界

431　$12001 $a 经济与信息

附注为:部分继承《经济与信息》

例:200　$a 经济与信息

441　$12001 $a 财经界

附注为:由《财经界》部分继承

C. 吸收与并入

属于顺序作品关系或顺序内容表达关系(absorbed/absorbed by)。

如果连续性资源吸收一种或多种连续性资源,吸收者的记录用 434 字段与被吸收者连接;被吸收者的记录则用 444 字段与吸收者连接。被吸收的连续性资源停止出版。

例:200　$a 人民文学

434　$12001 $a 文艺学习

附注为:吸收《文艺学习》

例:200　$a 文艺学习

444　$12001 $a 人民文学

附注:并入《人民文学》

D. 部分吸收与部分并入

属于顺序作品关系或顺序内容表达关系(absorbed in part/ absorbed in part by)。

如果连续性资源吸收另一种连续性资源的一部分,吸收者的记录用435字段与被吸收者连接;被吸收者的记录则用445字段与吸收者连接。被吸收的连续性资源可能继续出版。

例:200 $a化工与能用机械

435 $12001 $a化工机械

附注为:部分吸收《化工机械》

例:200 $a化工机械

435 $12001 $a化工与能用机械

附注为:部分并入《化工与通用机械》

E. 合并

属于顺序作品关系或顺序内容表达关系(merge of/merge with…to form…)。

如果连续性资源由两种或多种连续性资源合并而成,用436字段连接各个合并的连续性资源的记录,可重复记录;如果连续性资源与一种或多种连续性资源合并成一种新的连续性资源,用447字段连接被合并的连续性资源的记录和合并成的新的连续性资源的记录,可重复记录最后一个447字段连接合并成的新的连续性资源记录。

例:200 $a中国农业大学学报

436 $12001 $a北京农业大学学报

436 $12001 $a北京农业工程大学学报

附注为:由《北京农业大学学报》和《北京农业工程大学学报》合并而成

例:200 $a北京农业大学学报

447 $12001 $a北京农业工程大学学报

447 $12001 $a中国农业大学学报

附注为:与《北京农业工程大学学报》合并为《中国农业大学学报》

F. 分出

属于顺序作品关系或顺序内容表达关系(separated from/split into)。

如果连续性资源分成两种或多种连续性资源,用446字段连接分出后的各个连续出版物的记录。每个分出后的连续出版物记录要重复446字段。

例:200 $a合成材料

436 $12001 $a合成橡胶

436 $12001 $a合成纤维工业

附注为:分成《合成橡胶》和《合成纤维工业》

(3)衍生关系(RDA25、RDA26和附录J.2.2、附录J.3.2)

翻译

属于衍生内容表达关系(translated as/translation of)。

被记录的连续出版物有其他语种的连续出版物的翻译本时,用453字段连接本连续出版物记录与其翻译本的记录,可重复;被记录的连续出版物是某种连续出版物的翻译本时,用454字段连接原作的记录。

(4)等同关系(RDA27、RDA28 和附录 J. 4. 2、附录 J. 5. 2)

A. 不同载体版本

属于等同载体表现关系(also issued as)。

452 字段用于编目实体与其不同载体类型的版本的连接,如印刷型连续出版物的缩微版、网络版、光盘版等。

B. 复制

属于等同载体表现关系或单件关系(reproduced as/reproduction of)。

如果所记录的连续出版物是某种连续出版物的复制品,用 455 字段连接原作的记录;如果所记录的连续出版物有复制品时,用 456 字段连接复制品的记录,可重复。

(5)其他相关关系

同一载体其他版本

属于同一作品的其他内容表达(无论是否相同载体)。

用 451 字段连接所记录连续性资源与其同一载体的不同版本,如不同语种的印刷版等。

例:200　$a 中国年鉴

451　$1011 $a1000 – 9396$12001 $aPeople's Republic of China Year Book

517 其他题名

其他题名信息包括副题名、题上信息(avant-titles)等,但不包括诸如书脊题名、书套题名等正题名的变异题名,或者出版物部分、章节、补编等题名(RDA2. 3. 4. 1)。

信息源:同正题名信息源(参照 RDA2. 3. 2. 2)。

例:517 1　$a 电子计算机外部设备

后续题名(RDA2. 3. 8)

取自连续出版物的后续卷期,且不同于第一卷或第一期的正题名(RDA2. 3. 8. 1)。

信息源:连续出版物的后续卷期正题名,同正题名信息源(参照 RDA2. 3. 2. 2)。

连续出版物后续题名发生次要变化的情况下,将后续题名记录为其他题名,并在附注项说明。

例:200　$a 山西离石文史资料

517　$a 离石文史资料

说明:Vol. 12 正题名改为离石文史资料,后又改回原名。

520 前题名

集成资源先前整体的、不同于当前整体的正题名(RDA2. 3. 7. 2)。

信息源:集成资源的先前整体。

例:520　$a Washington newspapers database

530 识别题名

识别题名是 ISSN 注册中心为资源认可的唯一名称(RDA2. 3. 9. 1)。

信息源(依次):ISSN 注册中心,资源本身的其他来源,其他信息源(RDA2. 3. 9. 2)。

例:530　$a 中国学术期刊

531 缩略题名

缩略题名是为编制索引或识别的目的而缩写的题名(RDA2.3.10.1)。《规则》放在其他题名信息中,可用531字段记录。

信息源:任何来源。(RDA2.3.10.2)

例:531　$a Can. j. infect. dis. med. microbiol.

7XX 知识责任

(1)责任者

连续性资源的大部分责任者不属于RDA的创作者。按《规则》11.1.5.1,连续性资源的责任者一般为团体编辑者。

由于中文没有主要款目概念,主要责任者是否作为创作者,不影响其使用7X1字段。

附:RDA的创作者

A. **个人或家族作为连续出版物的创作者**(RDA19.2.1.1.3)

如果个人或家族对整个连续出版物负责而不是对某一或几卷期负责,则认为该个人或家族为连续出版物的创作者。

B. **团体作为创作者**(RDA19.2.1.1.1)

a. 团体行政管理性质的作品(内部政策,规程,财政,运作;成员名录);

b. 记录团体集体思想的作品(委员会报告,对外部政策、标准的官方声明);

c. 集体活动的报告(会议:会议录、文集;探险:探险、调查结果;属于团体范畴的事件:展览会、节日、听证会);

d. 演出团体的集体活动成果;

e. 源自团体的地图作品,团体不仅仅负责出版发行;

f. 法律作品;

g. 两个以上艺术家作为团体产生的艺术作品。

(2)关系指示词 $4

采用附录I中的规定术语。如果不适用或不够专指,则使用表示关系性质的尽可能简洁的术语。也可采用"创作者""贡献者"等上位关系词(RDAI.1)。

　　编制者(compiler)(RDA附录Ⅰ.2.1 创作者关系指示词)

　　编辑(editor)(RDA附录Ⅰ.3.1 贡献者关系指示词)

(3)责任说明改变

A. **连续出版物**(RDA18.4.2.2)

如果连续出版物某一或某几卷期/部分的责任说明改变,则不需创建新记录,若认为对获取重要,可为后续卷期/部分相关的个人、家族或团体创建附加检索点。

B. **集成资源**(RDA18.4.2.3)

如果集成资源各整体的责任说明有变化,且认为对获取重要,则为当前整体的个人、家族或团体创建检索点。

如果认为先前整体的责任者(个人、家族或团体)对获取重要,则保留其检索点。

856 电子资源定位与检索

用于载体类型为"联机资源"的连续性资源，通常记录 URL（RDA4.6）。

例：856 4# $u http://www.cdc.gov/ncidod/EID/eid.htm $q text/html

例：856 40 $u http://elsevier.lib.tsinghua.edu.cn/…

$z Connect to Neurologic clinics（Online：Elsevier）

v.20（2002）-

附：创建新记录说明

对于连续性资源在其生命周期中，因各种变化而需要创建新记录的情况，详见本书第三章第六节。

第七节　电子资源工作流程

一、范围

本工作流程适用于本地访问的计算机盘（CD-ROM、DVD-ROM）以及远程访问的网站，计算机磁带、单个下载文件等其他计算机资源可以参照。

可同时在计算机光驱中使用的 CD、DVD 等，主要适用音频/视频资源的规定，不在电子资源工作流程中述及。

二、首选信息源

（1）计算机盘（RDA2.2.2.4 其他资源）

带有题名的、永久印制或附着于资源的标签（非附属文本资料或容器），如光盘表面印制的信息；或者含题名的、文本形式的嵌入元数据，如 MP3 音频文件嵌入元数据。

（2）网站（RDA2.1.2.4 集成资源）

代表资源当前整体（iteration）的信息源；如无，则以其个别内容构成集合信息源（相当于无总题名资源）。

三、资源类型

（1）计算机盘（CD-ROM、DVD-ROM）

内容类型：计算机程序（computer program）/计算机数据集（computer dataset）/地图数据集（cartographic dataset）……

媒介类型：计算机（computer）

载体类型：计算机盘（computer disc）

（2）网站

内容类型：文本（text）/静态图像（still image）/声音（sound）/地图图像（cartographic image）……

媒介类型：计算机（computer）

载体类型：联机资源（online resource）

说明:**资源的内容类型、媒介类型和载体类型可以尽可能多地记录**。

如内容类型,一般网站多半有文字(文本)与图片(静态图像),还可能有讲话录音(口述)、演出录音(表演音乐)、风雨声或鸟鸣兽吼(声音),以及影视录像(二维移动图像)等,均应同时记录。

如媒介类型和载体类型,普通CD也可在计算机光驱中使用,则媒介类型可同时记录为音频和计算机,载体类型可同时记录为录音盘(audio disc)和计算机盘。

还可以同时记录附件的内容类型、媒介类型和载体类型。

四、常用字段

010 国际标准书号
200 题名和责任说明
205 版本说明
210 出版发行
215 载体描述
230 资料特定细节项:电子资源特征
300 一般性附注
303 著录信息的一般附注
304 题名与责任说明附注
307 载体形态附注
315 资料(或出版物类型)特定细节附注
336 电子资源类型附注
337 系统需求附注(电子资源)
7XX 知识责任
856 电子资源定位与检索

五、常用字段/子字段说明

010 国际标准书号

略(详见本章第二节“普通图书工作流程”)。

200 题名和责任说明

(1)正题名 $a(RDA2. 3. 2 正题名)
按首选信息源照录。

无正题名时,应从其他来源获取题名,或者自拟题名,并做附注说明题名来源(RDA2. 3. 2. 10 无题名资源)。特别注意:自拟题名不置于方括号内(与《规则》6. 1. 1. 9 不同)。

A. 计算机盘

选择出现在首选信息源上的题名作为正题名。首选信息源没有题名时,选择其他来源。即依次选择:①标签;②题名页;③封面图像;④内部题名屏或开始屏幕或主页。除标签属于首选信息源,其他来源均应做304附注说明题名来源。

由多部作品组成的一张碟片(或其他计算机载体),如果多部作品拥有一个共同题名,则以这个共同题名为正题名(RDA2.3.2.6 共同题名和单个内容的题名);如果没有共同题名,则按它们出现在资源中的先后顺序,记录下各部分正题名(RDA2.1.2.2 资源以独立的单元发行)。

计算机盘选用盘面(标签)的题名:

例:200　$a 网页设计实战宝典

B. 网站

从首选信息源中转录正题名(RDA1.3,RDA2.3.2.2,RDA2.3.1.4)。如果介绍性词汇不是题名的一部分,则不要在题名中记录(RDA2.3.1.6 介绍性词汇)。如果题名信息来源有多种形式,则基于顺序、版式或排印来选择正题名。如果出现在信息源上的正题名同时以全称和缩略语形式出现,则选用全称形式,而将缩略语形式作为其他题名信息(RDA2.3.4 其他题名信息)。如果在网站随后的版本中的正题名发生了变化,则将目前版本中的题名作为正题名(RDA2.3.2.5 多种形式的题名)。

如"新浪"www.sina.com.cn,Logo 为"sina 新浪网",窗体标题为"新浪首页",采用 Logo 的中文名称"新浪网":

例:200　$a 新浪网

(2)责任说明 $f $g(RDA2.4)

照录所有责任说明。

(可选省略)如单个责任说明超过三个,可省略除第一个外的任何责任说明,并说明省略情况(RDA2.4.1.5 说明多人)。

如果没有与首选信息源上的正题名相关的责任说明,从其他来源上选取。

计算机盘选用盘面(标签)的责任说明:

例:200　$f 北京世纪豪杰计算机技术有限公司制作

网站如"新浪"www.sina.com.cn,首页下部版权声明署名"新浪公司":

例:200　$f 新浪公司

205 版本说明

详见本章第二节"普通图书工作流程"。

电子资源的版本说明,除了一般的"版"(edition)之外,还包括 version,issue,release,update等。

例:205　$aVersion 7.0

210 出版发行

详见本章第二节"普通图书工作流程"。仅举两例:

例(计算机盘):210　$a 广州 $c 广州俏佳人文化传播有限公司 $d ©2009

例(网站):210　$a 上海 $c 上海市通信行业协会 $d ©2003

215　载体描述

信息源:载体描述基于资源本身,或者其附件或容器。如有必要,也可由任何来源获取附加信息(RDA3.1.1)。

在 MARC21 中新增了 347 数字文件特征字段,数字文件特征包括了文件类型、编码格式、文件尺寸、分辨率、区域限制、编码比特率(原称“传输速度”),这些内容也可入 MARC21 的 300 载体描述字段。

(1)特定资料标识与数量 $a(RDA3.3 载体类型,RDA3.4 数量)

数量包括资源的单元和/或子单元的数值与类型(RDA3.4.1.1)。

A. 单元的类型:取自载体类型术语(RDA3.3.1.3);如果资源由多个载体类型组成,记录每个相应类型的数量(RDA3.1.4.1 和 RDA3.1.4.2)。

例:215　$a2 计算机盘

例:215　$a1 联机资源

附:计算机载体(computer carriers)的载体类型术语(RDA3.3.1.3)

计算机卡(computer card)

盒式计算机芯片(computer chip)

计算机盘(computer disc)

盒式计算机盘(computer disc cartridge)

盒式计算机磁带(computer tape cartridge)

卡式计算机磁带(computer tape cassette)

开盘计算机磁带(computer tape reel)

联机资源(online resource)

B. 子单元的类型:仅当易确定且对识别或选择重要时,在单元后括号内记录子单元(RDA3.4,RDA3.4.1.7)。

如果资源由对应于印刷品、手稿或图片的一个或多个文件组成(如 PDF),酌情采用地图资源、乐谱、静画及/或文本的数量说明;如果资源由诸如音频文件、视频文件、数据文件等文件类型组成,则在单元类型后的限定说明内记录文件数和文件类型(RDA3.4.1.7.1 计算机盘、盒带等、RDA3.4.1.7.5 联机资源)。

例:215　$a1 计算机盘(184 遥感图像)

例:215　$a1 联机资源(3 数据文件)

(可选附加)如资源由一个或多个程序文件和/或数据文件组成,可酌情增加语句和/或记录数——也可记录在 230 字段电子资源特征中。文件类型取自 RDA3.19.2.3,如果所列术语均不适用或不够专指,则使用尽可能简洁的术语指代文件类型。

例:215　$a1 计算机盘(3 数据文件:6700 记录)

例:215　$a1 联机资源(1 程序文件:96 行语句)

附:文件类型表(RDA3.19.2.3)

音频文件(audio file)

数据文件(data file)

图像文件(image file)

程序文件(program file)

文本文件(text file)

视频文件(video file)

(2)其他形态细节 $c

电子资源其他形态细节包括声音、颜色,还包括《规则》中未提及的插图以及数字文件的编码格式等(RDA 附录 D. 2. 1 MARC21 书目到 RDA 映射之 300$b)。

A. 声音:资源中有声音存在,记录"有声"(RDA7. 18. 1. 3 记录声音内容)。

B. 颜色:资源内容不是黑白或灰色的阴影,酌情用"彩色""部分彩色""主要彩色"(RDA7. 17. 1. 3 记录色彩内容)。

C. 插图:资源包含插图内容,记录"图"即可(RDA7. 15. 1. 3 著录插图内容)。

D. 编码格式:在易于确定且对识别或选择重要时记录,选用编码格式表中术语(RDA3. 19. 3. 3),如所列术语都不合适,用尽可能简洁的术语说明。

附:编码格式表(RDA3. 19. 3. 3)

视频编码格式	数据编码格式	图像编码格式	空间数据编码格式	文本编码格式	视频编码格式
CD audio	Access	BMP	Arc/info	ASCII	Blu-Ray
DAISY	Excel	GIF	BIL	HTML	DVD-R
DVD audio	Lotus	JPEG	BSQ	Megadots	DVD video
MP3	XML	JPEG2000	CAD	MS Word	HD-DVD
RealAudio		PNG	DEM	PDF	MPEG-4
SACD		TIFF	E00	RTF	Quicktime
WAV			MID/MIF	SGML	RealVideo
				TeX	SVCD
				Word Perfect	VCD
				XHTML	Windows media
				XML	

上述载体形态细节,依《规则》相互间以逗号分隔。

例:215 $a1 计算机盘 $cMP3,有声

例:215 $a1 计算机盘 $cXbox 360,有声,彩色

例:215 $a1 联机资源 $cHTML

如果编码格式太复杂,而在 215 字段不能解释,则将其放入 337 系统细节附注。

(3)尺寸 $d(RDA3. 5)

联机资源无须记录尺寸。

计算机盘:记录其直径(RDA3. 5. 1. 4. 4 光盘),以厘米记录,使用米制符号 cm(RDA3. 5. 1. 3 记录尺寸)。

如果载体类型相同,但尺寸不同,记录最大及最小尺寸,中间用连字符。(交替做法)如果有两种以上尺寸,记录最大尺寸,后跟"或较小"(RDA3. 5. 1. 6 多个载体组成的资源)。

如果资源在容器中,先命名容器,再记录其尺寸:高度 × 宽度 × 深度(RDA3. 5. 1. 5 容器的尺寸)。注意与《规则》在尺寸后加"(容器)"不同。

例:215 $d12cm

例:215 $d 盒 30 × 25 × 13cm

(4)附件 $e(RDA3. 1. 4)

网站(联机资源)无附件。

计算机盘附属部分的描述或者放入单独的 307 附注字段,或者放入 215 $e 附件子字段。

附件子字段的描述方法与主要载体类型描述相似,即包括数量(单元/子单元)、其他形态细节和尺寸。

例:215　$e1 手册(29 页:彩图;19cm)

多个附件依次记录:

例:215　$a1 计算机盘 $c 声音,彩色 $d12cm $e1 指导手册(24 页:插图;12 ×19cm) + 1 地图(58 ×72cm,折叠为 12 ×19cm)

230 资源特定细节项:电子资源特征

包括资源类型和资源数量,在 RDA 中称为文件类型和文件大小。

CNMARC 必备字段。资源中含多个电子资源时可重复。

信息来源:以资源本身(或附件或容器)为基础来记录文件类型,若需要,由任何其他来源获取附加信息(RDA3. 19. 2. 2 文件类型信息源)。

A. 文件类型:从 215 字段所示的文件类型表中选择,如果所列术语均不适用或不够专指,则使用尽可能简洁的术语指代文件类型(RDA3. 19. 2. 3 记录文件类型)。在易于确定且对识别或选择重要时记录。

参见 336 字段:更专指的文件类型可使用电子资源类型附注(RDA3. 19. 2. 4 文件类型细节)。

B. 文件大小:指数字文件的字节数,用字节、千字节(KB)、兆字节(MB)或千兆字节(GB)绘出字节大小 RDA3. 19. 4(文件大小)。在易于确定且对识别或选择重要时记录。

格式为:文件类型(文件数:文件大小)

例(计算机盘):230　$a 数字文件(1 个文件:2518 字节)和程序文件(3 个文件:7260,3450,2210 字节)

例(网站):230　$a 图像文件和文本文件

300 一般性附注

本字段包含在编或相关资源的任何方面的附注。它可以代替 301 至 315 任何一个附注字段,或者不能分配在更为专指的附注字段的任何附注。如可为可访问性(无障碍)内容(RDA7. 14)、补充内容(RDA7. 16)、内容性质(RDA7. 2)、数字资源的代(RDA3. 10. 3)等做一般性附注(RDA 附录 D. 2. 1MARC21 书目到 RDA 映射之 500$a)。

如“代”,指原始载体与其复制载体之间的关系。在对识别或选择重要时记录,使用术语:原件(original)、正本(master)、派生正本/衍生主档(derivative master)(RDA3. 10. 3. 3 记录数字资源的代)。

例(计算机盘):300　$a 跨文化展望

例(计算机盘):300　$a 盘面标签的附加号:A -096

例(网站):300　$a 包括网站索引

303 著录信息的一般附注

对联机资源,为浏览日期做附注(RDA2. 20. 13. 5 联机资源的浏览日期);也为早期正题名的浏览日期做附注(RDA2. 3. 7. 3 记录早期正题名)。

例:303　$a2008 年 1 月 13 日浏览

304 题名和责任说明附注

电子资源通常需做正题名来源附注,除了题名来源于图书等多页资源的题名页,或者视频等移动图像的题名帧或题名屏。如果认为对识别或检索重要,可为变异题名、早期正题名及后期正题名来源做附注(RDA2. 20. 2. 3 题名来源)。

网站属于集成资源,以当前整体(iteration)为首选信息源,如果资源的早期整体(iteration)题名不同,且对识别或获取重要,则做附注(RDA2. 20. 2. 4)。访问早期版本,可以试着使用 Internet Archive 的"时光机"(Wayback Machine)等存档网站。

例(计算机盘):304　$a 题名取自题名屏幕

说明:首选信息源为标签等。

例(网站):304　$a 题名取自主页

307 载体形态附注

(1)本字段提供 215 字段未记录的载体表现或单件的数量、尺寸、其他形态的附加信息,以及载体特征变化的信息。

例(计算机盘):307　$a 附录中有彩色地图

(2)当附件不入载体形态项时,如认为重要,可为附件的数量(RDA3. 22. 2 载体表现数量的附注)和附件内容(RDA7. 16 附件内容)做附注(参照 LCPS3. 1. 4 由多个载体类型组成的资源)。

例(计算机盘): $a 附 1 用户指导手册(25 页:插图;13 × 16cm)

315 资料(或出版物类型)特定细节附注

本字段为与电子资源细节有关的附注,包括数字文件特征的细节。

数字文件特征包括文件类型、编码格式、文件大小、分辨率、区域限制和编码比特率(原称"传输速度")(RDA3. 19),也包括密度、分区等(RDA3. 19. 1. 4 数字文件特征的细节)。230 电子资源特征字段电子资源特征中记录文件类型和文件大小,215 $c 载体形态细节记录编码格式,337 系统需求附注字段记录编码格式细节、分辨率、区域限制和传输速度(依据 RDA 附录 D. 2. 1 MARC21 书目映射到 RDA)。其余特征如果易于确定且对识别或选择重要,在本字段中记录。

对计算机盘而言,如果资源中的子单元(文字、静画、声音、动画等)不能简洁说明,如对识别或选择重要,在此附注中记录细节(RDA3. 22. 2. 10)。

例(计算机盘):315　$a 变量数:960

例(网站):315　$aReal Media version 流量是 225kbps

336 电子资源类型附注

记录比 230 字段更详细的文件类型(RDA3. 19. 1. 4),如流媒体视频文件(streaming video file)(RDA3. 19. 2)。在 230 字段中使用文件类型术语表中的"视频文件",如需反映流媒体特征,可使用 336 附注。

例:336　$a 流媒体视频文件

337 系统需求附注

(1)记录超出其正常或显见范围的设备或系统需求(如设备或硬件的型号、操作系统、内存量,或者对播放、查看或运行资源所需的插件或外设);或者记录资源上呈现的设备或系统需求(RDA3.20.1.3 记录设备或系统需求)。导语“系统需求:”非必需。

例(计算机盘):337　$a 需要 IBM PC AT 或 XT 和 CD－ROM 播放器和驱动器

例(计算机盘):337　$a 系统要求:Pentium 166 以上 CPU,32M 以上内存,分辨率 800×600、256 色以上显示器,8 倍速以上光驱,IE4.0 或以上版本,Netscape3.0 以上浏览器,Windows95/98/NT4/2000 及以上版本操作系统

例(网站):337　$a 需要 PDF 阅读器(Adobe Acrobat Reader)

(2)数字文件特征中的编码格式(细节)、分辨率、区域限制和编码比特率(原称“传输速度”)入此(依据 RDA 附录 D.2.1 MARC21 书目映射到 RDA)。

例(计算机盘):337　$a2048*1536 像素

例(网站):337　$a 每一图像是 510 万像素

例(网站):337　$a 传输速度:32 千字节每秒

7XX 知识责任项

(1)个人、团体、家族作为创建者/贡献者 $a(RDA9,RDA10,RDA11)

中文没有主要款目概念,无论是否为 RDA 定义的作品“创作者”,凡对作品负有主要责任的个人和/或团体,无论多少人数,都著录在 7X1 字段。

凡对作品负有次要责任的个人和/或团体,无论多少人数,都著录在 7X2 字段。

(2)关系指示词 $4

记录取自 RDA 附录 I 的关系指示词,反映个人、家族和团体与资源之间的关系(RDA18.5),如作者、编者、编辑、翻译(者)、发行(者)等。

例(计算机盘):701　0$a 李援 $4 作者

例(网站):712 02 $a 上海通信行业协会 $4 发行团体

(3)会议地点 $e

如果会议是联机召开的,则会议地点记录为“联机”(online)(RDA11.13.1.8 会议届次、地点、日期)。

例:711 12 $a 世界航空港会议 $d(5th : $e 联机 : $f1976)

856 电子资源定位与检索

统一资源定位(即 URL)即远程检索资源的地址,它来自任何信息源(RDA4.6)。

网站访问网址及说明:

例:856 4　$uhttp://www.sina.com.cn/ $z 新浪主页

第八章　CNMARC 的 RDA 更新

《资源描述与检索》(RDA)设计可适用于不同的元数据标准(格式),这与《英美编目条例》(AACR2)紧密关联 MARC21 完全不同。然而,由于 MARC 仍是目前图书馆编目的主要格式,所以 RDA 在附录中包含的唯一格式对照表就是 MARC - RDA 对照表(附录 D 书目格式、附录 E 规范格式)。美国 RDA 测试的最终报告在要求“开展可靠的进程,以取代 MARC 格式”的同时,仍然要求“开发完整的 RDA 记录样例,使用 MARC 格式和其他编码方案”[U. S. RDA Test Coordinating Committee,2011a]。可见 MARC 在现阶段的不可替代性。

MARC 格式中,多个 RDA 元素合用一个字段甚至子字段的情况较为多见。从 RDA 的角度,要专指地揭示出所有元素,MARC 格式需要与时俱进,对字段、子字段加以细化。MARC21 已经为此做了不少更新,CNMARC 及所依据的 UNIMARC 也需要跟进,才能使 RDA 的应用效果得到更好发挥。

第一节　MARC21 的 RDA 更新

自 2000 年开始,MARC21 标准每年做 1—2 次更新。2008 年开始,更新较多针对 RDA。本节分析 2008—2012 年的 7 次更新中与 RDA 有关的部分(Update 9 到 Update 15)。

MARC21 的 RDA 更新主要包括两种情况(详见附表):

一是使描述粒度更细,更新方式有:①增加新的子字段;②将原子字段扩展为一个或若干新字段;③新增字段。如载体特征,在 MARC21 书目格式中原来采用 300、340 和 5XX 字段,RDA 在保留这些字段的同时,在 340 字段增加了若干子字段,又增加了 344—347 字段,对原 300、5XX 的描述内容进行细化以准确表述。

二是应对 RDA 增加对书目和规范中各种关系的揭示,方便资源间的关联处理,更新方式有:①增加唯一标识号;②增加关系说明语类子字段。如 502 学位论文字段的 $o 标识号,再如 7XX 的 $i 关系说明语。

附表　MARC21 的 RDA 更新(Update 9—15)

新字段	Update 9 2008. 10	Update10 2009. 10	Update11 2010. 2	Update12 2010. 10	Update13 2011. 9	Update14 2012. 4	Update15 2012. 9	对应 原字段
017 版权或 呈缴号	$z 取消号							
028 出版号							$q 限 定信息	

续表

新字段	Update 9 2008. 10	Update10 2009. 10	Update11 2010. 2	Update12 2010. 10	Update13 2011. 9	Update14 2012. 4	Update15 2012. 9	对应原字段
033 事件时间地点			$p 事件地点					
041 语言代码					$k 翻译中介 $m 原始附件 $n 原始剧本			
082 DDC 号	$m 标号或可选指示 $q 给号机构							
083	附加 DDC 号							082
085	合成分类号组件							082
264					制作/出版/发行/生产/版权通知			260
336		内容类型						245 $h
337		媒介类型						245 $h
338		载体类型						245 $h
340 物理介质					$j 代 $k 排版 $m 开本 $n 字号 $o 极性			
344					声音特征			300$b
345					动态图像投影特征			300$b
346					视频特征			300$b
347					数字文件特征			300$b
377					相关语言			041(限作品/内容表达记录用)

续表

新字段	Update 9 2008. 10	Update10 2009. 10	Update11 2010. 2	Update12 2010. 10	Update13 2011. 9	Update14 2012. 4	Update15 2012. 9	对应原字段
380			作品的形式					130/240 之区分部分
381			作品/内容表达的其他区别特征					130/240 之区分部分
382			演奏媒介			$b 独奏者 $d 兼奏乐器 $n 同一媒介的演奏人数 $p 替代演奏媒介 $s 总演奏人数 $v 附注		130/240 之区分部分
383			音乐作品的数字标识		$d 作品号 $e 相关出版社			130/240 之区分部分
384			调(NR)					130/240 之区分部分
502 学位论文附注	$b 学位类型 $c 授予机构 $d 授予年份 $g 杂项信息 $o 标识号							
510 引文附注		$uURI						

续表

新字段	Update 9 2008. 10	Update10 2009. 10	Update11 2010. 2	Update12 2010. 10	Update13 2011. 9	Update14 2012. 4	Update15 2012. 9	对应原字段
518 事件时间地点附注			$d 日期 $o 其他信息 $p 地点					
534 原始版权附注	$o 其他资源标识号							
542	版权状态相关信息							540
561 拥有和保管史				增加 $uURI				
588		描述来源附注						500
700/710/711/730 附加款目		$i 关系信息						
800/810/811/830 丛编附加款目	$xISSN							
883							机器生成元数据出处	无

注:以上 MARC21 更新未包含头标、代码字段 006—008 及控制子字段 $0— $8。

第二节　UNIMARC 的 FRBR 更新与 RDA 相关讨论

UNIMARC 网站目前最新公布的书目格式为 2008 年第 3 版。2008 年 MARC21 才开始启动与 RDA 相关的更新,2008 版 UNIMARC 并无与 RDA 相关的内容也是可想而知的。

作为 IFLA 的成果,相比于 RDA,UNIMARC 更关心与 FRBR 的适应性。根据对未公开的 2012 年 UNIMARC 书目格式讨论版的分析,自 2008 年以来的修订,主要集中在表达 FRBR 模型上,未发现针对 RDA 的更新。UNIMARC 的 FRBR 改造,主要由 UNIMARC 永久委员会

(PUC)委托法国 UNIMARC 委员会(CfU)承担,CfU 主席 Philippe Le Pape 在 IFLA 2011 年会上报告了其成果。UNIMARC 第 3 版的 2012 更新于 2014 年 2 月公开发布。

当然,PUC 近年也在关注 RDA,有过相关的讨论,但最终没有形成反映在格式更新上的结果。

在 2010 年 3 月的 PUC 年度会议上,法国代表曾做了一个报告,引发对《国际标准书目著录》第 0 项(ISBD0)和 RDA 相关新增字段的讨论。MARC21 为 RDA 新增的字段 336 内容类型、337 媒介类型和 338 载体类型(也可对应 ISBD0),用同一字段的不同子字段容纳文本术语和相应代码,而 UNIMARC 的原则是不混合代码和文本数据,UNIMARC 的代码数据用 1XX,不含自然语言文本。法国建议相应的自然语言文本另用 203 字段表示。在讨论中,PUC 接受在同一个字段中用不同子字段表示代码和文本数据的建议,决定定义新字段以适应/容纳 ISBD 第 0 项,并与 MARC21 兼容[PUC,2010]。

不过 CfU 在 2010 年 7 月准备的提案,仍将两者分开,分别用 180—183 字段和 280—283 字段表示作品的一般性质、内容表达的内容特征、载体表现的媒介类型、载体类型,18X 为代码,28X 为文字形式。8 月又提出以 750—751 字段表示作品和内容表达的名称/统一题名。但这些提议在当年 8 月的 IFLA 会议期间均被延期处理[PUC,2012]。

2011 年,根据 CfU 的建议,750 和 751 字段对应的内容确定用 576 和 577 字段,称为作品和内容表达的名称/首选题名,同时增加 506 和 507 字段,作为匿名作品及其内容表达的首选检索点。这几个字段对应的是 FRBR 实体的属性,与 RDA 并无直接关系[PUC,2012]。在 UNIMARC 书目格式第 3 版 2012 更新中已经增加了 506、507 和 576、577 这四个字段。

按法国 CfU 主席 Philippe Le Pape 在 IFLA 2011 年会所做报告称,使 UNIMARC 书目格式对应 ISBD0,是 UNIMARC 适用于 FRBR 化资料的第一步,这项工作完成于 2010 年[Le Pape,2011]。但截至 2012 年 7 月,ISBD0(或 RDA 的内容、媒介、载体类型)所用字段并未确定,在 UNIMARC 书目格式第 3 版 2012 更新中也未见涉及。

从对 UNIMARC 更新档案分析,CfU 曾多次提出与 RDA 相关的建议,包括在 2011 年提出 UNIMARC 书目格式与 RDA 兼容的讨论,但仅仅做了一般讨论,没有结果。在最新发布的 UNIMARC 第 3 版 2012 更新中,没有体现出与 RDA 相关的更新。

第三节　CNMARC 的更新设想

CNMARC 基于 UNIMARC,如果要专指反映 RDA 元素,最佳方式是等候 UNIMARC 针对 RDA 的更新完成。鉴于 UNIMARC 的 RDA 更新迟迟未能出现,我们在此提出自己的设想,或可以向 PUC 提出更新建议,促使其完成。由于规范格式在我国未得到广泛采用,本书只针对书目格式。

以下把 MARC21 更新分成增加子字段和增加字段两部分,对 UNIMARC 2008 版与 MARC21 的 RDA 更新加以对照,提出 CNMARC/UNIMARC 的 RDA 更新设想。

一、增加子字段

通过对 MARC21 的 RDA 更新与 UNIMARC 2008 版的对照,发现在细化子字段以改善描述粒度方面,UNIMARC 在某些方面比 MARC21 更新得更早,MARC21 在 2008—2012 年新增的一些子字段,在 UNIMARC 2008 年版中就已有对应子字段存在。对于部分 UNIMARC 尚未细化的子字段,基本上可以参照 MARC21,增加相应的子字段。见表 1。

表 1　MARC21 更新之子字段与 UNIMARC 对照

MARC21 更新	Update 9	Update 10	Update 11	Update 12	Update 13	Update 15	对应 UNIMARC	说明	更新建议
017 版权或呈缴号	$z 取消号						021	2008 版有	
028 出版号						$q 限定信息	071	2008 版有	
033 事件时间地点			$p 事件地点				无		可增字段 050
041 语言代码					$k 翻译中介 $m 原始附件 $n 原始剧本		101	2008 版有	
082 DDC 号	$m 标号或可选指示 $q 给号机构						676		可相应增加
340 物理介质					$j 代 $k 排版 $m 开本 $n 字号 $o 极性		307		可相应增加
502 学位论文附注	$b 学位类型 $c 授予机构 $d 授予年份 $g 杂项信息 $o 标识号						328	2008 版有(除标识号)	
510 引文附注		$uURI					321	2008 版有	
518 事件时间地点附注			$d 日期 $o 其他信息 $p 地点				300		可增附注 3XX

续表

MARC21 更新	Update 9	Update 10	Update 11	Update 12	Update 13	Update 15	对应 UNIMARC	说明	更新建议
534 原始版权附注	$o 其他资源标识号						324		可相应增加
561 拥有和保管史				$uURI			317	2008 版有	
700/710/711/730 附加款目		$i 关系信息					7XX		可相应增加
800/810/811/830 丛编附加款目	$xISSN						近 410	2008 版有	

二、增加字段

MARC21 新增的字段主要有：替代一般资料标识（GMD）、揭示特定资源的特征、增加作品/内容表达层元素等。UNIMARC/CNMARC 可以增加相应的新字段或子字段。

对于其中的作品和内容表达层元素，由于 UNIMARC 倾向于用规范记录揭示［Le Pape, 2011］，故这部分也可基本不变，只对应“演奏媒介”增加若干子字段。见表 2。

表 2　MARC21 更新之字段与 UNIMARC 对照

新字段	Update 9	Update 10	Update 11	Update 13	Update 14	Update 15	对应原 MARC21	说明	对应 UNIMARC	UNIMARC/CNMARC 更新建议
083	附加 DDC 号						082	细化	676	可增加子字段
085	合成分类号组件						082	细化	676	可增加子字段
264				制作/出版/发行/生产/版权通知			260	细化	210	原有生产子字段；可再增加子字段；或增加字段 212（接 211 计划出版日期）

续表

新字段	Update 9	Update 10	Update 11	Update 13	Update 14	Update 15	对应原 MARC21	说明	对应 UNIMARC	UNIMARC/CNMARC 更新建议
336		内容类型					245 $h	替代 GMD	200$b	201—203（GMD 曾用 204）
337		媒介类型					245 $h	替代 GMD	200$b	
338		载体类型					245 $h	替代 GMD	200$b	
344				声音特征			300$b	特定类型资源特征	215 $c	231—234（续 230 电子资源特征）
345				动态图像投影特征			300$b	特定类型资源特征	215 $c	
346				视频特征			300$b	特定类型资源特征	215 $c	
347				数字文件特征			300$b	特定类型资源特征	215 $c	
377				相关语言			041（限作品/内容表达）	作品/内容表达层元素	101	240
380			作品的形式				130/240 之区分部分	作品/内容表达层元素	500$j	暂不变，或 260—264
381			作品/内容表达其他区别特征				130/240 之区分部分	作品/内容表达层元素	500$n	

续表

新字段	Update 9	Update 10	Update 11	Update 13	Update 14	Update 15	对应原 MARC21	说明	对应 UNIMARC	UNIMARC/CNMARC 更新建议
382			演奏媒介		$b 独奏者 $d 兼奏乐器 $n 同一媒介的演奏人数 $p 替代演奏媒介 $s 总演奏人数 $v 附注		130/240 之区分部分	作品/内容表达层元素	500$r	暂不变，或 260—264
383			音乐作品的数字标识	$d 作品号 $e 相关出版社			130/240 之区分部分	作品/内容表达层元素	500$s	
384			调（NR）				130/240 之区分部分	作品/内容表达层元素	500$u	
542	版权状态相关信息						540	细化	306	可增加子字段
588		描述来源附注					500	细化	300	可增加字段 3XX
883						机器生成元数据出处	无	全新	无	可增加字段 8XX

三、对 CNMARC/UNIMARC 建议字段的说明

（1）出版发行

UNIMARC/CNMARC 的 210 字段与 MARC21 的 260 字段不同，原有印刷子字段 $e、$f、$g、$h，可以在此基础上再增加子字段，区分生产（未出版资源）、发行、版权日期等不同情况。如果要新增字段，可以放在 211 字段（计划出版日期）后，比如用 212 字段。

（2）内容、媒介和载体类型

UNIMARC 曾经用 204 字段表示 GMD，故建议用 201—203 字段分别表示内容、媒介和载

体类型(文本部分)。

如前所述,法国曾建议用203表示ISBDO的文本部分,而代码部分则曾先后建议用103、153、155、157及180—183。

(3)特定类型资源特征

特定类型资源特征放在230电子资源特征之后,用231—234。

(4)作品/内容表达

作品/内容表达层的附加元素可不增加,仍采用500统一题名的子字段。

如需增加,考虑与MARC21的3XX字段对应的是UNIMARC的2XX字段,故从24X—28X中选择。2012年更新中251字段已用,而28X也曾预设为ISBDO用,故建议使用240和260—264字段。

小结

由本章表1和表2可见,目前的UNIMARC/CNMARC基本可以对应MARC21,在较粗的粒度上容纳RDA元素。如果目前采用RDA(或据以更新的中文编目规则)编制CNMARC记录,可以暂时使用现有的不那么专指的字段,等待UNIMARC的更新。如果要更细致地揭示资源的各种特征,也可参照MARC21,依据UNIMARC对应字段号的规则,先行增加CNMARC字段。

第九章　RDA 中文电子版的设想

RDA 以联机产品 RDA 工具包形式首先发布，这也是 RDA 与数字时代接轨的一个重要方面。工具包推出后，其功能一直在不断地完善（详见 RDA Development Blog）。比如 MARC 链接功能［Hennelly J，2011］，可以从外部由 MARC 字段、子字段链接到 RDA 工具包的元素集视图，其中集成了元素的定义、相关条款、子元素等信息，现在已经成为编目软件与 RDA 关联的主要手段［编目精灵，2012］。网络时代，工具包必将成为利用 RDA 的主要途径。

第一节　RDA 工具包的内容

RDA 工具包设计有三大版块，即 RDA、工具和资源。这三大版块是固定的，但其中栏目自 2010 年 6 月首次发布以来，不时有增加与调整。2014 年 4 月更新后的内容有以下几方面。

一、RDA

这部分是 RDA 规则本身。包括：

1. RDA

最新版本的 RDA。工具包的主体部分。

2. RDA 更新历史（RDA Update History）

RDA 一直在不断地修订中，除了数月一次的小修改发布（release），每年有一次大的内容更新（update）。2012 年 4 月 RDA 首次发布更新版时新增栏目“更新历史”，目的是保留更新前的条款，以便对照与查考。目前包括说明，以及 2012 年 4 月、2013 年 7 月和 2014 年 4 月更新，含各年度的更新概况、更新前的条款正文存档。

在“RDA”部分，更新过的条款后有修订图标，比如2012/04，表示为 2012 年 4 月更新内容。点击图标则跳转到“RDA 更新历史”中保留的前条款。

2012 年 12 月发布了按 RDA 美国测试委员会要求改写的第一部分：第 6、9、10、11 章，2013 年 5 月发布了改写的其余部分。由于改写并不改变原意，不是对内容的修订，故而原来各章并未算做内容上的更新。

二、工具（Tools）

这部分是 RDA 的辅助工具，以与 RDA 正文不同的排列与角度，汇聚或链接 RDA 条款。目前包括七个栏目：

1. RDA 元素集（RDA：Element Set）

以 FRBR/FRAD 实体及其属性、关系为纲，汇集每一 RDA 元素的相关信息，以便全面、快速了解 RDA 元素，准确掌握描述或提供检索点。根据元素性质，包括以下内容中的几项：①核心元素注释；②定义；③取值词表；④限定词；⑤RDA 条款；⑥子元素；⑦相关编码(MARC21 书目/规范格式链接)。

按 Oliver 的说法，RDA 元素集"如同 RDA 元素的词典，列出每个 RDA 元素的名称、定义、所用控制词表，所用条款列表并链接到正文，如何以 MARC21 编码并链接到 MARC21 网站完整信息。给编目员一个快速指引工具"[Oliver C,2010. p. 74]。

工具包推出的"MARC 链接"功能，提供的就是到 RDA 元素集的链接。与工具包的检索功能一样，MARC 链接结果一览页无须账号可以访问，点击元素看详细内容时则要求登录。

2. RDA 对照表(RDA Mappings)

这是 RDA 开发联合指导委员会(JSC)官方的对照表，提供常用元数据标准与 RDA 条款的对照，方便从熟悉的元数据标准入手掌握 RDA。目前包括：RDA 与 MARC21 书目格式和规范格式的双向对照表，以及 RDA 对"元数据对象描述规范"(MODS)对照表。

RDA 本身的附录 D 和附录 E 曾经包含 MARC21 书目格式和 MARC21 规范格式对 RDA 的对照表，但在 2014 年 4 月更新后已经删除，目前只提供到 RDA 对照表的链接。

3. RDA 记录实例(Examples of RDA Records(JSC))

这是 JSC 官方提供的 RDA 记录实例，用于教育与培训。目前是 2012 年 4 月的不同类型的规范记录和书目记录各若干条，分别以 RDA 元素与 MARC21 格式列出。工具包提供下载链接。

4. 工作流程(Workflows)

由 RDA 订户创建并可共享的工作流程包括三种：①所有订户可见的"全域工作流程"；②本机构所有用户可见的"本地工作流程"；③个人工作流程。

按 Oliver 的说法，工作流程"为特定任务，或描述资源、提供检索的一个处理过程而写。各机构可结合本地的选项规定或本地实践做定制。共享可消除重复劳动，还可能鼓励 RDA 的统一应用。工作流程也可作为特殊编目界(如地图或珍贵资源)的有用工具……可以选择为特定的内容和载体类型定制工作流程并共享，以支持其社区的一致性与标准化"[Oliver C, 2010, p. 79]。

美国国会图书馆从 2010 年做 RDA 测试时，就在全域工作流程中提供了员工用的五个工作流程，是特定类型资源(图书)编目的快捷指引，属于典型的"工作流程"。

工作流程还有其他类型。目前在创建工作流程时可以选择六种类型：①工作流程；②对照表；③本地政策；④培训资料；⑤快速参考；⑥最佳实践。如剑桥大学图书馆参照不列颠图书馆专著工作流程制订的"专著工作流程"，其中就定义了"剑桥核心元素"。

5. 对照表(Maps)

由 RDA 订户创建并可共享的对照表，功能类似"RDA 对照表"，是从"工作流程"独立出来的，形式也类似，即包括三种：①全域对照表；②本地对照表；③个人对照表。目前全域对照表中有"合作联机连续出版物项目"(CONSER)的 MARC 与 RDA 核心元素的双向对照表草案。

6. 实体关系图(2010 Entity Relationship Diagram(Archival))

以图示法直观展示 FRBR/FRAD 实体及其属性、关系,提供对 RDA 元素的全局视野,可与“RDA 元素集”配套使用。目前显示为存档状态,即在 2010 年工具包上线后,未根据修订后的元素情况更新。

下图为“载体表现”的“属性”中,“核心元素”的实体关系图,蓝底圈为核心元素,白底圈为其下相应元素。每个元素都超链接到前述的“RDA 元素集”。

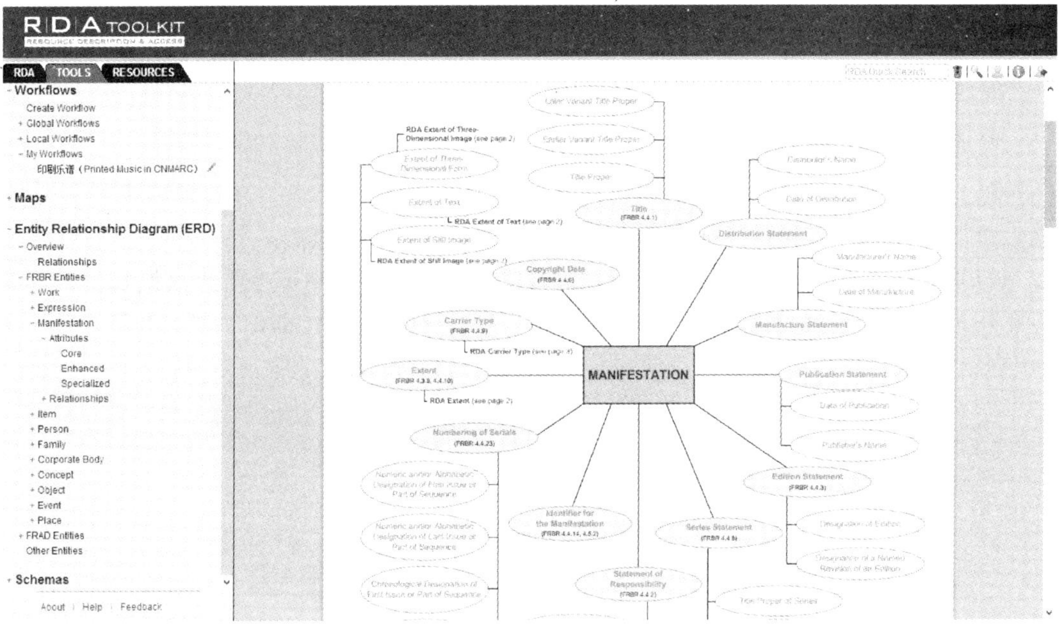

实体关系图

7. 编码规范(Schemas(Archival))

XSD(XML Schema Defination)的 RDA 元素集,这是可以代替 MARC 的编码体系。无须登录可下载。目前同样显示为存档状态,即元素集未根据这几年的修订更新。

三、资源(Resources)

这部分是与 RDA 相关的资源。包括四个部分:

1. AACR2

AACR2 正文,包括到 RDA 及 LC 编目桌面(Cataloger's Desktop)的链接。原来 AACR2 电子版通过 Cataloger's Desktop 提供,但自 2013 年 4 月 1 日起,只能通过 RDA 工具包访问[RDA Toolkit,2012 - 10 - 16]。

工具包的高级检索中,有 AACR2 的全文搜索,还有 AACR2 的条款号搜索,直接链接到 AACR2 正文。

目前 AACR2 的例子还是图片形式,虽然文字可以搜索到,但无法复制,已有设想用 HTML文本取代例子的图片[RDA Toolkit Development,2012b]。

2. 美国国会图书馆和合作编目项目政策声明(LC-PCC PS)

LC-PCC PS 是美国实施 RDA 的本地政策,编号与 RDA 条款对应,并有蓝色图标RDA链接到 RDA。同时在 RDA 中,也有绿色图标LC-PCC PS链接到此。这部分无须登录可以访问。

有关 LC-PCC PS 的情况,见本书第六章“中文 RDA 应用政策”。

3. 澳大利亚国家图书馆政策声明(NLA PS)

NLA PS 是澳大利亚实施 RDA 的本地政策。和 LC-PCC PS 一样,编号与 RDA 条款对应,并有蓝色图标RDA链接到 RDA。同时在 RDA 中,也有橙色图标NLA PS链接到此。这部分无须登录可以访问。

4. 其他资源(Other Resources)

以上 1. 1—3. 3 的所有内容都在工具包网站提供,大部分可通过高级搜索进行全文搜索。而“其他资源”部分提供的基本上是外部资源的链接,目前包括:

(1)元素集与编码标准,包括《书目记录功能需求》(FRBR)、《规范数据功能需求》(FRAD)、《主题规范数据功能需求》(FRSAD)、MARC21 标准和《都柏林核心元数据项目》(DCMI);

(2)OAI 元数据收割协议;

(3)开放元数据注册(OMR);

(4)LC 编目员桌面,一款联机编目辅助产品;

(5)开源发现界面 XC,较早采用 RDA 注册元素的应用;

(6)美国音乐图书馆协会(MLA)音乐编目最佳实践,2014 年 4 月 1 日 Version1. 0. 1 版在工具包网站上提供下载。

第二节　工具包的多语种界面

为了实现 RDA 国际化的目标,工具包在推出一年后开始为多语种界面做准备。

首先是把原菜单上各功能按钮的英语提示语改成图标形式[RDA Toolkit Development, 2011a; 2011b]。

其次是在 2013 年 5 月发布版提供 RDA 的法语和德语翻译版,以及相应语种的界面[RDA Toolkit Development,2013]。目前 RDA 还在进行西班牙语版翻译,完成后也将通过工具包提供[编目精灵,2013a]。

再次是个性化界面设置。界面语种根据浏览器语种默认显示,也可在个人账户(My Profile)的工具包设置(Toolkit Settings)中更改默认语种。同时,RDA 部分还可以选择双语同时显示。

订购 RDA 工具包,可以同时访问各语种版本。多语种版本不仅 RDA 正文语种不同,还可以如 LC-PCC PS 那样,集成本国的政策声明[RDA Toolkit Development,2012a]。随着越来越多的本地化内容进入工具包网站,可以通过个人账户实现个性化的内容显示。比如目前在 RDA 正文中默认同时显示 LC-PCC PS 和 NLA PS 链接,如果不想显示,可以通过设置取消。

未来会有与不同语种相应的默认设置，也会显示与各国实施政策的链接。

这些功能上的设计，对于多国、多语种编目来说，无疑会极有帮助。

目前 RDA 中译本已经出版，但“仅以印刷本发行，主要目的是供研究与评估其在中国图书馆的使用”[RDA Toolkit Blog,2012a]。未来如果考虑在中文编目中采用 RDA，电子版的方便性与即时性显然具有优越性，其中也需要考虑容纳包括我国编目的常用工具，以方便编目员使用。

第三节　中文电子版的增强内容

本部分以 RDA 工具包为蓝本，设想工具包中文界面（中文电子版）所包含的资源。除 RDA 正文部分为中文版，工具包网站的其他部分也可以选择做成中文版，并整合中文编目中需要用到的资源或其链接，以方便一站式使用。

一、工具部分

1. RDA 元素集和实体关系图，以及“MARC 链接”功能

鉴于“RDA 元素集”具有“RDA 元素的词典”的功用，很有必要译成中文。以图示直观展示 RDA 元素间关系并链接到元素集的“实体关系图”，也可以考虑译成中文。

目前英文版 RDA 元素集中大量复制 RDA（包括举例），由于持续修订是联机版 RDA 的一个重要特征，从维护角度看，在工具包网站的其他部分重复 RDA 内容并不合适。涉及 RDA 内容的，可以只列条款并链接到 RDA。

另外特别需要考虑**与 UNIMARC/CNMARC 的链接功能**。在编目时，由 MARC 字段直接链接到 RDA，会提供很大的方便。目前 RDA 的 MARC 链接功能针对 MARC21。

MARC 链接语法如下[Hennelly J,2011]：

http://access.rdatoolkit.org/? encode = marc&rec = RecordType&tag = MARCField&indpos = IndicatorPosition&ind = Indicator&subfld = Subfield&username = RDAUserName&password = RDAPassword

从 MARC 链接的语法看，预设有编码（encode），目前默认 MARC21 格式，未来应当可以扩展到 UNIMARC/CNMARC 及其他非 MARC 格式。只要继续使用 MARC 格式，多 MARC 链接功能是需要提请 JSC 及工具包开发方考虑的。

2. 对照表

对采用 RDA 来说，CNMARC 与 RDA 的对照是目前编目工作中最重要的参考工具，应该纳入工具包的框架，作为与 MARC21 对照表同样的官方对照表，放在“RDA 对照表”部分。当然也可以放在“对照表”部分，作为“全域对照表”。对于其中可能存在的版权障碍，需要各方协调解决。内容应当包括：

CNMARC 书目到 RDA 对照表
RDA 到 CNMARC 书目对照表
CNMARC 规范到 RDA 对照表

RDA 到 CNMARC 规范对照表

本书附录一为课题组制作的“CNMARC 书目到 RDA 对照表”。附图是该对照表示例，在工具包的“对照表”中创建，建立时放在“个人对照表”部分未公开，由 CNMARC 字段、子字段，提供到 RDA 的链接。

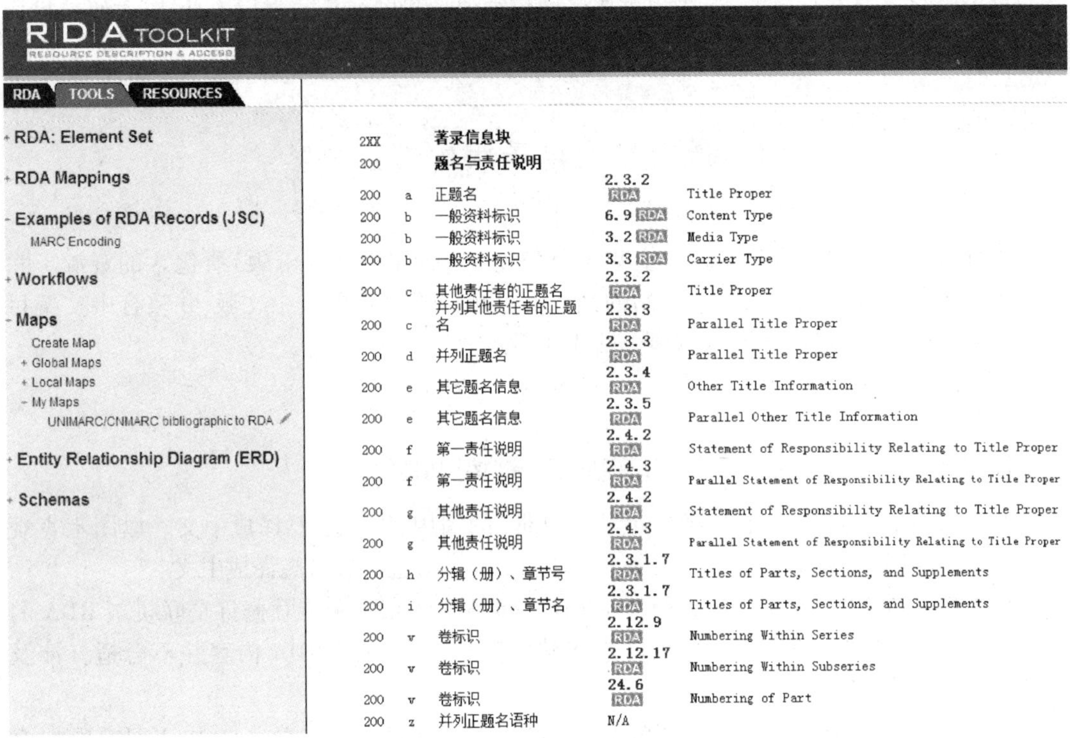

2XX		著录信息块		
200		题名与责任说明		
200	a	正题名	2.3.2 RDA	Title Proper
200	b	一般资料标识	6.9 RDA	Content Type
200	b	一般资料标识	3.2 RDA	Media Type
200	b	一般资料标识	3.3 RDA	Carrier Type
200	c	其他责任者的正题名	2.3.2 RDA	Title Proper
200	c	并列其他责任者的正题名	2.3.3 RDA	Parallel Title Proper
200	d	并列正题名	2.3.3 RDA	Parallel Title Proper
200	e	其它题名信息	2.3.4 RDA	Other Title Information
200	e	其它题名信息	2.3.5 RDA	Parallel Other Title Information
200	f	第一责任说明	2.4.2 RDA	Statement of Responsibility Relating to Title Proper
200	f	第一责任说明	2.4.3 RDA	Parallel Statement of Responsibility Relating to Title Proper
200	g	其他责任说明	2.4.2 RDA	Statement of Responsibility Relating to Title Proper
200	g	其他责任说明	2.4.3 RDA	Parallel Statement of Responsibility Relating to Title Proper
200	h	分辑（册）、章节号	2.3.1.7 RDA	Titles of Parts, Sections, and Supplements
200	i	分辑（册）、章节名	2.3.1.7 RDA	Titles of Parts, Sections, and Supplements
200	v	卷标识	2.12.9 RDA	Numbering Within Series
200	v	卷标识	2.12.17 RDA	Numbering Within Subseries
200	v	卷标识	24.6 RDA	Numbering of Part
200	z	并列正题名语种	N/A	

CNMARC 书目到 RDA 对照表

3. 记录样例

中文 RDA 记录样例，可包括按 RDA 元素列出的 CNMARC 记录，以帮助编目员更好地掌握 RDA 的使用。

本书附录二，提供了六种类型文献的 CNMARC 记录样例（描述部分）各若干。

4. 工作流程

这部分是工具包向订户提供的灵活裁剪、重组 RDA 的工具。以用户自己提供为主，也可做若干整理提供做样例，如同当年 LC 提供 RDA 测试时的样本。

典型的工作流程是针对各类型资源编目的快速指引与模板。**本书第七章**针对不同类型资源制作的 CNMARC 工作流程，就是按这个模式制作的。

附图是课题组所做工作流程的一个样例，在工具包的“工作流程”中创建，建立时放在“个人工作流程”未公开。其中“4 常用字段”部分相当于本工作流程内的子目录，提供页内链接到“5 常用字段/子字段说明”的相应字段；各部分均提供到 RDA 条款的链接。

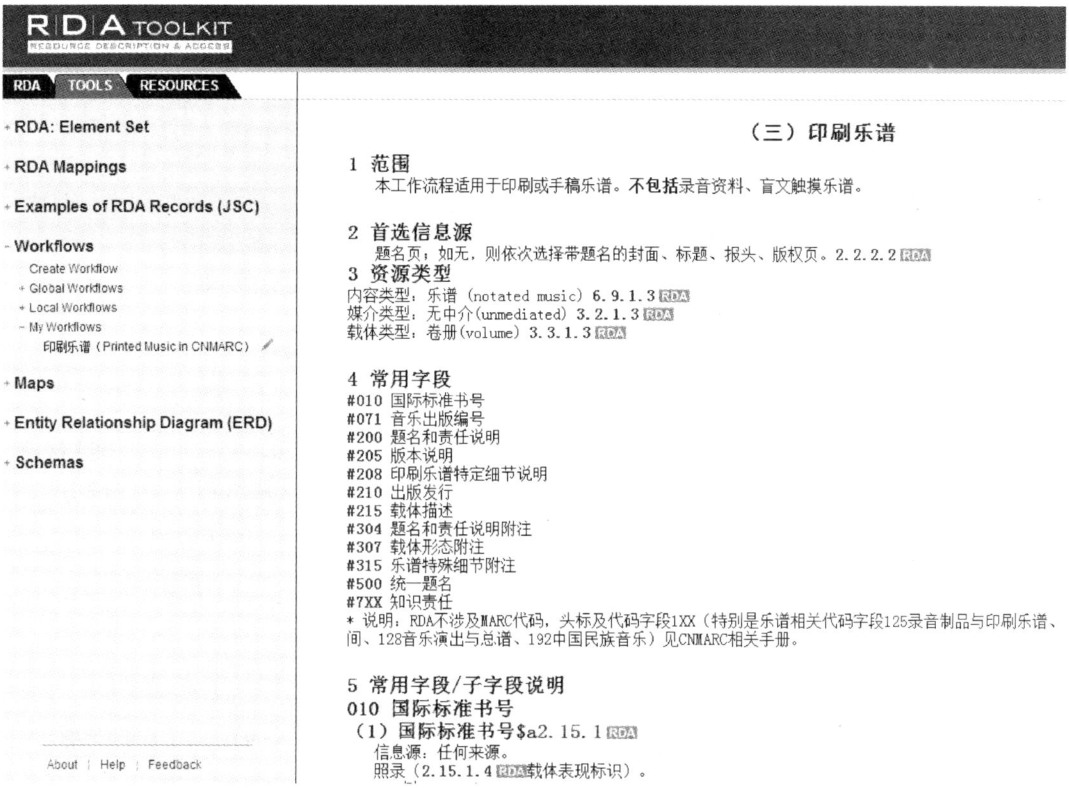

印刷乐谱工作流程(CNMARC)

二、资源部分

编目相关资源。除本地应用政策需与 RDA 深度结合、提供 RDA 正文与本地应用政策间的双向链接，因而宜放在 RDA 工具包网站上外，其他均为外部链接。

1. 中国应用政策(CPS)

这应该是 RDA 中文应用最重要的文件，需在未来的 RDA 中文版相应条款中嵌入 CPS 链接。CPS 提供适应中文资源编目的国家级政策，包括对 RDA 交替、可选附加、可选省略等规则、核心元素的确认，以及适应中文特点的细化规则等。

本书第六章中文 RDA 应用政策是对中国应用政策的初步设想。

2. FR 系列中文版

IFLA 的 FRBR、FRAD、FRSAD 及 ICP，有助于编目员了解 RDA 的基础。目前在 IFLA 网站上都有中译本，可直接提供链接。

3. UNIMARC/CNMARC 相关

国际图联 UNIMARC 核心活动的出版物页面(UNIMARC formats and related documentation)中，包括有目前最新的 UNIMARC 书目、规范、馆藏和分类格式的电子版及各类资源的 UNIMARC 使用指南。这些资源可用于了解 UNIMARC 的最新动态，准确掌握其使用。

CNMARC 暂时还未见官方的联机资源。

4. 分类主题标引工具

提供《中国图书馆分类法》《中国分类主题词表》等标引工具的链接。可以包括需要订购的网络版链接,方便订购馆的编目员一站式利用。

5. 其他

(1)可链接国内主要的联合编目中心。其网站上会有一些相关资源,如:
CALIS 联机合作编目中心:"业务文件"版块
广东省文献编目中心:中国机读目录格式(CNMARC)
(2)开放元数据注册(OMR)
OMR 上有 RDA 元素集与取值词表,目前已有部分为"出版"(即得到 JSC 批准)状态。其特征是以 URI 代表各元素及取值,是可用于语义网与关联数据的多语种平台。部分术语已有德语形式,未来中文术语确定后,也应该在此平台提供。

小结

由于本研究针对"RDA 的中文化",因而本章较多地设想如何在 RDA 用于中文编目的场景中,配置更多的中文编目参考资源。

实际上,RDA 的中文电子版不仅可用于中文编目,更可首先用于我国的西文编目。面对 2013 年第一季度 RDA 编制国开始全面使用 RDA,以套录为主的西文编目将会下载到越来越多按 RDA 标准编制的记录。使用母语的 RDA 参考资料,有助于在日常编目中查考、使用 RDA。

RDA 在 2010 年发布工具包后,出版了活页更新的印刷版。其后按美国测试报告的建议,RDA 进行了改写。随着改写的完成,由于文字改变过多,ALA 出版社决定不再更新 2010 年的活页印刷版,而是在改写全部完成后重新出版。另外,考虑到易用性及一些小图书馆的经济承受能力,JSC 决定出版简本 RDA(暂名"Essential RDA"),并考虑以电子书等格式发行[JSC,2013]。目前电子书已经出版,从介绍看,似只含 RDA 本身,其实从技术上,完全可以结合进包括本地应用政策在内的更多相关资源。如果有脱机的中文电子版或电子书,我们在这里设想的部分本地化内容也可以纳入,这无疑将有助于 RDA 在经济尚未发达的中国的推广。

附　录

附录一　CNMARC—RDA 对照表

制作说明

我国的 CNMARC 基于国际图联(IFLA)的 UNIMARC 编制。目前 RDA 及其工具包尚未提供与 UNIMARC 的映射对照,为方便我国书目编制机构和编目人员从熟悉的 CNMARC 书目格式了解与利用 RDA,课题组编制了 CNMARC 书目格式到 RDA 元素的对照表。

在 RDA 工具包中,有 RDA 元素与 MARC21 格式的双向对照表,此表清晰地反映 RDA 元素与 MARC21 字段、子字段之间的关联。为此,我们首先制作了 CNMARC 书目格式与 MARC21 书目格式的对照表,再以 MARC21 书目格式为中介工具,列出 CNMARC 书目格式、MARC21 书目格式与 RDA 元素三者之间的映射对照表,最后将 MARC21 的内容从表中抽出,初步完成 CNMARC 书目格式与 RDA 元素的映射对照表。

由于 CNMARC 书目格式与 MARC21 书目格式的字段与子字段之间并非简单的一一对应,而是存在一对多、多对一现象,还有一些 CNMARC 字段与子字段无法确切对应到 MARC21 字段与子字段,这都需要针对 CNMARC 字段与子字段的内容,仔细核查、寻找 RDA 元素,以求能准确映射出 CNMARC 书目格式与 RDA 元素之间的关联。

在对照表初步完成后,我们得到了徐静的硕士学位论文《RDA 的图书馆应用模式研究》,与其"附录三:CNMARC 书目数据与 RDA 元素的映射表"做了仔细比对,对有差异的部分做了分析,参照了其中的一些内容。不过由于对某些 CNMARC 字段的认识有所不同,两个对照表之间仍然存在一定程度的差异(如 200$h、$i、$v,215$e 等,在此不一一列举)。

本对照表首先用于研究中多种文献类型的 RDA 工作流程编写,以及 RDA 编目测试及著录样例对照的制作,期间发现 RDA 工具包中的当时的 MARC21 到 RDA 对照表中存在少许错误,由此对对照表做了最后修正。

说明:此表 RDA 依据的是 2012 年 4 月更新版。

CNMARC 书目格式到 RDA 对照表

CNMARC 字段、子字段、内容			RDA 条款(元素与说明)	
001		控制号	N/A	
005		最近一次作业的日期和时间	N/A	
0XX		**标识块**		
010		**国际标准书号(ISBN)**		
010	a	国际标准书号	2.15.1	Basic Instructions on Recording Identifiers for the Manifestation

续表

CNMARC 字段、子字段、内容			RDA 条款(元素与说明)	
010	b	限定	2. 15. 1	Basic Instructions on Recording Identifiers for the Manifestation
010	d	获得方式和/或价格	4. 2	Terms of Availability
010	z	错误的国际标准书号	2. 15. 1	Basic Instructions on Recording Identifiers for the Manifestation
011		**国际标准连续出版物号(ISSN)**		
011	a	国际标准连续出版物号	2. 15. 1	Basic Instructions on Recording Identifiers for the Manifestation
011	b	限定	2. 15. 1	Basic Instructions on Recording Identifiers for the Manifestation
011	d	获得方式和/或价格	4. 2	Terms of Availability
011	y	注销的国际标准连续出版物号	2. 15. 1	Basic Instructions on Recording Identifiers for the Manifestation
011	z	错误的国际标准连续出版物号	2. 15. 1	Basic Instructions on Recording Identifiers for the Manifestation
013		**国际标准音乐号(ISMN)**		
013	a	国际标准音乐号	2. 15. 1	Basic Instructions on Recording Identifiers for the Manifestation
013	b	限定	2. 15. 1	Basic Instructions on Recording Identifiers for the Manifestation
013	d	获得方式和/或价格	4. 2	Terms of Availability
013	z	错误的国际标准书号	2. 15. 1	Basic Instructions on Recording Identifiers for the Manifestation
014		**论文标识号**		
014	a	论文标识号	2. 15. 1	Basic Instructions on Recording Identifiers for the Manifestation
014	z	错误的论文标识号	2. 15. 1	Basic Instructions on Recording Identifiers for the Manifestation
014	2	系统代码	N/A	
015		**国际标准技术报告号(ISRN)**		
015	a	国际标准技术报告号	2. 15. 1	Basic Instructions on Recording Identifiers for the Manifestation
015	b	限定	2. 15. 1	Basic Instructions on Recording Identifiers for the Manifestation

续表

CNMARC 字段、子字段、内容			RDA 条款(元素与说明)	
015	d	获得方式和/或价格	4. 2	Terms of Availability
015	z	错误的国际标准技术报告号	2. 15. 1	Basic Instructions on Recording Identifiers for the Manifestation
016		**国际标准音像编码(ISRC)**		
016	a	国际标准音像编码	6. 13	Identifier for the Expression
016	b	限定	6. 13	Identifier for the Expression
016	d	获得方式和/或价格	4. 2	Terms of Availability
016	z	错误的国际标准音像编码	6. 13	Identifier for the Expression
017		**其他标准号**		
017	a	标准编号	2. 15. 1	Basic Instructions on Recording Identifiers for the Manifestation
017	a	标准编号	6. 8	Identifier for the Work
017	a	标准编号	6. 13	Identifier for the Expression
017	b	限定	2. 15. 1	Basic Instructions on Recording Identifiers for the Manifestation
017	b	限定	6. 8	Identifier for the Work
017	b	限定	6. 13	Identifier for the Expression
017	d	获得方式和/或价格	4. 2	Terms of Availability
017	z	错误的标准编号或代码	2. 15. 1	Basic Instructions on Recording Identifiers for the Manifestation
017	z	错误的标准编号或代码	6. 8	Identifier for the Work
017	z	错误的标准编号或代码	6. 13	Identifier for the Expression
017	2	编号或代码的来源	N/A	
020		**国家书目号**		
020	a	国家代码	N/A	
020	b	国家书目号	2. 15. 1	Basic Instructions on Recording Identifiers for the Manifestation
020	z	错误的国家书目号	2. 15. 1	Basic Instructions on Recording Identifiers for the Manifestation
021		**版权登记号**	N/A	
021	a	国家代码	N/A	
021	b	版权登记号	2. 15. 1	Basic Instructions on Recording Identifiers for the Manifestation

续表

CNMARC 字段、子字段、内容			RDA 条款(元素与说明)	
021	z	错误的版权登记号	2. 15. 1	Basic Instructions on Recording Identifiers for the Manifestation
022		**政府出版物号**		
022	a	国家代码	N/A	
022	b	政府出版物号	2. 15. 1	Basic Instructions on Recording Identifiers for the Manifestation
022	z	错误的政府出版物号	2. 15. 1	Basic Instructions on Recording Identifiers for the Manifestation
035		**其他系统控制号**	N/A	
035	a	系统控制号	2. 15. 1	Basic Instructions on Recording Identifiers for the Manifestation
035	z	注销/无效的系统控制号	2. 15. 1	Basic Instructions on Recording Identifiers for the Manifestation
040		**CODEN(连续出版物)**		
040	a	CODEN	2. 15. 1	Basic Instructions on Recording Identifiers for the Manifestation
040	z	错误的 CODEN	2. 15. 1	Basic Instructions on Recording Identifiers for the Manifestation
071		**出版编号(录音与乐谱)**		
071	a	出版编号(第 1 指示符:0,1,3)	2. 15. 2	Publisher's Number for Music
071	a	出版编号(第 1 指示符:2)	2. 15. 3	Plate Number for Music
071	b	编号分配机构	N/A	
071	c	限定(第 1 指示符:0,1,3)	2. 15. 2	Publisher's Number for Music
071	c	限定(第 1 指示符:2)	2. 15. 3	Plate Number for Music
071	d	获得方式和/或价格	4. 2	Terms of Availability
071	z	错误出版编号(第 1 指示符:0,1,3)	2. 15. 2	Publisher's Number for Music
071	z	错误的出版编号(第 1 指示符:2)	2. 15. 3	Plate Number for Music
072		**通用产品代码(UPC)**		
072	a	产品代码	2. 15. 1	Basic Instructions on Recording Identifiers for the Manifestation
072	b	限定	2. 15. 1	Basic Instructions on Recording Identifiers for the Manifestation
072	c	附加代码	2. 15. 1	Basic Instructions on Recording Identifiers for the Manifestation

续表

CNMARC 字段、子字段、内容			RDA 条款(元素与说明)	
072	d	获得方式和/或价格	4. 2	Terms of Availability
072	z	错误的产品代码	2. 15. 1	Basic Instructions on Recording Identifiers for the Manifestation
073		**国际论文号(EAN)**		
073	a	国际论文号	2. 15. 1	Basic Instructions on Recording Identifiers for the Manifestation
073	b	限定	2. 15. 1	Basic Instructions on Recording Identifiers for the Manifestation
073	c	附加代码	2. 15. 1	Basic Instructions on Recording Identifiers for the Manifestation
073	d	获得方式和/或价格	4. 2	Terms of Availability
073	z	错误的国际论文号	2. 15. 1	Basic Instructions on Recording Identifiers for the Manifestation
091		**统一书刊号**		
091	a	统一书刊号	2. 15. 1	Basic Instructions on Recording Identifiers for the Manifestation
091	b	限定	2. 15. 1	Basic Instructions on Recording Identifiers for the Manifestation
091	d	获得方式和/或价格	4. 2	Terms of Availability
091	z	错误的统一书刊号	2. 15. 1	Basic Instructions on Recording Identifiers for the Manifestation
092		**订购号**		
092	a	国家代码	N/A	
092	b	国内订购号	2. 15. 1	Basic Instructions on Recording Identifiers for the Manifestation
092	c	国外订购号	2. 15. 1	Basic Instructions on Recording Identifiers for the Manifestation
092	z	错误订购号	2. 15. 1	Basic Instructions on Recording Identifiers for the Manifestation
094		**标准号**		
094	a	国家代码	N/A	
094	b	标准号	2. 15. 1	Basic Instructions on Recording Identifiers for the Manifestation

续表

CNMARC 字段、子字段、内容			RDA 条款(元素与说明)	
094	z	错误的标准号	2. 15. 1	Basic Instructions on Recording Identifiers for the Manifestation
1XX		**编码信息块**	N/A	
2XX		**著录信息块**		
200		**题名与责任说明**		
200	a	正题名	2. 3. 2	Title Proper
200	b	一般资料标识	6. 9	Content Type
200	b	一般资料标识	3. 2	Media Type
200	b	一般资料标识	3. 3	Carrier Type
200	c	其他责任者的正题名	2. 3. 2	Title Proper
200	c	并列其他责任者的正题名	2. 3. 3	Parallel Title Proper
200	d	并列正题名	2. 3. 3	Parallel Title Proper
200	e	其他题名信息	2. 3. 4	Other Title Information
200	e	其他题名信息	2. 3. 5	Parallel Other Title Information
200	f	第一责任说明	2. 4. 2	Statement of Responsibility Relating to Title Proper
200	f	第一责任说明	2. 4. 3	Parallel Statement of Responsibility Relating to Title Proper
200	g	其他责任说明	2. 4. 2	Statement of Responsibility Relating to Title Proper
200	g	其他责任说明	2. 4. 3	Parallel Statement of Responsibility Relating to Title Proper
200	h	分辑(册)、章节号	2. 3. 1. 7	Titles of Parts, Sections, and Supplements
200	i	分辑(册)、章节名	2. 3. 1. 7	Titles of Parts, Sections, and Supplements
200	v	卷标识	2. 12. 9	Numbering Within Series
200	v	卷标识	2. 12. 17	Numbering Within Subseries
200	v	卷标识	24. 6	Numbering of Part
200	z	并列正题名语种	N/A	
205		**版本说明**		
205	a	版本说明	2. 5. 2	Designation of Edition
205	a	微缩品的代	3. 10. 4	Generation of Microform
205	a	版本说明, 附加版本说明	2. 5. 6	Designation of a Named Revision of an Edition

续表

CNMARC 字段、子字段、内容			RDA 条款(元素与说明)	
205	b	附加版本说明	2.5.6	Designation of a Named Revision of an Edition
205	d	并列版本说明	2.5.3	Parallel Designation of Edition
205	b	并列附加版本说明	2.5.7	Parallel Designation of a Named Revision of an Edition
205	f	与版本有关的责任说明	2.5.4	Statement of Responsibility Relating to the Edition
205	f	与版本有关的并列责任说明	2.5.5	Parallel Statement of Responsibility Relating to the Edition
205	f	与版本有关的责任说明	2.5.8	Statement of Responsibility Relating to a Named Revision of an Edition
205	f	与版本有关的并列责任说明	2.5.9	Parallel Statement of Responsibility Relating to a Named Revision of an Edition
205	g	与版本有关的次要责任说明	2.5.4	Statement of Responsibility Relating to the Edition
205	g	与版本有关的并列次要责任说明	2.5.5	Parallel Statement of Responsibility Relating to the Edition
205	g	与版本有关的次要责任说明	2.5.8	Statement of Responsibility Relating to a Named Revision of an Edition
205	g	与版本有关的并列次要责任说明	2.5.9	Parallel Statement of Responsibility Relating to a Named Revision of an Edition
206		**资料特定细节项:测绘制图资料的数学数据**		
206	a	数学数据说明	3.19.3	Encoding Format
206	a	数学数据说明	3.19.8	Digital Representation of Cartographic Content
206	a	数学数据说明	7.4.2	Longitude and Latitude
206	a	数学数据说明	7.4.3	Strings of Coordinate Pairs
206	a	数学数据说明	7.4.4	Right Ascension and Declination
206	a	数学数据说明	7.5	Equinox
206	a	数学数据说明	7.6	Epoch
206	a	数学数据说明	7.25.3	Horizontal Scale of Cartographic Content
206	a	数学数据说明	7.25.4	Vertical Scale of Cartographic Content

续表

CNMARC 字段、子字段、内容			RDA 条款(元素与说明)	
206	a	数学数据说明	7.25.5	Additional Scale Information
206	a	数学数据说明	7.26	Projection of Cartographic Content
206	a	数学数据说明	7.27	Other Details of Cartographic Content
207		**资料特定细节项:连续出版物卷期编号**		
207	a	年代和卷期标识	2.6.2	Numeric and/or Alphabetic Designation of First Issue or Part of Sequence
207	a	年代和卷期标识	2.6.3	Chronological Designation of First Issue or Part of Sequence
207	a	年代和卷期标识	2.6.4	Numeric and/or Alphabetic Designation of Last Issue or Part of Sequence
207	a	年代和卷期标识	2.6.5	Chronological Designation of Last Issue or Part of Sequence
207	a	年代和卷期标识	2.6.6	Alternative Numeric and/or Alphabetic Designation of First Issue or Part of Sequence
207	a	年代和卷期标识	2.6.7	Alternative Chronological Designation of First Issue or Part of Sequence
207	a	年代和卷期标识	2.6.8	Alternative Numeric and/or Alphabetic Designation of Last Issue or Part of Sequence
207	a	年代和卷期标识	2.6.9	Alternative Chronological Designation of Last Issue or Part of Sequence
207	z	编号信息来源	N/A	
208		**印刷乐谱的特定说明**		
208	a	印刷乐谱特定细节说明	7.20	Format of Notated Music
208	a	印刷乐谱特定细节说明	7.20	Format of Notated Music
208	d	并列印刷乐谱特定细节说明	N/A	
208	d	并列印刷乐谱特定细节说明	N/A	
210		**出版发行等**		
210	a	出版、发行地	2.8.2	Place of Publication
210	a	出版、发行地	2.8.3	Parallel Place of Publication
210	a	出版、发行地	2.9.2	Place of Distribution
210	a	出版、发行地	2.9.3	Parallel Place of Distribution
210	b	出版、发行者地址	4.3	Contact Information

续表

CNMARC 字段、子字段、内容			RDA 条款(元素与说明)	
210	c	出版、发行者名称	2.7.4	Producer's Name
210	c	出版、发行者名称	2.7.5	Parallel Producer's Name
210	c	出版、发行者名称	2.8.4	Publisher's Name
210	c	出版、发行者名称	2.8.5	Parallel Publisher's Name
210	c	出版、发行者名称	2.9.4	Distributor's Name
210	c	出版、发行者名称	2.9.5	Parallel Distributor's Name
210	d	出版、发行时间	2.7.6	Date of Production
210	d	出版、发行时间	2.8.6	Date of Publication
210	d	出版、发行时间	2.9.6	Date of Distribution
210	d	出版、发行时间	2.11	Copyright Date
210	f	制作者地址	4.3	Contact Information
210	e	制作地	2.7.2	Place of Production
210	e	制作地	2.7.3	Parallel Place of Production
210	e	制作地	2.10.2	Place of Manufacture
210	e	制作地	2.10.3	Parallel Place of Manufacture
210	g	制作者名称	2.7.4	Producer's Name
210	g	制作者名称	2.7.5	Parallel Producer's Name
210	g	制作者名称	2.10.4	Manufacturer's Name
210	g	制作者名称	2.10.5	Parallel Manufacturer's Name
210	h	制作时间	2.10.6	Date of Manufacture
211		**预定出版时间**	N/A	
215		**载体形态项**		
215	a	特定文献类型标识和文献数量	3.4	Extent
307	a	载体形态附注	3.13	Font Size
215	a	特定文献类型标识和文献数量	3.18.2	Video Format
215	a	特定文献类型标识和文献数量	3.18.3	Video Characteristic
215	a	特定文献类型标识和文献数量	3.19.3.3	Recording Encoding Format
215	a	特定文献类型标识和文献数量	3.19.4	File Size
215	a	特定文献类型标识和文献数量	7.22	Duration
215	a	特定文献类型标识和文献数量	7.22	Duration
215	c	其他形态细节	3.6	Base Material
215	c	其他形态细节	3.7	Applied Material
215	c	其他形态细节	3.8	Mount

续表

CNMARC 字段、子字段、内容			RDA 条款(元素与说明)	
215	c	其他形态细节	3. 9	Production Method
215	c	其他形态细节	3. 11	Layout
215	c	其他形态细节	3. 14	Polarity
215	c	其他形态细节	3. 15	Reduction Ratio
215	c	其他形态细节	3. 16	Sound Characteristic
215	c	其他形态细节	3. 17	Projection Characteristic of Motion Picture Film
215	c	其他形态细节	3. 19. 3	Encoding Format
215	c	其他形态细节	7. 15	Illustrative Content
215	c	其他形态细节	7. 17	Colour Content
215	c	其他形态细节	7. 18	Sound Content
215	d	尺寸	3. 5	Dimensions
215	d	尺寸	3. 12	Book Format
215	e	附件	27. 1	Related Manifestation
225		**丛编项**		
225	a	丛编题名	2. 12. 2	Title Proper of Series
225	d	并列丛编题名	2. 12. 3	Parallel Title Proper of Series
225	e	其他题名信息	2. 12. 4	Other Title Information of Series
225	e	其他题名信息	2. 12. 5	Parallel Other Title Information of Series
225	e	其他题名信息	2. 12. 12	Other Title Information of Subseries
225	e	其他题名信息	2. 12. 13	Parallel Other Title Information of Subseries
225	f	责任说明	2. 12. 6	Statement of Responsibility Relating to Series
225	f	责任说明	2. 12. 7	Parallel Statement of Responsibility Relating to Series
225	f	责任说明	2. 12. 14	Statement of Responsibility Relating to Subseries
225	f	责任说明	2. 12. 15	Parallel Statement of Responsibility Relating to Subseries
225	h	附属丛编号	24. 6	Numbering of Part
225	i	附属丛编名	2. 12. 10	Title Proper of Subseries
225	i	附属丛编名	2. 12. 11	Parallel Title Proper of Subseries
225	v	卷标识	2. 12. 9	Numbering Within Series

续表

CNMARC 字段、子字段、内容			RDA 条款(元素与说明)	
225	v	卷标识	2. 12. 17	Numbering Within Subseries
225	x	丛编的国际标准连续出版物号	2. 12. 8	ISSN of Series
225	x	丛编的国际标准连续出版物号	2. 12. 16	ISSN of Subseries
225	z	并列丛编题名语种	N/A	
230		**电子资源特征**		
230	a	文件标识和范围	3. 4	Extent
230	a	文件标识和范围	3. 19. 2	File Type
230	a	文件标识和范围	3. 19. 4	File Size
3XX		**附注块**		
300		**一般性附注**		
300	a	一般性附注	2. 20. 13	Note on Issue, Part, or Iteration Used as the Basis for Identification of the Resource
300	a	一般性附注	3. 10	Generation
300	a	一般性附注	3. 6	Base Material
300	a	一般性附注	3. 7	Applied Material
300	a	一般性附注	3. 8	Mount
300	a	一般性附注	3. 9. 2	Production Method for Manuscript
300	a	一般性附注	3. 11	Layout
300	a	一般性附注	3. 12	Book Format
300	a	一般性附注	3. 13	Font Size
300	a	一般性附注	3. 14	Polarity
300	a	一般性附注	3. 16. 3	Recording Medium
300	a	一般性附注	3. 16. 4	Playing Speed
300	a	一般性附注	3. 16. 5	Groove Characteristic
300	a	一般性附注	3. 16. 6	Track Configuration
300	a	一般性附注	3. 16. 7	Tape Configuration
300	a	一般性附注	3. 16. 8	Configuration of Playback Channels
300	a	一般性附注	3. 17	Projection Characteristic of Motion Picture Film
300	a	一般性附注	4. 4	Restrictions on Access
300	a	一般性附注	4. 5	Restrictions on Use
300	a	一般性附注	6. 11	Language of Expression
300	a	一般性附注	7. 2	Nature of the Content

续表

CNMARC 字段、子字段、内容			RDA 条款(元素与说明)	
300	a	一般性附注	7.3	Coverage of the Content
300	a	一般性附注	7.8	System of Organization
300	a	一般性附注	7.11.2	Place of Capture
300	a	一般性附注	7.11.3	Date of Capture
300	a	一般性附注	7.12	Language of the Content
300	a	一般性附注	7.13.2	Script
300	a	一般性附注	7.13.3	Form of musical notation
300	a	一般性附注	7.13.4	Form of Tactile Notation
300	a	一般性附注	7.13.5	Form of Notated Movement
300	a	一般性附注	7.14	Accessibility Content
300	a	一般性附注	7.15	Illustrative Content
300	a	一般性附注	7.19	Aspect Ratio
300	a	一般性附注	7.20	Format of Notated Music
300	a	一般性附注	7.21	Medium of Performance of Musical Content
300	a	一般性附注	7.22	Duration
300	a	一般性附注	25.1	Related Work
300	a	一般性附注	26.1	Related Expression
300	a	一般性附注	27.1	Related Manifestation
301		**标识号附注**	N/A	
302		**编码信息附注**	N/A	
303		**著录信息的一般性附注**		
303	a	附注内容	2.20.13	Note on Issue, Part, or Iteration Used as the Basis for Identification of the Resource
304		**题名与责任说明附注**	参见 200 字段相应条款	
304	a	题名与责任说明附注	2.20.2	Note on Title
304	a	题名与责任说明附注	2.20.3	Note on Statement of Responsibility
305		**版本与书目沿革附注**	参见 205 字段相应条款	
305	a	版本附注	2.20.4	Note on Edition Statement
305	a	版本附注	27.1	Related Manifestation
306		**出版发行等附注**	参见 210 字段相应条款	
306	a	出版发行等附注	2.20.6	Note on Production Statement
306	a	出版发行等附注	2.20.7	Note on Publication Statement
306	a	出版发行等附注	2.20.8	Note on Distribution Statement

续表

CNMARC 字段、子字段、内容			RDA 条款(元素与说明)	
306	a	出版发行等附注	2. 20. 9	Note on Manufacture Statement
306	a	出版发行等附注	2. 20. 10	Note on Copyright Date
306	a	出版发行等附注	3. 9	Production Method
306	a	附注内容	9. 12	Address of the Person
306	a	附注内容	11. 9	Address of the Corporate Body
306	a	附注内容	19. 3	Other Person, Family or Corporate Body Associated with the Work
307		**载体形态附注**	参见 215 字段相应条款	
307	a	附注内容	3. 2	Equipment or System Requirement
307	a	附注内容	3. 16. 4	Playing Speed
307	a	附注内容	3. 17. 3	Projection Speed
307	a	载体形态附注	3. 22. 2	Note on Extent of Manifestation
307	a	载体形态附注	3. 22. 3	Note on Extent of Item
307	a	载体形态附注	3. 22. 4	Note on Dimensions of Manifestation
307	a	载体形态附注	3. 22. 5	Note on Dimensions of Item
307	a	载体形态附注	3. 22. 6	Note on Changes in Carrier Characteristics
308		**丛编附注**	参见 215 字段相应条款	
308	a	丛编附注	2. 20. 11	Note on Series Statement
310		**装订及获得方式附注**		
310	a	装订及获得方式附注	2. 18	Immediate Source of Acquisition of Item
310	a	装订及获得方式附注	4. 2	Terms of Availability
311		**连接字段附注**		
311	a	附注内容	25. 1	Related Work
311	a	附注内容	26. 1	Related Expression
311	a	附注内容	27. 1	Related Manifestation
311	a	附注内容	28. 1	Related Item
312		**相关题名附注**	参见 51X 字段相应条款	
312	a	附注内容	2. 20. 2	Note on Title
312	a	附注内容	25. 1	Related Work
312	a	附注内容	26. 1	Related Expression
313		**主题检索附注**	12—15,23	
314		知识责任附注	9—11,18—22;参见 7XX 字段相应条款	
314	a	知识责任附注	9. 3. 3	Date of Death

续表

CNMARC 字段、子字段、内容			RDA 条款(元素与说明)	
314	a	知识责任附注	9. 13	Affiliation
314	a	知识责任附注	19. 2	Creator
315		**资料(或出版物类型)特定细节附注**	参见 206, 207, 208, 230 字段相应条款	
315	a	资料(或出版物类型)特定细节附注	3. 19. 1. 4	Details of Digital File Characteristic
315	a	资料(或出版物类型)特定细节附注	7. 25. 2	Scale of Still Image or Three-Dimensional Form
315	a	资料(或出版物类型)特定细节附注	7. 27	Other Details of Cartographic Content
316		**现有藏本的附注**	N/A	
316	a	现有藏本的附注	3. 21	Item-Specific Carrier Characteristic
316	a	现有藏本的附注	3. 21. 2	Item-Specific Carrier Characteristic of Early Printed Resource
317		**出处附注**		
317	a	出处附注	2. 17	Custodial History of Item
318		**操作附注**	N/A	
320		**文献内书目、索引附注**		
320	a	附注内容	7. 16	Supplementary Content
321		**被外部文献索引、摘要和引用附注**		
321	a	索引、文摘、引文附注	25. 1	Related Work
321	b	涵盖时间	N/A	
321	x	国际标准连续出版物号	N/A	
322		**制作者附注**		
322	a	制作者附注	7. 24	Artistic and/or Technical Credit
323		**演出者附注**		
323	a	演出者附注	7. 23	Performer, Narrator, and/or Presenter
324		**原作版本附注**		
324	a	附注内容	27. 1	Related Manifestation
325		**复制品附注**		
325	a	附注内容	27. 1	Related Manifestation
326		**出版周期附注**		
326	a	出版周期	2. 14	Frequency

续表

CNMARC 字段、子字段、内容			RDA 条款(元素与说明)	
326	a	出版周期	2. 20. 12	Note on Frequency
327		**内容附注**		
327	a	内容附注	25. 1	Related Work
327	b	一级子章节(部分)	N/A	
327	c	二级子章节(部分)	N/A	
327	d	三级子章节(部分)	N/A	
327	e	四级子章节(部分)	N/A	
327	f	五级子章节(部分)	N/A	
327	g	六级子章节(部分)	N/A	
327	h	七级子章节(部分)	N/A	
327	i	八级子章节(部分)	N/A	
327	p	页码	N/A	
327	z	其他信息	N/A	
328		**学位论文附注**		
328	a	学位论文附注	7. 9. 2	Academic Degree
328	b	论文细节及学位类型	7. 9. 2	Academic Degree
328	c	学位的学科领域	N/A	
328	d	学位授予时间	7. 9. 4	Year Degree Granted
328	e	学位授予机构	7. 9. 3	Granting Institution or Faculty
328	t	论文其他版本题名	26. 1	Related Expression
328	z	附注前后的文字说明	N/A	
330		**提要或文摘附注**		
330	a	提要或文摘附注	7. 10	Summarization of the Content
332		**引文附注**		
332	a	引文附注	2. 16	Preferred Citation
333		**使用对象附注**		
333	a	使用对象附注	7. 7	Intended Audience
334		**获奖附注**		
334	a	获奖说明	7. 28	Award
334	b	奖项名称	7. 28	Award
334	c	获奖年代	7. 28	Award
334	d	颁奖国家	7. 28	Award
336		**电子资源类型附注**		

续表

CNMARC 字段、子字段、内容			RDA 条款(元素与说明)	
336	a	电子资源类型附注	3. 16. 2	Type of Recording
336	a	附注内容	3. 19. 2	File Type
336	a	附注内容	7. 2	Nature of the Content
337		**系统需求附注**		
337	a	附注内容	3. 20	Equipment or System Requirement
337	a	附注内容	3. 16. 9	Special Playback Characteristic
337	a	附注内容	3. 18	Video Characteristic
337	a	附注内容	3. 19. 3	Encoding Format
337	a	附注内容	3. 19. 5	Resolution
337	a	附注内容	3. 19. 6	Regional Encoding
337	a	附注内容	3. 19. 7	Encoded Bitrate (曾用:Transmission Speed)
345		**采访信息附注**		
345	a	附注内容	2. 18	Immediate Source of Acquisition of Item
345	a	采访信息附注	3. 15	Reduction Ratio
345	a	采访信息附注	4. 3	Contact Information
345	b	订购号	N/A;参见 092 相应条款	
345	c	载体形式	N/A	
345	d	获得方式	4. 2	Terms of Availability
393		**系统外字符附注**	N/A	
4XX		**款目连接块**		
410		**丛编**	25. 1	Related Work
411		**附属丛编**	25. 1	Related Work
421		**补编、增刊**	25. 1	Related Work
422		**正编、正刊**	25. 1	Related Work
423		**合订、合刊**	27. 1	Related Manifestation
423		**合订、合刊/连接字段附注**	25. 1	Related Work
430		继承	25. 1	Related Work
431		**部分继承**	25. 1	Related Work
432		**替代**	25. 1	Related Work
433		**部分替代**	25. 1	Related Work
434		**吸收**	25. 1	Related Work
435		**部分吸收**	25. 1	Related Work

续表

CNMARC 字段、子字段、内容			RDA 条款(元素与说明)	
436		由……、……和……合并而成	25. 1	Related Work
437		分自	25. 1	Related Work
440		由……继承	25. 1	Related Work
441		由……部分继承	25. 1	Related Work
442		由……替代	25. 1	Related Work
443		由……部分替代	25. 1	Related Work
444		并入	25. 1	Related Work
445		部分并入	25. 1	Related Work
446		分成……、……和……	25. 1	Related Work
447		与……、……合并而成……	25. 1	Related Work
448		改回	25. 1	Related Work
451		同一载体的其他版本	27. 1	Related Manifestation
452		另一载体的其他版本	27. 1	Related Manifestation
453		译为	26. 1	Related Expression
454		译自	26. 1	Related Expression
455		复制自	27. 1	Related Manifestation
456		复制为	27. 1	Related Manifestation
461		总集	25. 1	Related Work
462		分集	25. 1	Related Work
463		单册	25. 1	Related Work
464		单册分析	27. 1	Related Manifestation
470		被评论作品	25. 1	Related Work
470		被评论作品	26. 1	Related Expression
470		被评论作品	27. 1	Related Manifestation
470		被评论作品	28. 1	Related Item
481		还装订有……	28. 1	Related Item
482		与……合装	28. 1	Related Item
488		其他相关作品		
488		其他相关作品	25. 1	Related Work
488		其他相关作品	26. 1	Related Expression
488		其他相关作品	27. 1	Related Manifestation
488		其他相关作品	28. 1	Related Item
5XX		相关题名块		

续表

CNMARC 字段、子字段、内容			RDA 条款(元素与说明)	
500		**统一题名:题名主款目**		
500	a	统一题名	6.2.2	Preferred Title for the Work
500	b	一般资料标识	6.9	Content Type
500	h	分辑(册)、章节号	6.2.2	Preferred Title for the Work
500	i	分辑(册)、章节名	6.2.2	Preferred Title for the Work
500	k	出版日期	6.4	Date of Work
500	k	出版日期	6.10	Date of Expression
500	l	形式副标目	6.12	Other Distinguishing Characteristic of the Expression
500	l	形式副标目	6.2.2	Preferred Title for the Work
500	m	语种	6.11	Language of Expression
500	n	其他信息	6.3	Form of Work
500	n	其他信息	6.4	Date of Work
500	n	其他信息	6.5	Place of Origin of the Work
500	n	其他信息	6.6	Other Distinguishing Characteristic of the Work
500	n	其他信息	6.12	Other Distinguishing Characteristic of the Expression
500	q	版本(或版本日期)	6.12	Other Distinguishing Characteristic of the Expression
500	r	演奏媒体(音乐用)	6.15	Medium of Performance
500	s	数字标识(音乐用)	6.16	Numeric Designation of a Musical Work
500	u	调名(音乐用)	6.17	Key
500	v	卷标识	N/A	
500	w	改编乐曲说明(音乐用)	6.18	Other Distinguishing Characteristic of the Expression of a Musical Work
501		**作品集统一题名**		
501	a	作品集统一题名	6.2.2	Preferred Title for the Work
501	b	一般资料标识		
501	e	作品集统一副题名	6.3	Form of Work
501	e	作品集统一副题名	6.5	Place of Origin of the Work
501	e	作品集统一副题名	6.6	Other Distinguishing Characteristic of the Work

续表

CNMARC 字段、子字段、内容			RDA 条款(元素与说明)	
501	e	作品集统一副题名	6. 12	Other Distinguishing Characteristic of the Expression
501	k	出版日期等	6. 4	Date of Work
501	k	出版日期等	6. 10	Date of Expression
501	m	语种	6. 11	Language of Expression
501	r	演奏媒体(音乐用)	6. 15	Medium of Performance
501	s	数字标识(音乐用)	6. 16	Numeric Designation of a Musical Work
501	u	调名(音乐用)	6. 17	Key
501	w	改编乐曲说明	6. 18	Other Distinguishing Characteristic of the Expression of a Musical Work
503		**统一惯用标目**		
503	a	形式主标目	6. 2. 2	Preferred Title for the Work
503	b	形式副标目	6. 6	Other Distinguishing Characteristic of the Work
503	b	形式副标目	6. 12	Other Distinguishing Characteristic of the Expression
503	d	月、日(四位字符)	6. 4	Date of Work
503	d	月、日(四位字符)	6. 10	Date of Expression
503	e	个人姓氏	9. 2	Name of the Person
503	f	名	9. 2	Name of the Person
503	h	个人名称修饰词	9. 4	Title of the Person
503	h	个人名称修饰词	9. 6	Other Designation Associated with the Person
503	h	个人名称修饰词	9. 7	Gender
503	h	个人名称修饰词	9. 15	Field of Activity of the Person
503	h	个人名称修饰词	9. 16	Profession or Occupation
503	i	分辑(册)名	N/A	
503	j	年	6. 4	Date of Work
503	j	年	6. 10	Date of Expression
503	m	地点	6. 5	Place of Origin of the Work
503	n	**机构名称**	11. 2	Name of the Corporate Body
503	k	数字(阿拉伯)	N/A	
503	l	数字(罗马)	N/A	

续表

CNMARC 字段、子字段、内容			RDA 条款(元素与说明)	
510		**并列题名**		
510	a	并列题名	2.3.3	Parallel Title Proper
510	e	并列题名——其他题名信息	2.3.5	Parallel Other Title Information
510	h	分辑(册)、章节号	2.3.3	Parallel Title Proper
510	i	分辑(册)、章节名	2.3.3	Parallel Title Proper
510	j	并列题名——与题名有关的卷号或日期	N/A	
510	n	并列题名——其他信息	N/A	
512		**封面题名**		
512	a	封面题名	2.3.6	Variant Title
513		**附加题名页题名**		
513	a	附加题名页题名	2.3.6	Variant Title
514		**卷端题名**		
514	a	卷端题名	2.3.6	Variant Title
515		**逐页题名**		
515	a	逐页题名	2.3.6	Variant Title
516		**书脊题名**		
516	a	书脊题名	2.3.6	Variant Title
517		**其他题名**		
517	a	其他题名	2.3.6	Variant Title
517	a	其他题名	2.3.8	Later Title Proper
517	a	其他题名	25.1	Related Work
517	b	一般资料标识	N/A	
517	e	其他题名信息	2.3.6	Variant Title
517	e	其他题名信息	2.3.8	Later Title Proper
517	h	分辑(册)、章节号	2.3.6	Variant Title
517	h	分辑(册)、章节号	2.3.8	Later Title Proper
517	h	分辑(册)、章节号	25.1	Related Work
517	i	分辑(册)、章节名	2.3.6	Variant Title
517	i	分辑(册)、章节名	2.3.8	Later Title Proper
517	i	分辑(册)、章节名	25.1	Related Work
517	j	与题名有关的卷号或日期	N/A	
517	n	其他信息	N/A	

续表

CNMARC 字段、子字段、内容			RDA 条款(元素与说明)	
518		**现代标准书写题名**		
520		**曾用题名(连续出版物)**		
520	a	曾用正题名	2. 3. 7	Earlier Title Proper
520	e	其他题名信息	2. 3. 7	Earlier Title Proper
520	h	分辑(册)号	2. 3. 7	Earlier Title Proper
520	i	分辑(册)名	2. 3. 7	Earlier Title Proper
520	j	曾用题名的卷号或日期	2. 3. 7	Earlier Title Proper
520	n	其他信息	N/A	
520	x	曾用题名的国际标准连续出版物号	N/A	
530		**识别题名**		
530	a	识别题名	2. 3. 9	Key Title
530	b	修饰信息	2. 3. 9	Key Title
531		**缩略题名**		
531	a	缩略题名	2. 3. 10	Abbreviated Title
531	b	修饰信息	2. 3. 10	Abbreviated Title
532		**展开题名(连续出版物)**	N/A	
540		**编目员补充的附加题名**		
540	a	编目员补充的附加题名	2. 3. 6	Variant Title
541		**编目员补充的翻译题名**		
541	a	翻译题名	2. 3. 6	Variant Title
541	e	其他题名信息	2. 3. 6	Variant Title
541	h	分辑(册)、章节号	2. 3. 6	Variant Title
541	i	分辑(册)、章节名	2. 3. 6	Variant Title
541	z	翻译题名语种	N/A	
545		**分部题名**	N/A	
6XX		**主题分析块**	16. 2. 2	
7XX		**个人名称——知识责任**		
70X	a	款目要素	9. 2. 2	Preferred Name for the Person
70X	b	名称的其余部分	9. 13	Affiliation
70X	b	名称的其余部分	9. 2. 2	Preferred Name for the Person
70X	c	名称附加	9. 4	Title of the Person

续表

CNMARC 字段、子字段、内容			RDA 条款(元素与说明)	
70X	c	名称附加	9.6	Other Designation Associated with the Person
70X	c	名称附加	9.7	Gender
70X	c	名称附加	9.15	Field of Activity of the Person
70X	c	名称附加	9.16	Profession or Occupation
70X	d	罗马数字	9.2.2	Preferred Name for the Person
70X	f	年代	9.3	Date Associated with the Person
70X	g	名字首字母的展开形式	9.5	Fuller Form of Name
70X	p	任职机构/地址	9.12	Address of the Person
70X	p	任职机构/地址	9.13	Affiliation
70X	3	规范记录号	9.18	Identifier for the Person
70X	4	关系词代码(责任方式)	18.5	Relationship Designator
70X		个人名称——知识责任	19.2	Creator
70X		个人名称——知识责任	19.3	Other Person, Family, or Corporate Body Associated with a Work
70X		个人名称——知识责任	20.2	Contributor
70X		个人名称——知识责任	21.2	Producer of an Unpublished Resource
70X		个人名称——知识责任	21.3	Publisher
70X		个人名称——知识责任	21.4	Distributor
70X		个人名称——知识责任	21.5	Manufacturer
70X		个人名称——知识责任	21.6	Other Person, Family, or Corporate Body Associated with a Manifestation
70X		个人名称——知识责任	22.2	Owner
70X		个人名称——知识责任	22.3	Custodian
70X		个人名称——知识责任	22.4	Other Person, Family, or Corporate Body Associated with an Item
71X		**团体名称——知识责任**		
71X	a	款目要素	11.2.2	Preferred Name for the Corporate Body
71X	a	款目要素(与会议有关的机构,指示符 12)	11.5	Associated Institution
71X	a	款目要素(有关的管辖地名称,指示符 11)	11.7	Other Designation Associated with the Corporate Body
71X	a	款目要素(除 716)	6.22	Signatory to a Treaty, etc.

续表

CNMARC 字段、子字段、内容			RDA 条款(元素与说明)	
71X	b	次级部分	11.2.2	Preferred Name for the Corporate Body
71X	c	名称附加或限定	11.3.3	Location of Headquarters, etc.
71X	c	名称附加或限定	11.4.3	Date of Establishment
71X	c	名称附加或限定	11.4.4	Date of Termination
71X	c	名称附加或限定	11.5	Associated Institution
71X	c	名称附加或限定	11.7	Other Designation Associated with the Corporate Body
71X	d	会议届次	11.6	Number of a Conference, etc.
71X	e	会议地点	11.3.2	Location of Conference, etc.
71X	e	会议地点	11.5	Associated Institution
71X	f	会议日期	6.4	Date of Work
71X	f	会议日期	11.4.2	Date of Conference, etc.
71X	g	倒置部分	N/A	
71X	h	款目要素和倒置部分之外的名称部分	N/A	
71X	p	机构/地址	11.3.3	Location of Headquarters, etc.
71X	p	机构/地址	11.9	Address of the Corporate Body
71X	3	规范记录号	11.12	Identifier for the Corporate Body
71X	4	关系词代码	18.5	Relationship Designator
71X		团体名称	19.2	Creator
71X		团体名称	19.3	Other Person, Family, or Corporate Body Associated with a Work
71X		团体名称	20.2	Contributor
71X		团体名称	21.2	Producer of an Unpublished Resource
71X		团体名称	21.3	Publisher
71X		团体名称	21.4	Distributor
71X		团体名称	21.5	Manufacturer
71X		团体名称	21.6	Other Person, Family, or Corporate Body Associated with a Manifestation
71X		团体名称	22.2	Owner
71X		团体名称	22.3	Custodian
71X		团体名称	22.4	Other Person, Family, or Corporate Body Associated with an Item

续表

CNMARC 字段、子字段、内容			RDA 条款(元素与说明)	
716		**商标**	N/A	
72X		**家族名称——知识责任**		
72X	a	款目要素	10.2.2	Preferred Name for the Family
72X	a	款目要素	10.3	Type of Family
72X	a	款目要素	10.5	Place Associated with the Family
72X	a	款目要素	10.7	Hereditary Title
72X	f	年代	10.4	Date Associated with the Family
72X	3	规范记录号	10.9	Identifier for the Family
72X	4	关系词代码(责任方式)	18.5	Relationship Designator
72X		家族名称	19.2	Creator
72X		家族名称	19.3	Other Person, Family, or Corporate Body Associated with a Work
72X		家族名称	20.2	Contributor
72X		家族名称	21.2	Producer of an Unpublished Resource
72X		家族名称	21.3	Publisher
72X		家族名称	21.4	Distributor
72X		家族名称	21.5	Manufacturer
72X		家族名称	21.6	Other Person, Family, or Corporate Body Associated with a Manifestation
72X		家族名称	22.2	Owner
72X		家族名称	22.3	Custodian
72X		家族名称	22.4	Other Person, Family, or Corporate Body Associated with an Item
730		**名称——知识责任**	07 – 11, 18 – 22	
730	a	款目要素	N/A	
730	4	关系词代码(责任方式)	18.5	Relationship Designator
8XX				
801		**记录来源**	N/A	
856		**电子资源地址与检索**		
856	u	统一资源标识	4.6	Uniform Resource Locator

附录二　中文 RDA 样例

制作说明

本样例以《中国文献编目规则》(第 2 版)(以下简称《规则》)附录 1 著录样例为基准,采用 CNMARC 著录,与应用 RDA 规则所做样例进行对照,目的在于以编目员熟悉的方式,提供 RDA 样例,并直观展示《规则》与 RDA 的异同。

本课题在编目测试中制作了《规则》普通图书、测绘制图资料(地图资源)、(印刷)乐谱、影像资料、连续性资源和电子资源六种类型文献的所有著录样例。考虑到篇幅,本附录仅选取各种类型文献中较有代表性的样例,按**样例原编号**,在编号后提示当前记录的重点特征。对著录样例中缺少的媒介类型,酌情另行增补实例(如电影),或者调整文献类型(如网站,从连续性资源调整到电子资源)。

由于著录需依据信息源,而《规则》中并未包含信息源书影图示等必要信息,在不明确时,我们按找到的实际文献进行描述,以充分展示 RDA 与《规则》的异同;《规则》某些样例有少数著录项目本身与《规则》的规定不一致,仍按原样提供,在"规则差异说明"中注明。

本附录的记录不是完整的 CNMARC 记录。一则由于《规则》的著录样例为卡片格式,只含著录部分、不包括检索点,也不包括代码字段(RDA 规则也不涉及代码部分);二则为节省篇幅,在不影响著录时,样例对照中省略了一些非必需的附注。

注:《规则》的一般文献类型标识(200$b),基本上对应 RDA 的内容/媒介/载体类型。目前 UNIMARC/CNMARC 尚无对应内容/媒介/载体类型的字段,为便于对照察看,暂插于 200$b 后。

一、普通图书

样例 3(并列题名与责任者;多卷责任者不同;版本说明)

字段/子字段		《规则》样例 3	对应 RDA 样例	规则差异说明
010	a	7－5036－3480－4	7－5036－3480－4	
	d	CNY245.00	¥245(上、下卷)	
200 1	a	欧洲比较侵权行为法	欧洲比较侵权行为法	
	b	图书		
内容类型			文本	
媒介类型			无中介	
载体类型			册	
	f	(德)克雷斯蒂安·冯·巴尔(Christian Von Bar)著	(德)克雷斯蒂安·冯·巴尔著	
	d		Gemeineuropaisches Deliktsrecht	并列题名
	f		Christian Von Bar	并列责任者

续表

字段/子字段		《规则》样例 3	对应 RDA 样例	规则差异说明
	g	张新宝，焦美华译	张新宝译	RDA 多卷本首选信息源取第一册
205	a	2 版	第 2 版	RDA 照录，不省略“第”字
210	a	北京	北京	
	c	法律出版社	法律出版社	
	d	2004	2004	
215	a	2 册(10,937;792 页)	2 册(10,937;792 页)	
	d	24cm	24cm	
304	a	上卷，张新宝译；下卷，焦美华译	上卷，张新宝译；下卷，焦美华译	
304	a	并列德文题名：Gemeineuropaisches Deliktsrecht		

样例 7(合订文献，无总题名)

字段/子字段		《规则》样例 7	对应 RDA 样例	规则差异说明
010	a	7-80595-697-9	7-80595-697-9	
	b	精装	精装	
	d	CNY8760.00(全 100 卷)	￥8760.00(全 100 卷)	
	z	7-80395-697-9(错误)	7-80395-697-9(错误)	
200 1	a	东京梦华录	东京梦华录	
	b	图书		
内容类型			文本	
媒介类型			无中介	
载体类型			册	
	f	(宋)孟元老著	(宋)孟元老著	
	c	都城纪胜	都城纪胜	
	f	(宋)灌圃耐得翁著	(宋)灌圃耐得翁著	
	c	西湖老人繁胜录	西湖老人繁胜录	
	f	(宋)西湖老人著	(宋)西湖老人著	
	c		梦粱录	RDA 对合订无数量限制
	f		(宋)吴自牧著	
	c		武林旧事	

续表

字段/子字段		《规则》样例 7	对应 RDA 样例	规则差异说明
	f		(宋)四水潜夫撰	
210	a	呼和浩特	呼和浩特	
	c	远方出版社	远方出版社	
	d	2001	2001	
215	a	15,468 页	15,468 页	
	d	20cm	20cm	
225 2	a	中国古代禁书文库	中国古代禁书文库	
304	a	封面题:东京梦华录(外四种)		
	a	合订著作还有:梦粱录/(宋)吴自牧著. 武林旧事/(宋)四水潜夫撰		《规则》取前三个题名,其余在附注说明

样例 9(版本说明;责任描述)

字段/子字段		《规则》样例 9	对应 RDA 样例	规则差异说明
010	a	7-5322-3164-X	7-5322-3164-X	
	d	CNY11.00	¥11.00	
200 1	a	猎人笔记	猎人笔记	
	b	图书		
内容类型			文本	
媒介类型			无中介	
载体类型			册	
	e	青少版		
	e	[缩写本]		文献上无此信息,《规则》加方括号
	f	(俄)屠格涅夫原著	原著(俄)屠格涅夫	RDA 按信息源显示形式著录
	g	段振东改写	改写段振东	
205	a		第一版	
	b		青少版	资源对象的差异,RDA 作为版本项
210	a	上海	上海	
	c	上海人民美术出版社	上海人民美术出版社	
	d	2002	2002	
215	a	189 页	189 页	

续表

字段/子字段		《规则》样例 9	对应 RDA 样例	规则差异说明
	c	插图	插图	
	d	21cm	21cm	
225 2	a	世界文学名著宝库	世界文学名著宝库	

二、地图资源

样例 1(地图册)

字段/子字段		《规则》样例 1	对应 RDA 样例	规则差异说明
200 1	a	历代舆地沿革险要图说	历代舆地沿革险要图说	
	b	地图		
内容类型			地图图像	
媒介类型			无中介	
载体类型			卷册	
	f	杨守敬,饶敦秩原绘	杨守敬,饶敦秩原绘	
	g	(清)王尚德重绘	王尚德重绘	RDA 照录(不加朝代)
205	a	石印本	[石印本]	资源上未出现版本信息,RDA 加括号
206	a	[比例尺不详]	比例尺不详	RDA 比例尺非照录,未要求用括号等注明
210	a	上海	上海	
	c	铸记书局	铸记书局	
	d	清光绪二十四年[1898]	光绪二十四年[1898]	RDA 照录(不加朝代)
215	a	1 册	1 地图册	非普通图书
	d	27 × 30cm	27 × 30cm	

样例 2(单张地图)

字段/子字段		《规则》样例 2	对应 RDA 样例	规则差异说明
200 1	a	最新世界现势地图,又名,世界平方图	最新世界现势地图,又名,世界平方图	
	b	地图		

续表

字段/子字段		《规则》样例 2	对应 RDA 样例	规则差异说明
内容类型			地图图像	
媒介类型			无中介	
载体类型			印张	
	f	苏甲容编	苏甲容编	
205	a	2 版	第二版	RDA 照录
206	a	［比例尺不详］	比例尺不详	RDA 比例尺非照录，未要求用括号等注明
210	a	上海	上海	
	c	日新舆地学社	日新舆地学社	
	d	民国十九年十二月［1930.12］	民国十九年十二月［1930］	RDA 用年份
215	a	1 幅	1 地图	非图片
	c	彩色	彩色	
	d	68 × 94cm	68 × 94cm	

三、印刷乐谱

样例 1（缩编谱）

字段/子字段		《规则》样例 1	对应 RDA 样例	规则差异说明
010	d	CNY0.22	¥0.22	RDA 用标准货币符号
200 1	a	电影音乐《闪闪的红星》选段	电影音乐《闪闪的红星》选段	
	b	乐谱		
内容类型			乐谱	
媒介类型			无中介	
载体类型			卷册	
	f	傅庚辰曲	傅庚辰曲	
208	a	缩编谱	缩编谱	
210	a	北京	北京	
	c	人民音乐出版社	人民音乐出版社	
	d	1977	1977	

续表

字段/子字段		《规则》样例 1	对应 RDA 样例	规则差异说明
215	a	30 页	1 缩编谱(30 页)	《规则》采用 ISBD(PM)的 SMD,只在无合适可用时才按普通图书方式著录。本例按《规则》应与 RDA 相同
	d	16cm	16cm	

样例 2(分谱)

字段/子字段		《规则》样例 2	对应 RDA 样例	规则差异说明
010	a	7-80667-033-5	7-80667-033-5	
	d	CNY23.00	¥23.00	RDA 用标准货币符号
200 1	a	木管五重奏	木管五重奏	
	b	乐谱		
内容类型			乐谱	
媒介类型			无中介	
载体类型			卷册	
	f	(俄)莫杰斯特·穆索尔斯基曲	(俄)莫杰斯特·穆索尔斯基曲	
	g	(德)约阿希姆·林克尔曼改编	(德)约阿希姆·林克尔曼改编	
210	a	上海	上海	
	c	上海音乐出版社	上海音乐出版社	
	d	2001	2001	
215	a	5 分谱	5 分谱	
	c	31cm	31cm	

样例 3(钢琴谱)

字段/子字段		《规则》样例 3	对应 RDA 样例	规则差异说明
010	a	7-5418-1961-1	7-5418-1961-1	
	d	CNY17.00	¥17.00	RDA 用标准货币符号

续表

字段/子字段		《规则》样例3	对应 RDA 样例	规则差异说明
200 1	a	流行钢琴经典弹唱曲集	流行钢琴经典弹唱曲集	
	h	2	2	
	i	学琴的孩子	学琴的孩子	
	b	乐谱		
内容类型			乐谱	
媒介类型			无中介	
载体类型			卷册	
	e	高雅·浪漫·追忆	高雅·浪漫·追忆	
	f	刘奇琦编配	刘奇琦编配	
210	a	西安	西安	
	c	陕西旅游出版社	陕西旅游出版社	
	d	2004	2004	
215	a	87 页	1 钢琴谱(87 页)	《规则》采用 ISBD (PM)的 SMD,其中没有钢琴谱,按普通图书著录
	d	28cm	28cm	
	e	1 光盘	1 光盘	

四、影像资料

样例 2(录像制品;盒式录像带)

字段/子字段		《规则》样例2	对应 RDA 样例	规则差异说明
010	d	CNY200.00	¥200.00	RDA 用标准货币符号
200 1	a	以父亲的名义	以父亲的名义	
	b	录像制品		
内容类型			二维动态图像	
媒介类型			视频	
载体类型			录像带	
	d	In the name of the father	In the name of the father	
	f	(爱尔兰)吉姆·谢里登导演	(爱尔兰)吉姆·谢里登导演	

续表

字段/子字段		《规则》样例 2	对应 RDA 样例	规则差异说明
	g	(美)丹尼尔·戴·刘易斯,(美)埃玛·汤普森主演	(美)丹尼尔·戴·刘易斯,(美)埃玛·汤普森主演	
210	a	美国	美国	
	c	环球影片公司	环球影片公司	
	d	1993	1993	
215	a	1 盒式录像带(VHS, PAL)(133min)	1 盒式录像带(VHS, PAL)(133min)	《规则》第九章附表1 与 RDA3. 3. 1. 3 同
	c	彩色,有声	彩色,有声	
304	a	题名取自题名屏幕		RDA 中题名屏幕是首选信息源,无须做题名来源附注

样例 7(录像制品;高密度视盘;题名来源)

字段/子字段		《规则》样例 7	对应 RDA 样例	规则差异说明
200 1	a	日本の野鳥 100 種類	日本の野鳥 100 種類	
	b	录像制品		
内容类型			二维动态图像	
媒介类型			视频	
载体类型			视盘	
	e	ビデオ図鑑	ビデオ図鑑	
210	a	日本	日本	
	c	Victory Musical Industries, Inc.	Victory Musical Industries, Inc.	
	d	1984	1984	
215	a	1 高密度视盘(VHD, NTSC3. 58)(46min)	1 视盘(VHD, NTSC3. 58)(46min)	按《规则》第九章附表 1,应与 RDA3. 3. 1. 3 同
	c	彩色,立体声	彩色,立体声	
	d	27cm	27cm	
304	a	题名取自盘面标签	题名取自盘面标签	非取自题名帧或题名屏,做来源附注

样例8(录像制品;激光视盘)

字段/子字段		《规则》样例8	对应RDA样例	规则差异说明
010	d	CNY750.00	￥720.00	RDA用标准货币符号
200 1	a	忠奸人	忠奸人	
	b	录像制品		
内容类型			二维动态图像	
媒介类型			视频	
载体类型			视盘	
	d	Donnie Brasco	Donnie Brasco	
	f	(美)Mike Newell导演	(美)Mike Newell导演	
	g	(美)Al Pacino,(美)Johnny Depp主演	(美)Al Pacino,(美)Johnny Depp主演	
210	a	美国	美国	
	c	Mandalay Entertainment	Mandalay Entertainment	
	d	1997	1997	
215	a	2激光视盘(LD,NTSC3.58)(155min)	2视盘(LD,NTSC3.58)(155min)	按《规则》第九章附表1,应与RDA3.3.1.3同
	c	彩色,立体声	彩色,立体声	
	d	30cm	30cm	
	e	1字幕盒	1字幕盒	

增补样例(电影制品)

字段/子字段		增补样例	对应RDA样例	规则差异说明
200 1	a	天地英雄	天地英雄	
	b	电影制品		
内容类型			二维动态图像	
媒介类型			投影图像	
载体类型			开盘影片	
	d	Warriors of heaven and earth	Warriors of heaven and earth	
	e	men are not born heroes	men are not born heroes	
	f	华谊兄弟太和影视投资有限公司,西安电影制片厂,西影股份有限公司出品	华谊兄弟太和影视投资有限公司,西安电影制片厂,西影股份有限公司出品	
	g	编剧何平,张锐	编剧何平,张锐	

续表

字段/子字段		增补样例	对应 RDA 样例	规则差异说明
	g	导演何平	导演何平	
210	a	西安	西安	
	c	西影华谊电影发行有限公司	西影华谊电影发行有限公司	
	d	2003	2003	
215	a	7 开盘电影片(140min)	7 开盘影片(140min)	《规则》第九章附表1与 RDA3.3.1.3 略有不同
	c	彩色,立体声	彩色,立体声,24 格/秒	有声片标准速度 24 格/秒;《规则》规定电影制品标准速度可不著录
	d	35mm	35mm	
	e	剧照	剧照	
307	a		胶片长 3418.9m	RDA 规定为电影胶片的长度做附注,使用米制单位 m

五、连续性资源

样例 1(期刊;频率改变;尺寸改变)

字段/子字段		《规则》样例 1	对应 RDA 样例	规则差异说明
200 1	a	西南交通大学学报	西南交通大学学报	
	b	期刊		
内容类型			文本	
媒介类型			无中介	
载体类型			卷册	
	d	Journal of Southwest Jiaotong University	Journal of Southwest Jiaotong University	
	f	西南交通大学	西南交通大学	
207 0	a	1977,no.1(1977) - = 总 28 -	1977,no.1(1977) - = 总 28 -	
210	a	成都	成都	
	c	该校学报编辑部	西南交通大学学报编辑部	RDA 规定责任者照录

续表

字段/子字段		《规则》样例 1	对应 RDA 样例	规则差异说明
	d	1977 -	1977 -	
215	a	vol.	卷	RDA 用全拼
	d	26cm	26 - 30cm	RDA 规定记录最小和最大尺寸,并做附注
304	a	并列题名: Journal of Southwest Jiaotong University	并列题名: Journal of Southwest Jiaotong University	
307	a	尺寸后改为 30cm	尺寸后改为 30cm	
311	a	本刊的前身为《唐山铁道学院学报》,1977 年改为现名	本刊的前身为《唐山铁道学院学报》,1977 年改为现名	
326	a	双月刊	双月刊	
	b	1992 -	1992 -	
326	a	季刊	季刊	
	b	1980 - 1991	1980 - 1991	
326	a	半年刊	半年刊	
	b	1977 - 1979	1977 - 1979	
430 1	a	唐山铁道学院学报	唐山铁道学院学报	

样例 2(期刊;频率改变;出版者改变)

字段/子字段		《规则》样例 2	对应 RDA 样例	规则差异说明
200 1	a	中国邮政	中国邮政	
	b	期刊		
内容类型			文本	
媒介类型			无中介	
载体类型			卷册	
	d	China post	China post	
207 0	a	1980, no. 1 - 1982, no. 2; 1983, no. 1 - 1989, no. 2 = 总 3 - 16; 1990, no. 1	1980, no. 1 - 1982, no. 2; 1983, no. 1 - 1989, no. 2 = 总 3 - 16; 1990, no. 2	
210	a	北京	北京	
	c	全国邮政宣传中心	全国邮政宣传中心	
	d	1986 -	1986 -	
210	a		北京	RDA 重复出版项
	c		人民邮电出版社	

续表

字段/子字段		《规则》样例 2	对应 RDA 样例	规则差异说明
	d		1981 – 1985	
215	a	vol.	卷	RDA 用全拼
	d	26cm	26cm	
306	a	1981 – 1985 由中国邮电部该刊编辑部编辑出版；出版单位曾为：人民邮电出版社	1981 – 1985 由中国邮电部该刊编辑部编辑出版；出版单位曾为：人民邮电出版社	
311		1990 年起与《邮政技术》合并，1990，no. 1 为创刊号	1990 年起与《邮政技术》合并，1990，no. 1 为创刊号	
326	a	月刊	月刊	
	b	1994 –	1994 –	
326	a	半年刊	半年刊	
	b	1981 – 1989	1981 – 1989	
326	a	双月刊	双月刊	
	b	1990 – 1993	1990 – 1993	
434 1	a	邮政技术	邮政技术	

样例 3（期刊；改名）

字段/子字段		《规则》样例 3	对应 RDA 样例	规则差异说明
200 1	a	南通企业管理	南通企业管理	
	b	期刊		
内容类型			文本	
媒介类型			无中介	
载体类型			卷册	
	f	南通市企业管理协会	南通市企业管理协会	
207	a	[1983，no. 1（1983）] – 1984，no. 7（1984） = 总 1 – 13	[1983，no. 1（1983）] – 1984，no. 7（1984） = 总 1 – 13	
210	a	南通	南通	
	c	南通市企业管理协会	南通市企业管理协会	
	d	1983 – 1984	1983 – 1984	
215	a	13no.	13 期	书目册数
	d	26cm	26cm	
311	a	1985 年起改名为《南通企业》	1985 年起改名为《南通企业》	
326	a	双月刊	双月刊	
440 1	a	南通企业	南通企业	
711 02	a	南通市企业管理协会	南通市企业管理协会	

样例 10(报纸;副刊;频率改变)

字段/子字段		《规则》样例 10	对应 RDA 样例	规则差异说明
200 1	a	中国消费者报	中国消费者报	
	b	报纸		
内容类型			文本	
媒介类型			无中介	
载体类型			卷册	
207	a	试刊 no. 1(1985,7,1) - no. 3(1985,8,12)	试刊 no. 1(1985,7,1) - no. 3(1985,8,12)	
	a	no. 1(1985,10,7) -	no. 1(1985,10,7) -	
210	a	北京	北京	
	c	中国消费者报社	中国消费者报社	
	d	1985 -	1985 -	
215	a	no.	期	RDA 用全拼
	d	56cm	56cm	
311	a	本刊 2000 年至 2002 年 1 月 12 日共出版 100 期副刊《中国消费者报. 京华百姓》	本刊 2000 年至 2002 年 1 月 12 日共出版 100 期副刊《中国消费者报. 京华百姓》	
326	a	每周五次	每周五次	
	b	2001 -	2001 -	
326	a	周报	周报	
	b	1985 - 1986	1985 - 1986	
326	a	每周二次	每周二次	
	b	1987 - 1991	1987 - 1991	
326	a	每周三次	每周三次	
	b	1992 - 1994	1992 - 1994	
326	a	每周四次	每周四次	
	b	1995	1995	
326	a	每周五次	每周五次	
	b	1996 - 1997	1996 - 1997	
326	a	每周六次	每周六次	
	b	1998 - 1999	1998 - 1999	
326	a	日报	日报	
	b	2000	2000	
421 1	a	中国消费者报. 京华百姓	中国消费者报. 京华百姓	

六、电子资源

样例6(光盘;版本;附件)

字段/子字段		《规则》样例6	对应RDA样例	规则差异说明
010	a	7-900339-87-6	7-900339-87-6	
	d	CNY[不详]		无价格则略
200 1	a	个人所得税信息管理系统	个人所得税信息管理系统	
	b	电子资源		
内容类型			计算机数据集	可重复
内容类型			计算机程序	
媒介类型			计算机	
载体类型			计算机光盘	
	f	陕西三普科技发展有限公司制作	陕西三普科技发展有限公司制作	
205	a	V1.0	V1.0	转录
210	a	西安	西安	
	c	陕西电子音像出版社	陕西电子音像出版社	
	d	2004	2004	
215	a	1光盘(CD-ROM)	1计算机盘	RDA以"载体类型"术语作为数量单元
	c	有声,彩色	有声,彩色	
	d	12cm	12cm	
	e	用户手册(67页;19cm)	1用户手册(67页;19cm)	RDA需记录附件的数量
230	a	数据和程序	数据文件和程序文件	
304	a	题名取自题名屏幕		《规则》正题名来源必备;RDA则在非取自题名页、题名屏或题名帧时做附注
337	a	系统要求:PⅢ500或以上CPU,800×600或更高分流率显示器(推荐1024×768),64兆或以上(推荐128兆),50兆或以上硬盘,Win98或以上操作系统(Win2000Professional),Office 2000(Access2000、Excel2000)办公软件	要求:PⅢ500或以上CPU,800×600或更高分流率显示器(推荐1024×768),64兆或以上(推荐128兆),50兆或以上硬盘,Win98或以上操作系统(Win2000Professional),Office 2000(Access2000、Excel2000)办公软件	RDA不规定导语用词

连续性资源——样例 11(网站)

字段/子字段		《规则》样例 11	对应 RDA 样例	规则差异说明
200 1	a	搜狐	搜狐	
	b	网络资源		
内容类型			文本	可重复
内容类型			静态图像	
内容类型			口头表述	
内容类型			表演音乐	
内容类型			二维移动图像	
媒介类型			计算机	
载体类型			联机资源	
	d	sohu. com	sohu. com	
	f	张朝阳创办		RDA 对连续性资源创作者的规定,张朝阳非创作者
210	a	北京	北京	
	c		搜狐公司	
	d	1996 -	© 2012	
215	a		1 联机资源	《规则》未提供相应术语
	c		HTML,有声,彩色,图	RDA 记录编码格式
230	a	电子文本数据、电子图像数据、电子音频数据和电子视频数据	文本文件、图像文件、音频文件和视频文件	原样例未给出,按《规则》要求增加
303	a	据 2005 年 1 月 4 日	2012 年 12 月 4 日浏览	
304	a	题名取自网站首页	题名取自网站首页	《规则》正题名来源必备;RDA 在非取自题名页、题名屏或题名帧时做附注
326	a	随时更新	随时更新	
856 41	u	http://www. sohu. com	http://www. sohu. com	
	z	搜狐公司	搜狐公司	

附录三　国内 RDA 调查

本附录包括2012年国内的三个RDA调查,用以展现当时RDA在中国的现状。三个调查分别是:

(一)本课题组于2012年10月所做的"**RDA使用现状调查**",以参加2012年上海市文献联合编目中心年会的全国采编人员为调查对象。

(二)CALIS联机合作编目中心于2012年5—6月所做的"**RDA Toolkit订购意向调查**",以B级/B+级成员馆为调查对象。本课题组对调查结果做了分析,并对工具包的未来销售做了预测。

(三)原首都图书馆馆员李恺为在美国图书馆协会(ALA)年会上介绍RDA在中国的情况,于2012年3月就"**国内RDA认知度**"所做的网络调查。调查报告已刊载于《数字图书馆论坛》2012年第8期,这里仅存目。在简要概括调查结论后,附本课题组简短评论。

一、《资源描述与检索》(RDA)使用现状调查

1. 调查目的与调查对象

调查目的在于了解图书馆采用RDA的现状与意愿,以及图书馆员个人对RDA的认知程度。鉴于不少图书馆外包后已经不再自己编目,也就没有使用各种编目规则的需求,因而面向全国的普遍调查意义不大。本次调查以2012上海市文献联合编目中心年会与会者为对象,调查时间为2012年10月下旬。

上海联编中心成员馆来自全国各地,包括公共馆、高校馆和专业馆等各类型图书馆。参加年会,在某种程度上代表该馆仍有编目活动(原编或下载书目记录)。来自与会成员馆的有关新编目规则的反馈信息较能反映图书馆的实际需求情况。

2. 调查问卷及回收率

(1)调查问卷

调查采用问卷方式,共13题。1—4题针对个人,5—11题针对图书馆,12题识别调查对象个人身份,13题了解所属图书馆。

(2)回收问卷

共发放问卷110份,涉及参会馆46个(其中上海图书馆50份,其他45个图书馆共60份)。回收41份,总回收率37%。

分图书馆的回收情况为:

未填3(其中一人未完成问卷)

其他图书馆28(与未填合计,回收率约50%)

上海图书馆10(回收率20%)

(3)有效问卷

根据12—13题获得的调查者身份和所属图书馆,问卷分成两个部分进行统计:

A. 受调查个人。在回收的41份问卷中,39人回答了身份问题,为针对个人对RDA认

知程度的有效问卷。

B. 受调查图书馆。在回收的41份问卷中,38人填写了图书馆。

一个图书馆回收多份问卷的,根据填表中显示的对该馆RDA现状的了解程度,取一份最能反映现状的,共20份有效问卷(占参会图书馆的44%)。

3. 调查结果及分析

(1)个人部分

A. 受调查个人的身份(共39人,可多选)

编目工作管理者:14(36%)

中文编目员:14(36%)

西文编目员:9(23%)

小语种编目员:1(同时也是西文编目员)

其他(采访等):5(13%)

B. 对RDA的认知程度

美国等国 什么时候开始实施	中文版 什么时候出版	是否参加过培训 (否)是否希望参加	是否使用过/ 看过/访问过
不清楚(25,64%)	不清楚(31,80%)	(是)参加过(1)	否(33,85%)
2011(7)	2012(5)	(否)希望参加(34,87%)	是*(6)
2012(1)	2013(2)	(否)未回答(3)	—联机版(5)
2013(6)	2014(1)	(否)不感兴趣(1)	—印刷版(2)

上表为个人问题汇总。

从上表数据看,回答"不清楚"、没有参加过任何形式的培训、没有接触过RDA文本的人占绝大多数,显示个人对RDA的认知程度普遍较低。

但是受调查者普遍对了解RDA的意愿比较高,没有参加过RDA培训的人中,87%愿意参加培训。

*说明:接触过RDA文本的6人中,4人来自上海图书馆。

C. 身份分析

不清楚美国等国什么时候开始实施	不清楚中文版什么时候出版	是否希望参加培训未勾选/不感兴趣
管理者(11,79%)	管理者(12,86%)	管理者(2)
中编(9,64%)	中编(10,71%)	中编(2)
西编(3,33%)	西编(6,56%)	

上表针对被调查者自认不了解RDA的回答,依个人身份统计。

从上表数据看,在与编目直接相关的人员中,编目工作管理者对RDA的认知程度最低。管理者在受调查者中占有最高比例,可以排除个别偶然性,表明这种低认知情况的普遍性。对编目领域进展基本信息的漠视,显然对管理者的决策与指导能力会产生不利的影响。

D. 上海图书馆受调查者分析

在发放和回收问卷中，上海图书馆（以下简称上图）所占比例较大，针对个人的有效问卷共9份。其中，中编1人，西编者6人，其他2人。也就是说，在受调查的西编者中，67%来自上图。

美国等国 什么时候开始实施	中文版 什么时候出版	是否参加过培训 （否）是否希望参加	是否使用过/ 看过/访问过
不清楚（2，22%）	不清楚（6，67%）	（是）参加过（1）	否（5，56%）
2011（4）	2012（1）	（否）希望参加（7，78%）	是（4）
2012（–）	2013（2）	（否）未回答（–）	—联机版（3）
2013（3）	2014（–）	（否）不感兴趣（1）	—印刷版（2）

和B的结果相比，上图受调查者自认为了解RDA相关情况的比例明显较高。上图受调查者大部分为西编者，也在某种程度上反映西编者对RDA进展比较关注。

参加培训意愿方面，唯一的一位参加过培训的、唯一一个表示对培训不感兴趣的，均来自上图。希望参加培训与参加过的合计，在参加培训意愿上，比例基本与B持平。

（2）图书馆采用RDA的现状与意愿

A. 受调查图书馆类型（共20个）

	参与调查	参会	参加调查比例
省级公共馆	5	7	71%
县市公共馆	8	24	33%
专业馆	2	3	67%
高校馆	5	11	46%
合计	20	45	44%

从上表数据，县市公共图书馆受调查比例低于平均水平。从现场反馈情况看，可能出于对RDA有较多的“不清楚”“不了解”而放弃参加调查。

B. 采用RDA的状态及计划

西编是否已套录到记录*	西编使用打算**	如果有中文版，中编使用打算***
否（16，80%）	打算（6，30%；套录4）	打算（4，20%；套录4）
是（3，15%；修改2）	没有计划（7，35%）	没有计划（6，30%）
不了解（1，5%）	不了解（7，35%）	不了解（10，50%）

从上表数据，目前套录到RDA记录的图书馆还不多，套录后多采用修改记录的方法，换言之，还没有开始使用RDA。随着2013年RDA在编制国的普遍推行，套录到记录的比例无疑将大量增加，如何处理套录到的记录，需要图书馆做出计划。

对使用RDA的打算，不了解或没有计划的比例很高，但也有相当比例已计划在未来使用，包括中编。

未来使用大多针对套录,没有特别说明要在原编中使用的。目前套录记录占比例很高,当西编中大量套录记录均为 RDA 记录后,原编是否仍沿用 AACR2,也是图书馆需要做出计划的。

说明:中西文编目都没有目前已经使用的。

* 西编已套录到记录的均为省级公共馆,“不了解”的为高校馆(个人身份为编目管理者)。

* * 西编打算使用的:专业馆 1 个,高校馆 2 个,省级公共馆 3 个。

* * * 中编打算使用的(同样西编也打算使用):专业馆 1 个,省级公共馆 1 个,高校馆 2 个。

C. RDA 培训及购买/订购

是否有同事参加过培训	是否已购买印刷版	是否已订购联机版	可以承受购买/订购费用
否(14,70%)	是(1,5%)	是(1,5%)	联机(5,25%)
是 * (2,10%)	否(12,60%)	否(13,65%)	印刷(2,10%)
不了解(4,20%)	不了解(7,35%)	不了解(6,30%)	均难承受(8,40%)
			未回答(5,25%)

从上表数据,无论是购买/订购,还是参加培训,RDA 在受调查馆中出现的比例极低,都还只是个案。而对本馆是否已有或可访问 RDA,较大比例的“不了解”也表明 RDA 完全没有进入受关注的状态。

表示不能承受 RDA 目前费用的比例也比较高。英文印刷版为 150 美元,大致相当于 1000 元人民币。中文印刷版译本定价应该考虑到这方面的因素。

说明:* 有员工参加过培训的图书馆均为省级公共馆。

结语

本次调查对象来自全国各地,但以江浙沪为主,经济相对全国较为发达;受调查个人中来自上海图书馆的比例较高,从细分数据看对 RDA 的认知程度相对较高。因之,在对 RDA 的认知与使用意愿方面,此次调查结果较全国图书馆的平均水平可能略高。

尽管如此,本次调查显示出受调查者大多没有接触过 RDA 文本,对 RDA 认知程度普遍较低。尤其是编目工作管理者,认知程度甚至低于普通编目员。与之对应的是,图书馆对即将面临的变化(尤其是西编方面)缺乏准备,这也是与编目工作管理者对 RDA 认知程度低直接相关的。

调查也显示,受调查者对参加 RDA 培训有较高意愿。国家图书馆在 2012 年 7 月举办了首次全国范围的 RDA 培训,由国外专家全程英语授课,参加者踊跃。用中文举办 RDA 培训应该会有很高的参与度。

目前正在进行 RDA 中文翻译,中译本的出版,必然会促进国内对 RDA 的了解。其定价也应充分考虑图书馆的承受能力。

后记:本次调查得到上海图书馆采编中心大力协助,深表感谢!同时也感谢参与本次调查的同仁。

附:调查表

《资源描述与检索》(RDA)使用现状调查

本调查是国家社会科学基金项目“《资源描述与检索》的中文化及其应用研究”的一部分,旨在了解我国图书馆使用和购买 RDA 现状。

诚邀各位图书馆同仁参与调查。问卷将在 10 月 25 日会议讨论时回收。谢谢!

1. RDA 实施——美国等国什么时候开始实施?

□2011　□2012　□2013　□不清楚

2. RDA 中文版——什么时候出版?

□2012　□2013　□2014　□不清楚

3. 您是否参加过 RDA 培训(含国内外、馆内外)

□是。培训时间、地点等详细信息(　　　　　　)

□否。是否希望参加 RDA 培训:

　□希望参加　□不感兴趣　□无所谓

4. 您是否使用过/看过/访问过 RDA

□看过印刷版　□访问过联机版　□没有用过

5. 贵馆是否有同事参加过 RDA 培训(含国内外、馆内外)

□是。培训时间、地点等详细信息(　　　　　　)

□否　□不了解

6. 贵馆是否已在西文编目中套录到 RDA 记录

□否

□是。套录到 RDA 记录后,是否按 AACR2 等原有规则修改:

　□不加改动　□修改记录

□不了解

7. 贵馆是否有在西文编目中使用 RDA 的打算

□已经开始使用了

　□套录　□原编

□打算在未来使用

　□套录　□原编

□没有计划　□不了解

8. 贵馆是否有在中文编目中使用 RDA 的打算

□已经开始使用了

　□套录　□原编

□如果有中文版 RDA,打算使用

　□套录　□原编

☐没有计划　　　　☐不了解

9. 贵馆是否已购买印刷版 RDA

☐是。什么时候购买的:(　　　　　　　　　　　　　　　)

☐否

　　打算什么时候购买:(　　　　　　　　　　　　　　　)

　　☐未打算购买

☐不了解

10. 贵馆是否已订购联机版 RDA Toolkit

☐是。几个用户数:(　　　);什么时候开始订购的:(　　　　　　　　　)

☐否

　　打算什么时候购买:(　　　　　　　　　　　　　　　)

　　☐未打算订购

☐不了解

11. 贵馆可以承受 RDA 购买/订购费用

☐联机版年度订购费(单用户 195 美元/年)

☐印刷版(150 美元/册)

☐以上都难以承受

12. 您的身份(可多选)

☐编目工作管理者

☐中文编目员

☐西文编目员

☐小语种编目员

☐系统管理员/图书馆技术人员

☐其他(请说明):(　　　　　　)

13. 您所在图书馆名称(请填写):(　　　　　　　　　　　　　)

衷心感谢您填写本问卷!

如想获知本次调查结果,可留下您的邮箱,待结果统计出来以后,将发送至您的邮箱。您的邮箱:

如有任何问题,也可发送邮件至:catwizard. china@ gmail. com

"《资源描述与检索》的中文化及其应用研究"课题组

二 RDA Toolkit 订购意向调查

1. CALIS 联机合作编目中心的调查

CALIS 联机合作编目中心于 2012 年 5—6 月间,面向 B 级/B + 级成员馆进行了一次 RDA 购买意向调查,共收回 17 份反馈意见。调查结果如下:

1)共有 5 家成员馆已购买了印刷本的 RDA(其中 2 家还未收到)

2)尚没有成员馆以图书馆身份购买 RDA TOOLKIT

3)当年有意向购买 RDA TOOLKIT 的成员馆 2 家

2. 本课题组的分析

CALIS 联机合作编目中心的 B 级/B + 级馆,是编目质量最高的成员馆,应该是高校馆乃至全国图书馆中最有意愿购买 RDA 产品的群体。调查显示,印刷本购买率 29%,联机版购买意向仅 12%。可以推测在全国的购买状况及意向更低。

另外根据 2013 年初从 RDA 工具包中国销售代理 iGroup 公司得到的信息,截至 2012 年底,中国大陆只有 7 家机构订户(本课题组除外),其中 2 家为参加CALIS 联编中心调查的高校馆,但不是调查中有购买意向的 2 家。

以上数据一方面显示国内对 RDA 工具包的购买意愿及实际订购都相当低,另一方面显示实际订购并不完全按计划实施。

3. 本课题组的预测

2013 年,由于 RDA 编制国全面采用 RDA,按 RDA 标准编目的书目记录将大幅度增加,会推动国内西编对 RDA 的需求。

同时在 RDA 方面,2013 年将陆续出版完全改写的印刷版、简版(Essential RDA),还会有电子书类脱机产品,这些都对购买有促进作用。而 RDA 中文版,必将占据国内 RDA 购买的最大一块市场。上述 RDA 产品的推出,对于按年付订购费的 RDA 工具包在国内的销售,必然产生负面影响。

三、国内 RDA 认知度调查

李恺:国内 RDA 认知度调查结果

本调查结果刊于《数字图书馆论坛》2012 年第 8 期第 18—27 页,摘要如下:

2 调查的内容

“本调查……从 2012 年 2 月 28 日上线,至 2012 年 3 月 30 日结束。调查采用了网络的形式……调查最后共计收到 182 份问卷,通过后期的比对,判定两份问卷为重复问卷,因而共收到 180 份有效的结果。”调查问卷附于文末(p. 25 - 27)。

“这份调查在很大程度上参考了 2010 年美国图书馆员 Elaine Sanchez 所进行的一个关于 RDA 的问卷调查”。

5 结论与思考

作者发现国内对 RDA 的认知度大致相当于 2 年前,美国图书馆员在 RDA 工具包推出前对于 RDA 的高度不了解和不确定:“作为对照,我们同样可以看到我们社区中的成员对于 RDA 的不了解以及不确定……而对于机构未来对于 RDA 推行的打算,绝大多数人也并不了解”;“有很多人从现实的角度表达了对于 RDA 前景的不确定”。

作者的结论:“在这个意义上,我们可以说,我们对于 RDA 的了解程度和认知与美国这两年的情况是有很多相似之处的”。

附:本课题组简评

从 2012 年 10 月本课题组所做"RDA 使用现状调查"来看,对 RDA"不了解"的状况在半年中并未得到多少改善。从西编套录 RDA 记录开始,只有当越来越多地接触到 RDA 才能改变"不了解"的现状;而对 RDA 未来的"不确定",则有赖于 RDA 的实施进展及其国际化进程。

主要参考文献

中文部分(按责任者名称汉语拼音顺序排)

Dina Isyanti(2006). 印度尼西亚个人名称标目规则的变化. 第四次 IFLA 国际编目规则专家会议(韩国首尔, 2006 年 8 月 16—18 日)IME-ICC4 资料中文翻译

ISBD 统一版工作会议. 全国信息与文献标准化技术委员会简报,2012(2)

Qingyi(2011a). RDA 自动化系统开发商系列访谈 1—4:III、VTLS、BiblioMondo、Polaris. [2011 - 07 - 03]. http://librarysalon.com/space-12-do-blog-id-8897.html

Qingyi(2011b). RDA 自动化系统开发商系列访谈 5—8:Ex Libris、Follett、OCLC、SkyRiver. [2011 - 07 - 27]. http://librarysalon.com/space-12-do-blog-id-9085.html

Rodriguez,EE(2006). ISBD:保持稳定,更新标准. 第四次 IFLA 国际编目规则专家会议(韩国首尔,2006 年 8 月 16—18 日)IME-ICC4 资料中文翻译

Suon Sophy(2006). 柬埔寨的编目. 第四次 IFLA 国际编目规则专家会议(韩国首尔,2006 年 8 月 16—18 日) IME-ICC4 资料中文翻译

编目精灵(2010). IFLA 十年“国际编目条例”之梦. [2010 - 01 - 25]. http://catwizard.net/posts/20100125121031.html

编目精灵(2012). 链接 RDA:合作伙伴. [2012 - 09 - 18]. http://catwizard.net/posts/20120918195453.html

编目精灵(2013a). RDA 多语种翻译情况汇总. [2013 - 02 - 16]. http://catwizard.net/posts/20130216215310.html

编目精灵(2013b). RDA 在台湾. [2013 - 04 - 13]. http://catwizard.net/posts/20130413160033.html

蔡惠霞(2012). RDA 对我国文献编目工作的启示. 图书馆学刊,2012(3)

蒂利特(2006a).《国际编目原则声明(草案)》综述. 第四次 IFLA 国际编目规则专家会议(韩国首尔,2006 年 8 月 16—18 日)IME-ICC4 资料中文翻译

蒂利特(2006b). 编目规则与巴黎原则的比较. 第四次 IFLA 国际编目规则专家会议(韩国首尔,2006 年 8 月 16—18 日)IME-ICC4 资料中文翻译

蒂利特(2012). RDA 与中国:编目的国际化. 中国图书馆学报,2012(6)

高红(2008). RDA 标准及理念对我国文献编目工作的启示. 国家图书馆学刊,2008(1)

顾犇(2010). 从 RDA 想开去. 数字图书馆论坛,2010(12)

国际编目规则声明. 2009. http://www.ifla.org/files/cataloguing/icp/icp_2009-zh.pdf

国际图书馆协会与机构联合会; 顾犇翻译. 国际标准书目著录(ISBD)统一版(2011). 国家图书馆出版社,2012

国家图书馆 MARC21 格式使用手册课题组. MARC21 书目数据格式使用手册. 北京图书馆出版社(今国家图书馆出版社),2005

国家图书馆外文采编部(2012).“RDA 理论与实践”培训班暨“RDA 在中国的实施和挑战”研讨会. [2012 - 07 - 15]. http://www.lsc.org.cn/CN/News/2012-07/EnableSite_ReadNews1923460761342281600.html

国家图书馆《中国文献编目规则》修订组. 中国文献编目规则. 第 2 版. 北京图书馆出版社(今国家图书馆出版社),2005

贺燕(2005). 连续性资源著录规则的修订. 国家图书馆学刊,2005(2)

胡小菁(2010). RDA 的国际化战略. 数字图书馆论坛,2010(12)

胡小菁(2011).《资源描述与检索》的酝酿、编制与实施. 国家图书馆学刊,2011(2)

黄如花(2012)."资源描述与检索"(RDA)的实施进展.现代情报,2012(9)

霍艳蓉(2009).浅议编目员如何应对 RDA 的到来.山东图书馆季刊,2009(2)

霍艳蓉(2011).RDA 与 CSR 在西文连续出版物著录中的区别.图书馆杂志,2011(4)

姜化林(2012).RDA Toolkit 与印刷型连续出版物编目探析.图书馆杂志,2012(8)

蒋敏(2011).国际书目数据通信格式(UNIMARC)的维护、创新与发展——兼谈《国际机读目录格式手册:书目格式》(第3版)的修订.图书馆建设,2011(5)

金泰树(2006).《韩国文献编目规则》的现状与未来.第四次 IFLA 国际编目规则专家会议(韩国首尔,2006年8月16—18日)IME-ICC4 资料中文翻译

李恺(2010).RDA 和语义网.数字图书馆论坛,2010(12)

李恺(2011).美国 RDA 测试协调委员会 RDA 测试报告执行摘要.数字图书馆论坛,2011(7)

李恺(2012).国内 RDA 认知度调查结果.数字图书馆论坛,2012(8)

李在善(2006).第四届国际图联国际编目规则专家会议.第四次 IFLA 国际编目规则专家会议(韩国首尔,2006年8月16—18日)IME-ICC4 资料中文翻译

林明(2011).从 RDA 的结构和概念看《中国文献编目规则》.国家图书馆学刊,2011(2)

林明(2012).目录的语言/文字和规范检索点——试读《国际编目原则声明》和 RDA 的语言/文字原则.大学图书馆学报,2012(3)

马宏惠(2006).影像资料的 CNMARC 著录格式.新世纪图书馆,2006(6)

台湾 RDA 小组第二次会议纪录.[2012-05-25].http://catweb.ncl.edu.tw/flysheet_admin/new_file_download.php?Pact=FileDownLoad&Pval=1168

台湾 RDA 小组第十五次会议纪录.[2014-04-28].http://catweb.ncl.edu.tw/flysheet_admin/new_file_download.php?Pact=FileDownLoad&Pval=1695

台湾 RDA 小组第十一次会议纪录.[2013-03-07].http://catweb.ncl.edu.tw/flysheet_admin/new_file_download.php?Pact=FileDownLoad&Pval=1384

台湾 RDA 小组第一次会议纪录.[2012-04-20].http://catweb.ncl.edu.tw/flysheet_admin/new_file_download.php?Pact=FileDownLoad&Pval=1167

台湾"中央图书馆"(2013a).台湾汉学研究中心公布"RDA 重要中文词彙用语".[2013-03-19].http://catweb.ncl.edu.tw/portal_d2_page.php?button_num=d2&cnt_id=187

台湾"中央图书馆"(2013b).西文资料采用 RDA 计画.[2013-03-01].http://catweb.ncl.edu.tw/flysheet_admin/new_file_download.php?Pact=FileDownLoad&Pval=1385

王绍平(2006).从《国际编目原则声明》看团体名称检索点.图书馆杂志,2006(9)

王绍平(2011).RDA 与中文编目规则.国家图书馆学刊,2011(2)

王松林(2004).《中国文献编目规则》修订及需要处理好的几个关系.国家图书馆学刊,2004(3)

王松林(2006).从《国际编目原则声明(草案)》看《中国文献编目规则》的修订.图书馆学刊,2006(6)

王松林(2007).《中国文献编目规则》与"原则声明"之比较.中国图书馆学报,2007(1)

王松林(2012).从一般资料标识到内容形式和媒介类型——《ISBD 统一版》的新特点.中国图书馆学报,2012(5)

王微(2008).基于书目记录功能需求(FRBR)的图书馆编目理论与实践研究.东北师范大学硕士论文,2008

王忠红(2012).RDA 描述的不同:以普通图书为例.图书馆杂志,2012(1)

文后参考文献著录规则(GB/T 7714—2005)

文献类型与文献载体代码(GB3469—83)

文献著录 ISBD 统一版专家研讨会会议纪要.2012-04-16[内部资料]

吴雷(2010).《中国文献编目规则》与《资源描述和检索》编修机制比较研究.图书馆建设,2010(7)

吴丽杰(2007).FRBR 理念及其对 RDA 的影响.图书馆学刊,2007(2)

吴晓静(2010). 从 AACR2 到 RDA 的内容变化. 数字图书馆论坛,2010(12)
吴跃(2010). AACR2 与 RDA 的联系及在图书著录部分的区别. 大学图书馆学报,2010(4)
肖丽萍(2006). 集成性资源著录的特殊性. 图书馆建设,2006(6)
谢琴芳(2000). CALIS 联机合作编目手册(下册). 北京大学出版社,2000
徐静(2011). "资源描述与检索"内容框架演变的历程分析. 图书与情报,2011(5)
徐静(2011). RDA 的图书馆应用模式研究. 中国科学院研究生院硕士学位论文,2011
杨莉萍(2011). 资源描述与检索内容的新标准:RDA. 图书馆学研究,2011(3)
永田治树(2006). 日本编目规则与国际编目原则:相似与不同. 第四次 IFLA 国际编目规则专家会议(韩国首尔,2006 年 8 月 16—18 日)IME-ICC4 资料中文翻译
张芳(2013). 俄罗斯书目著录国家标准与 ISBD//国家图书馆中文采编部编. 编目:新的变化与应对之策:第三届全国文献编目工作研讨会论文集. 国家图书馆出版社,2013
张慧铢(2012). 各类型图书馆使用 MARC 21 与 RDA 现况调查. [2013 - 04 - 01]. http://catweb. ncl. edu. tw/portal_g13_cnt_page. php? button_num = g13&folder_id = 25&cnt_id = 105
张期民(2010). 关于我国团体名称规范检索点的思考. 大学图书情报学刊,2010(2)
张岩(2008). 中文连续出版物创建新记录的情况分析. 图书馆建设,2008(6)
中国机读目录格式(CNMARC). http://bmzx. zslib. com. cn/marc. htm

外文部分(按责任者名称字母顺序排)

Agustí MH (2010). RDA in BNE. [2012 - 06 - 06]. http://www. slainte. org. uk/eurig/docs/RDA2010/AgustiEURIG2010. pdf
Angevaare I(2011). Global Web of Data Depends on Machine-actionable XML(LIBER 3). [2011 - 06 - 30]. http://www. ncdd. nl/blog/? p = 147
Attig J(2010). Revisions to Categorization of Content and Carrier. [2010 - 07 - 19]. http://www. rda-jsc. org/docs/6alarep1. pdf
Bib Blog(2014). SPRING UPDATES FOR RDA: TREATIES. [2014 - 04 - 25]. http://www. library. yorku. ca/cms/bibblog/2014/04/25/spring-updates-for-rda/
Bowen J(2006). Categorization of Content and Carrier. [2006 - 09 - 18]. http://www. rda-jsc. org/docs/5rda-parta-categorization-alaresp. pdf
Bowen J (2011). RDA and the eXtensible Catalog// Report and Recommendations of the U. S. RDA Test Coordinating Committee. [2011 - 06 - 20]. http://www. loc. gov/bibliographic-future/rda/source/rdatesting-finalreport-20june2011. pdf
Brenndorfer T(2012). GMD mapped to Content Type, Media Type, Carrier Type, and Unit of Extent, with MARC Fixed Fields—revised March 30, 2012. http://special-cataloguing. com/misc/gmd _ to _ cmc _ and _ extent _ 20120330. pdf
Coyle K(2010). RDA Vocabularies for a Twenty-First-Century Data Environment. Library Technology Reports, 2010,46(2)
Delsey T(2006). Categorization of Content and Carrier. [2006 - 08 - 08]. http://www. rda-jsc. org/docs/5rda-parta-categorization. pdf
Delsey T(2008). The Logical Structure of the Anglo-American Cataloguing Rules. [2011 - 10 - 04]. http://www. rda-jsc. org/docs. html#logical
Delsey T(2009). RDA Database Implementation Scenarios [updated version]. [2009 - 07 - 01]. http://www. rda-jsc. org/docs/5editor2rev. pdf
Dempsey L(2004). VTLS and FRBR. [2004 - 01 - 12]. http://orweblog. oclc. org/archives/000200. html

Deutsche Nationalbibliothek (2011). The Linked Data Service of the German National Library, Version 3. 1. Leipzig: Deutsche Nationalbibliothek. [2011 - 08 - 21]. http://files. d-nb. de/pdf/linked_data_e. pdf

Dunsire G(2011). Bibliographic Data in the Semantic Web—What Issues Do We Face in Getting it There?. ALCTS Cataloging and Classification Section Executive Committee Forum, ALA Annual. [2011 - 06 - 24]. http://www. gordondunsire. com/pubs/pres/ALACCS_gd. ppt

EURIG(2010). RDA in Europe: Making it Happen! EURIG-JSC seminar on RDA, 8 Aug 2010. http://www. slainte. org. uk/eurig/meetings. htm

EURIG(2011). Cooperation Agreement. [2012 - 08 - 10]. http://www. slainte. org. uk/eurig/docs/EURIG_cooperation_agreement_2011. pdf

EURIG(2012a). RDA Issues for Discussion by EURIG. [2012 - 06 - 12]. http://www. slainte. org. uk/eurig/docs/1201Paris/EURIG_technical_meeting_Working_document_with_comments_2012-01-16. pdf

EURIG(2012b). Outcomes of The EURIG Technical Meeting, Paris January 27, 2012. http://www. slainte. org. uk/eurig/docs/1201Paris/1201ParisOutcomes. pdf

EURIG(2012c). EURIG Survey on Adoption of RDA—2012: report(K. Gryspeerdt, 20 July 2012. 8 p.). http://www. slainte. org. uk/eurig/docs/EURIG_Survey_2012_v1_Final. pdf

EURIG(2013). EURIG Survey on Adoption of RDA—2013: report(K. Gryspeerdt, 18 December 2013. 7 p.). http://www. slainte. org. uk/eurig/docs/EURIG_Survey-2013_v1_0. pdf

Frodl C(2012). RDA worldwide—the German perspective. ALA Annual Conference 2012, ALCTS panel: RDA Worldwide, June 24, 2012. http://ala12. scheduler. ala. org/files/ala12/RDA_Germany_Slides. pdf

Garcia A(2012). RDA and Latin America: Transitions, Preparations, and Perspectives. ALA Annual Conference 2012, ALCTS panel: RDA Worldwide, June 24, 2012. http://ala12. scheduler. ala. org/files/ala12/RDA_LatinAmerica_Slides. pdf

GMD/SMD Working Group(2006). Content and Carrier Terms in RDA. [2006 - 01 - 16]. http://www. rda-jsc. org/docs/5chair6-chairfolup. pdf

Gu B(2012). Recent Activities in the Chinese Library Cataloging Community. SCATNews, 2012(37). http://www. ifla. org/files/cataloguing/scatn/scat-news-37. pdf

Haapamäki T(2010). RDA in Finland. [2012 - 06 - 07]. http://www. slainte. org. uk/eurig/docs/RDA2010/Haapam%C3%A4kiEURIG2010. pdf

Hennelly J(2011). RDA Toolkit's MARC Linking Service. [2012 - 09 - 18]. http://www. rdatoolkit. org/sites/default/files/marc_api_linkguide_final. pdf

IFLA Section on Cataloguing(2002). Strategic Plan, 2001—2003. SCAT News, 2002(17). http://www. ifla. org/files/cataloguing/scatn/scat-news-17. pdf

ISBD: International Standard Bibliographic Description(Consolidated Edtion). Berlin: De Gruyter Saur, 2011.

ISO 690:2010: Information and Documentation — Guidelines for Bibliographic References and Citations to Information Resources.

JSC(2007). Statement of Purpose for RDA. [2007 - 11 - 01]. http://www. rda-jsc. org/stratplan. html

JSC(2010). Resource Description & Access: RDA. Chicago: American Library Association, 2010

JSC(2011a). Chair Document Series, JSC/Chair/3: Initial articles. [2011 - 07 - 13]. http://www. rda-jsc. org/docs/6JSC-Chair-3. pdf

JSC(2011b). Outcomes of the Meeting of the Joint Steering Committee, Held in Glasgow, Scotland, 1—4 November 2011. http://www. rda-jsc. org/1111out. html

JSC(2012a). Examples of Full RDA Records(JSC)—Bibliographic Records. [2013 - 04 - 01]. http://www. rdatoolkit. org/sites/default/files/6jsc_rda_complete_examples_bibliographic_jul0312_rev. pdf

JSC(2012b). 2012 Possible RDA Proposals. [2012 – 06 – 04]. http://www.rda-jsc.org/2012possibleproposals.html

JSC(2012c). 2012 RDA Proposals and Discussion Papers. [2012 – 08 – 10]. http://www.rda-jsc.org/2012proposals.html

JSC(2012d). Major Title Changes for Serials in Chinese, Japanese and Korean(RDA 2.3.2.13.1, ISBD A.2.6.1 and ISSN 2.3.1), Discussion Paper about the "first five words" rule. [2013 – 04 – 01]. http://www.rda-jsc.org/working2.html#community-issn-2

JSC(2013a). 2013 RDA Proposals, Discussion Papers, Etc. [2013 – 08 – 06]. http://www.rda-jsc.org/2013proposals.html

JSC(2013b). 2012 JSC Annual Report. [2013 – 01 – 18]. http://www.rda-jsc.org/2012JSCannualreport.html

JSC(2014). New JSC Working Group Members from EURIG. [2014 – 06 – 11]. http://www.rda-jsc.org/NewWGmembers.html

JSC, ISBD RG, ISSN Network. ISBD/ISSN Outcomes. [2012 – 06 – 17]. http://www.ifla.org/files/cataloguing/isbdrg/JSC_ISBD_ISSN_Outcomesfinal.pdf

LAC. Anglo-American Cataloguing Rule Interpretations. [2013 – 04 – 01]. http://www.collectionscanada.gc.ca/040/002/index-e.html

Le Pape P(2011). Expressing FRBR in UNIMARC, Yes we can!. submitted, June 29, 2011. Session 187 — Advancing UNIMARC: alignment and innovation — IFLA UNIMARC Programme(UNIMARC). http://conference.ifla.org/sites/default/files/files/papers/ifla77/187-pape-en.pdf

Li K(2012). RDA in China. ALA Annual Conference 2012, ALCTS panel: RDA Worldwide, June 24, 2012. http://ala12.scheduler.ala.org/files/ala12/RDA_China_Slides_0.pdf

Library of Congress(2010). Library of Congress Policy Statements. [2010 – 05 – 10]. http://www.loc.gov/catdir/cpso/RDAtest/rda_lcps.html

Library of Congress(2011). Transforming our Bibliographic Framework: A Statement from the Library of Congress. [2011 – 05 – 13]. http://www.loc.gov/marc/transition/news/framework-051311.html

Library of Congress(2012a). Library of Congress Announces Its Long-Range RDA Training Plan. [2012 – 03 – 02]. http://www.loc.gov/catdir/cpso/news_rda_implementation_date.html

Library of Congress(2012b). The Library of Congress Announces Modeling Initiative. [2012 – 05 – 22]. http://www.loc.gov/marc/transition/news/modeling-052212.html

Library of Congress(2012c). LC/NACO Authority File Programmatic Changes. [2012 – 07 – 31]. http://www.loc.gov/catdir/cpso/news_naco_programmatic_changes.html

Library of Congress(2013). Accessing Current Library of Congress-Program for Cooperative Cataloging Policy Statements(LC-PCC PSs). [2013 – 04 – 12]. http://www.loc.gov/aba/rda/lcps_access.html

Library of Congress-Program for Cooperative Cataloging Policy Statements(LC-PCC PS). http://access.rdatoolkit.org/

Library of Congress Rule Interpretations updates: update 2006—2010. http://www.loc.gov/cds/PDFdownloads/lcri/index.html

Library of Congress Rule Interpretations. [2013 – 03 – 01]. http://www.itsmarc.com/crs/mergedprojects/lcri/lcri/contents.htm

MARC Format Overview. http://www.loc.gov/marc/status.html

OCLC(2011). OCLC Policy Statement on RDA Cataloging in WorldCat for the U.S. testing period and beyond. [2011 – 07 – 30]. http://www.oclc.org/rda/old-policy.en.html

OCLC(2012). Incorporating RDA Practices Into WorldCat: a Discussion Paper. [2012 – 08 – 10]. http://www.oclc.org/au/en/rda/discussion.htm

OCLC(2013). OCLC Policy Statement on RDA Cataloging in WorldCat through March 30,2013. http://www.oclc.org/rda/old-policy.en.html

Oliver C(2010). Introducing RDA:a guide to the basics. Chicago:ALA,2010.

Oliver C(2012). Introducing RDA. October 17th,2012. http://www.slideshare.net/ALATechSource/introducing-rda

PCC Acceptable Headings Implementation Task Group. The phased conversion of the LC/NACO authority file to RDA. [2012-08-10]. http://files.library.northwestern.edu/public/pccahitg/RDA_conversion.Phases.doc

PCC Relationship Designator Guidelines Task Group Report. October 15,2012, revised March 13,2013. http://www.loc.gov/aba/pcc/rda/RDA%20Task%20groups%20and%20charges/PCC-Relat-Desig-TG-report.rtf

PCC Task Group on AACR2 & RDA Acceptable Heading Categories. Final Report. August 2011. http://www.loc.gov/aba/pcc/rda/RDA Task groups and charges/Report of the Task Group on AACR2 & RDA Acceptable Headings-1.docx

PCC(2012). PCC Day One for RDA Authority Records. updated. [2012-03-23]. http://www.loc.gov/aba/pcc/rda/PCC Day One/PCC Day One for RDA Authority Records.docx

PCC/LC PSD RDA Policy Statements Task Group. Final Report. April 27,2012. http://www.loc.gov/aba/pcc/rda/RDA%20Task%20groups%20and%20charges/PCC_RDA_Policy_TG_Final_Report.docx

Pellé F(2012). Major Title Changes for Serials in Chinese, Japanese and Korean (RDA 2.3.2.13.1, ISBD A.2.6.1 and ISSN 2.3.1), discussion paper about the "first five words" rule: [to JSC and ISBD RG]. August 8,2012. http://www.rda-jsc.org/docs/6JSC-ISSN-2.pdf

Poulter A(2010). Revision to:Categorization of Content and Carrier RDA. [2010-08-31]. http://www.rda-jsc.org/docs/6JSC-ALA-rep-1-CILIP-rep-response.pdf

PUC(2010). Minutes of the 21th Meeting of the Permanent UNIMARC Committee. 2010 March 29-30. http://www.ifla.org/files/assets/uca/puc-meetings/21_PUC_meeting%20report_2010.pdf

PUC(2012). UNIMARC Change/Addition Proposal Record:Archive list of all Change and Addition Proposals. July 2012 [未公开文档]

RDA in MARC. [2013-03-01]. http://www.loc.gov/marc/RDAinMARC.html

RDA Music Implementation Task Force(2013). Best Practices for Music Cataloging: using RDA and MARC21 (draft). 11 February 2013. http://bcc.musiclibraryassoc.org/BCC-Historical/BCC2013/RDA_Best_Practices_for_Music_Cataloging11Feb2013.pdf

RDA News(2012). National Library of China Publishing and ALA Publishing reach agreement on Chinese language RDA. [2012-08-01]. http://www.rdatoolkit.org/content/425

RDA Toolkit Blog(2011). MARC Linking Now Available. [2011-06-09]. http://www.rdatoolkit.org/blog/174

RDA Toolkit Blog(2012a). Agreement reached on Chinese translation of RDA. [2012-07-31]. http://www.rdatoolkit.org/blog/426

RDA Toolkit Blog(2012b). RDA Toolkit Outcomes from the 2012 JSC Meeting. [2012-11-20]. http://www.rdatoolkit.org/blog/488

RDA Toolkit Blog(2013). Revised RDA Toolkit Release Schedule for 2013. [2013-03-26]. http://www.rdatoolkit.org/blog/526

RDA Toolkit Development(2011a). RDA-6 Redesign GUI with icons. [2011-10-04]. http://www.rdatoolkit.org/development/RDA-6

RDA Toolkit Development(2011b). RDA-6 Redesign GUI with icons—Addendum. [2011-12-08]. http://www.rdatoolkit.org/development/RDA-6-addendum

RDA Toolkit Development(2012a). RDA-99 Display RDA in multiple languages in RDA Toolkit. [2012-07-11]. http://www.rdatoolkit.org/development/RDA-99

RDA Toolkit Development(2012b). RDA-138 Replace AACR2 Example Images with Text. [2012 - 11 - 01]. http://www.rdatoolkit.org/development/RDA-138

RDA Toolkit Development(2013). RDA Toolkit Release—May 14,2013. [2013 - 05 - 07]. http://www.rdatoolkit.org/development/May2013release

RDA Toolkit Development(2014). RDA Toolkit Release—February 11,2014. [2014 - 02 - 04]. http://www.rdatoolkit.org/development/February2014release

RDA Toolkit(2012). AACR2 in RDA Toolkit. [2012 - 10 - 16]. http://www.rdatoolkit.org/AACR2

RDA/ONIX Framework for Resource Categorization(Version 1.0). [2011 - 10 - 04]. http://www.rda-jsc.org/docs/5chair10.pdf

RDA/ONIX Initiative Update. [2011 - 10 - 04]. http://www.rda-jsc.org/rdaonixann.html.

The Star Online(2013). National Library to Go Digital by June. [2013 - 03 - 26]. http://thestar.com.my/news/story.asp? file = /2013/3/26/nation/20130326171209&sec = nation

Tillett B(2006). Categorization of Content and Carrier. [2006 - 09 - 18]. http://www.rda-jsc.org/docs/5rda-parta-categorization-lcresp.pdf

Tillett B(2011). FRBR:Things You Should Know, But Were Afraid to Ask. Georgia Cataloging Summit. [2011 - 08 - 09]. http://www.rda-jsc.org/docs/Georgia-FRBR-review-12august2011.ppt

Todd C(2012). RDA in New Zealand. ALA Annual Conference 2012, ALCTS panel: RDA Worldwide, June 24, 2012. http://ala12.scheduler.ala.org/files/ala12/RDA_New_Zealand_Slides.pdf

Todd C(2012). RDA(Resource Description and Access) in New Zealand. NZ-Libs mailing list. [2012 - 11 - 30]. http://list-archives.org/2012/11/30/nz-libs-lists-vuw-ac-nz/rda-resource-description-and-access-in-new-zealand/f/5118004718

TSLL TechScans(2013). MARC Usage in WorldCat. [2013 - 04 - 01]. http://tslltechscans.blogspot.com/2013/03/marc-usage-in-worldcat.htm

U.S. RDA Test Coordinating Committee(2011a). Report and Recommendations of the U.S. RDA Test Coordinating Committee: Executive Summary(13 June 2011)(PDF, 8p). http://www.nlm.nih.gov/tsd/cataloging/RDA_report_executive_summary.pdf

U.S. RDA Test Coordinating Committee(2011b). Report and Recommendations of the U.S. RDA Test Coordinating Committee(9 May 2011, revised for public release 20 June 2011)(PDF, 192p). http://www.loc.gov/bibliographic-future/rda/rdatesting-finalreport-20june2011.pdf

UNIMARC Bibliographic, 3rd edition: UPDATES 2012. Last update. [2014 - 02 - 26]. http://www.ifla.org/publications/unimarc-bibliographic-3rd-edition-updates-2012

UNIMARC concise bibliographic format (2008). http://archive.ifla.org/VI/8/unimarc-concise-bibliographic-format-2008.pdf

VTLS(2012). Jewish Public Library to Become the First Public Library in the World to Adopt RDA/FRBR. [2012 - 01 - 12]. http://www.vtls.com/node/84

Weber MB(2011). Describing Electronic, Digital and Other Media Using AACR2 and RDA: a How-to-do-it Manual and CD-ROM for Librarians. Neal-Schuman Publishers, 2011

国立国会図書館(2013). 2013年4月から洋図書等にRDAを適用します. NDL書誌情報ニュースレター, 2013(1). http://www.ndl.go.jp/jp/library/data/bib_newsletter/2013_1/article_03.html

日本図書館協会目録委員会(1987). 日本目録規則. 1987年版,改訂3版. 東京: 日本図書館協会, 2006

日本図書館協会目録委員会(2010). 『日本目録規則』の改訂に向けて. [2010 - 09 - 17]. http://www.jla.or.jp/portals/0/html/mokuroku/20100917.pdf

日本図書館協会目録委員会(2013). 『日本目録規則』改訂の方針と進捗状況. [2013 - 02 - 21]. http://

www. jla. or. jp/Portals/0/html/mokuroku/20130221ncr. pdf

网站部分(按名称字顺排)

ACOC(Australian Committee on Cataloguing):Resource Description and Access(RDA). http://www. nla. gov. au/acoc/resource-description-and-access-rda-in-australia

Canadian Committee on Cataloguing. http://www. collectionscanada. gc. ca/cataloguing-standards/040006-3100-e. html

CEAL. Wiki of RDA & CJK Materials. http://rdaandcjkworkshop. pbworks. com/

CILIP-BL Committee on RDA. http://www. slainte. org. uk/aacr/index. htm

European RDA Interest Group. http://www. slainte. org. uk/eurig/

Joint Steering Committee for Development of RDA. http://www. rda-jsc. org

Library of Congress Documentation for the RDA(Resource Description and Access) Test. http://www. loc. gov/catdir/cpso/RDAtest/rdatest. html

Library of Congress Documentation for the RDA(Resource Description and Access) Test: Training Materials for RDA Test Participants(January 2010). http://www. loc. gov/catdir/cpso/RDAtest/rdatraining. html

Library of Congress. MARC standards. http://www. loc. gov/marc

Library of Congress. RDA: Resource Description & Access Training Materials. http://www. loc. gov/catworkshop/RDA%20training%20materials/index. html

Library of Congress: Resource Description and Access(RDA)—Information and Resources in Preparation for RDA. http://www. loc. gov/aba/rda/

NCSU Libraries. RDA. https://staff. lib. ncsu. edu/confluence/display/MNC/RDA

OCLC. About RDA. https://www. oclc. org/rda/about. en. html

Open Metadata Registry. http://metadataregistry. org/

Program for Cooperative Cataloging. http://www. loc. gov/aba/pcc/

RDA Toolkit Blog. http://www. rdatoolkit. org/blog

RDA Toolkit Development Blog. http://www. rdatoolkit. org/development

RDA toolkit. http://access. rdatoolkit. org/

RDA-L(listserv). http://www. mail-archive. com/rda-l@ listserv. lac-bac. gc. ca/

UNIMARC formats and related documentation. http://www. ifla. org/publications/unimarc-formats-and-related-documentation

台湾:RDA 之工作推动. http://catweb. ncl. edu. tw/portal_d7_cnt. php? button_num = d7&folder_id = 12

缩写一览表

ALA:American Library Association 美国图书馆协会

CfU:Comité français UNIMARC 法国 UNIMARC 委员会

COP:RDA Committee of Principals RDA 负责人委员会

DCMI:Dublin Core Metadata Initiative 都柏林核心元数据计划

EURIG:European RDA Interest Group

FRAD:Functional Requirement for Authority Data《规范数据功能需求》

FRBR:Functional Requirement for Bibliographic Records《书目记录功能需求》

FRSAD:Functional Requirement for Subject Authority Data《主题规范数据功能需求》

GMD:General Material Designation 一般资料标识/一般文献类型标识

IAML:International Association of Music Libraries, Archives and Documentation Centres 国际音乐图书馆、档案馆及文献中心协会

ICP:Statement of International Cataloguing Principles《国际编目原则声明》

IFLA:International Federation of Library Associations and Institutions 国际图联

ISBD:International Standard Biliographic Description《国际标准书目著录》

ISSN:International Standard Serial Number 国际标准连续出版物编号

JSC:Joint Steering Committee for Development of RDA RDA 开发联合指导委员会

LAC:Library and Archives Canada 加拿大图书档案馆(加拿大国家图书馆)

LC:Library of Congress 美国国会图书馆

LCPS/LC-PCC PS:Library of Congress – Program for Cooperative Cataloging Policy Statements《美国国会图书馆—合作编目项目政策声明》

LCRI:Library of Congress Rule Interpretations《国会图书馆(AACR2)规则解释》

NCR:《日本目录规则》

OAI:Open Archives Initiative

OMR:Open Metadata Registry 开放元数据注册

ONIX:ONline Information eXchange 联机信息交换

PCC:Program for Cooperative Cataloging (美国)合作编目项目

PUC:Permanent UNIMARC Committee UNIMARC 永久委员会

RDA:Resource Description and Access《资源描述与检索》

SMD:Special Material Designation 特定资料标识/特定文献类型标识

VIAF:Virtual International Authority File 虚拟国际规范档

XC:eXtensible Catalog

规则:本书中为《中国文献编目规则》(第 2 版)的简称

文标会:全国信息与文献标准化技术委员会

后　记

本书为2011年国家社科基金项目"《资源描述与检索》的中文化及其应用研究"的成果。经过近两年研究，课题于2013年5月如期完成，提交最终报告。今年，在得知课题以"优秀"通过结项之后，我们决定将课题成果完整公布。

本书基本保持课题最终研究报告的结构，对形式做了一些调整。由于RDA本身及应用仍在不断进展中，为保证内容的即时性，我们特别针对这一年间RDA应用的进展、RDA在2013年7月和2014年4月的两次年度更新，以及UNIMARC2012更新的发布，对研究报告内容做了全面修改。由于RDA每次更新都有多达数百处的变动，我们只能做到尽可能使书中所引RDA条款编号及文本内容符合2014年4月更新版。

对于本书的完成，首先要感谢国家社科基金的资助，感谢课题立项与验收的评审专家对于课题的肯定。

在课题研究过程中，我有幸受邀参加2012年3月由全国信息与文献标准化技术委员会举办的"文献著录ISBD统一版专家研讨会"，以及2012年7月由国家图书馆举办的"RDA在中国的实施和挑战研讨会"，全国各地的编目专家们在会上发表的真知灼见，以及会议期间与部分专家的深入交流，使我们对RDA在中国实施所面临的各种问题有了较为完整的认识。此外，课题组还在项目开题论证会上及以其他方式，征询了多位专家的建议，获得了对课题研究内容切实的意见与建议。

我还有机会参加了2012年上海文献联合编目中心年会，得到会议主办方的大力支持，得以在会上向来自全国各地的各类图书馆采编人员进行RDA使用现状调查，并在与会同仁的积极支持下，顺利回收调查问卷。同时，我们还得到CALIS联合编目中心和RDA Toolkit订购代理iGroup公司的帮助，分别了解了"RDA Toolkit订购意向调查"的结果及国内RDA Toolkit订购的实际情况。这些使我们对RDA在我国的认知、需求与使用状况能够有直观而清晰的了解。

在资料获取上，我们还得到了国家图书馆顾犇主任的无私帮助，获取了很多重要文献，包括来自国际图联的中外文资料，其中一些为尚未公开的资料。这些资料使得我们能够对UNIMARC修订、亚洲各国编目规则状况等有准确的了解与掌握。

此外，华东师范大学社科处为课题的申报及验收做了很多基础工作，又为开题论证会及每学期一次的课题学术沙龙提供场地及配套服务，促使我们按时完成课题。

对上述各机构、专家以及同仁们给予的帮助与支持，本人及课题组深表感谢。

胡小菁

2014年7月于丽娃河畔

国家图书馆出版社

图书馆学、信息管理科学重点图书推介